同济博士论丛
TONGJI Dissertation Series
总主编 伍 江 副总主编 雷星晖

张天然 杨东援 著

基于交通网络均衡理论的交通需求管理政策评价研究

Research on Travel Demand Management Policies Evaluation Based on Transportation Network Equilibrium Theory

同济大学出版社
TONGJI UNIVERSITY PRESS

内容提要

本书以定量分析交通需求管理政策为目的，以交通网络均衡理论和离散选择模型为基础，建立了具有政策分析功能的多用户、多准则、多模式组合模型，系统介绍了多用户、多准则、多模式组合模型的特征、构建方法、算法及算例，将时间价值连续分布和离散分布的多用户交通分配模型和道路拥挤收费政策结合起来，分析了模型解的唯一性问题，并研究了对应的路段阻抗函数的形式、参数及与模型解唯一性的关系，并实际应用于大规模城市综合交通系统。

图书在版编目(CIP)数据

基于交通网络均衡理论的交通需求管理政策评价研究/张天然，杨东援著. —上海：同济大学出版社，2017.8
(同济博士论丛/伍江总主编)
ISBN 978-7-5608-6948-3

Ⅰ.①基… Ⅱ.①张…②杨… Ⅲ.①交通网—交通运输管理—研究 Ⅳ.①U491.1

中国版本图书馆CIP数据核字(2017)第093353号

基于交通网络均衡理论的交通需求管理政策评价研究

张天然 杨东援 著

出 品 人 华春荣 责任编辑 李 杰 卢元姗
责任校对 徐春莲 封面设计 陈益平

出版发行 同济大学出版社 www.tongjipress.com.cn
(地址：上海市四平路1239号 邮编：200092 电话：021-65985622)
经 销 全国各地新华书店
排版制作 南京展望文化发展有限公司
印 刷 浙江广育爱多印务有限公司
开 本 787 mm×1092 mm 1/16
印 张 16.75
字 数 335 000
版 次 2017年8月第1版 2017年8月第1次印刷
书 号 ISBN 978-7-5608-6948-3

定 价 77.00元

论丛前言

承古续今，汇聚东西，百年同济秉持“与祖国同行、以科教济世”的理念，注重人才培养、科学研究、社会服务、文化传承创新和国际合作交流，自强不息，追求卓越。特别是近20年来，同济大学坚持把论文写在祖国的大地上，各学科都培养了一大批博士优秀人才，发表了数以千计的学术研究论文。这些论文不但反映了同济大学培养人才能力和学术研究的水平，而且也促进了学科的发展和国家的建设。多年来，我一直希望能有机会将我们同济大学的优秀博士论文集中整理，分类出版，让更多的读者获得分享。值此同济大学110周年校庆之际，在学校的支持下，“同济博士论丛”得以顺利出版。

“同济博士论丛”的出版组织工作启动于2016年9月，计划在同济大学110周年校庆之际出版110部同济大学的优秀博士论文。我们在数千篇博士论文中，聚焦于2005—2016年十多年间的优秀博士学位论文430余篇，经各院系征询，导师和博士积极响应并同意，遴选出近170篇，涵盖了同济的大部分学科：土木工程、城乡规划学(含建筑、风景园林)、海洋科学、交通运输工程、车辆工程、环境科学与工程、数学、材料工程、测绘科学与工程、机械工程、计算机科学与技术、医学、工程管理、哲学等。作为“同济博士论丛”出版工程的开端，在校庆之际首批集中出版110余部，其余也将陆续出版。

博士学位论文是反映博士研究生培养质量的重要方面。同济大学一直将立德树人作为根本任务，把培养高素质人才摆在首位，认真探索全面提高博士研究生质量的有效途径和机制。因此，“同济博士论丛”的出版集中展示同济大学博士研究生培养与科研成果，体现对同济大学学术文化的传承。

“同济博士论丛”作为重要的科研文献资源，系统、全面、具体地反映了同济大学各学科专业前沿领域的科研成果和发展状况。它的出版是扩大传播同济科研成果和学术影响力的重要途径。博士论文的研究对象中不少是“国家自然科学基金”等科研基金资助的项目，具有明确的创新性和学术性，具有极高的学术价值，对我国的经济、文化、社会发展具有一定的理论和实践指导意义。

“同济博士论丛”的出版，将会调动同济广大科研人员的积极性，促进多学科学术交流、加速人才的发掘和人才的成长，有助于提高同济在国内外的竞争力，为实现同济大学扎根中国大地，建设世界一流大学的目标愿景做好基础性工作。

虽然同济已经发展成为一所特色鲜明、具有国际影响力的综合性、研究型大学，但与世界一流大学之间仍然存在着一定差距。“同济博士论丛”所反映的学术水平需要不断提高，同时在很短的时间内编辑出版 110 余部著作，必然存在一些不足之处，恳请广大学者，特别是有关专家提出批评，为提高同济人才培养质量和同济的学科建设提供宝贵意见。

最后感谢研究生院、出版社以及各院系的协作与支持。希望“同济博士论丛”能持续出版，并借助新媒体以电子书、知识库等多种方式呈现，以期成为展现同济学术成果、服务社会的一个可持续的出版品牌。为继续扎根中国大地，培育卓越英才，建设世界一流大学服务。

伍　江

2017 年 5 月

“同济博士论丛”编写领导小组

“同济博士论丛”编辑委员会

总 序

在同济大学110周年华诞之际，喜闻“同济博士论丛”将正式出版发行，倍感欣慰。记得在100周年校庆时，我曾以《百年同济，大学对社会的承诺》为题作了演讲，如今看到付梓的“同济博士论丛”，我想这就是大学对社会承诺的一种体现。这110部学术著作不仅包含了同济大学近10年100多位优秀博士研究生的学术科研成果，也展现了同济大学围绕国家战略开展学科建设、发展自我特色，向建设世界一流大学的目标迈出的坚实步伐。

坐落于东海之滨的同济大学，历经110年历史风云，承古续今、汇聚东西，秉持“与祖国同行、以科教济世”的理念，发扬自强不息、追求卓越的精神，在复兴中华的征程中同舟共济、砥砺前行，谱写了一幅幅辉煌壮美的篇章。创校至今，同济大学培养了数十万工作在祖国各条战线上的人才，包括人们常提到的贝时璋、李国豪、裘法祖、吴孟超等一批著名教授。正是这些专家学者培养了一代又一代的博士研究生，薪火相传，将同济大学的科学研究和学科建设一步步推向高峰。

大学有其社会责任，她的社会责任就是融入国家的创新体系之中，成为国家创新战略的实践者。党的十八大以来，以习近平同志为核心的党中央高度重视科技创新，对实施创新驱动发展战略作出一系列重大决策部署。党的十八届五中全会把创新发展作为五大发展理念之首，强调创新是引领发展的第一动力，要求充分发挥科技创新在全面创新中的引领作用。要把创新驱动发展作为国家的优先战略，以科技创新为核心带动全面创新，以体制机制改革激发创新活力,以高效率的创新体系支撑高水平的创新型国家建设。作为人才培养和科技创新的重要平台,大学是国家创新体系的重要组成部分。同济大学理当围绕国家战略目标的实现,作出更大的贡献。

大学的根本任务是培养人才,同济大学走出了一条特色鲜明的道路。无论是本科教育、研究生教育,还是这些年摸索总结出的导师制、人才培养特区,“卓越人才培养”的做法取得了很好的成绩。聚焦创新驱动转型发展战略,同济大学推进科研管理体系改革和重大科研基地平台建设。以贯穿人才培养全过程的一流创新创业教育助力创新驱动发展战略,实现创新创业教育的全覆盖,培养具有一流创新力、组织力和行动力的卓越人才。“同济博士论丛”的出版不仅是对同济大学人才培养成果的集中展示,更将进一步推动同济大学围绕国家战略开展学科建设、发展自我特色、明确大学定位、培养创新人才。

面对新形势、新任务、新挑战,我们必须增强忧患意识,扎根中国大地,朝着建设世界一流大学的目标,深化改革,勠力前行!

万　钢

2017 年 5 月

前 言

近年来，随着社会经济的快速发展，我国许多大城市交通形势日益严峻，机动化交通需求的持续增长与道路空间资源短缺的矛盾不断加剧。根据当斯定律(Downs Law)[1]，“新建的道路设施会诱发新的交通量，而交通需求总是倾向于超过交通供给”。从发达国家的经验来看，解决交通问题的思路应由“单纯地增加道路供给”向“设施供给与调控交通模式并重”的方向转变。“大力发展公共交通，方便各种交通模式之间的衔接与转换、对私人交通采取适度的需求管理、建立具有符合国情的可持续城市交通模式”，已达成了广泛的战略共识。我国的北京、上海、广州、深圳等大城市已经意识到交通需求管理(TDM)的重要性，先后展开了相关的研究和探索。然而，有关 TDM 政策却迟迟未能出台，很大程度上是由于政府对其实施后的效果难以给出准确的预判。因此，在政策决策中迫切需要一个有效的 TDM 政策实施效果的评价方法。本书以定量分析 TDM 政策为目的，以交通网络均衡理论为基础，建立相应的多用户、多准则、多模式组合模型，并实际应用于大规模城市综合交通系统，有效地分析了 TDM 政策的实施效果，可为交通政策的决策者提供科学的决策参考。

本书分析和总结了 TDM 的具体措施、作用机理以及在国内外的应用情况及评价方法。以拥挤收费为例，从理论和实践结合的角度剖析了 TDM 政策量化分析的复杂性，并指出 TDM 政策评价的难点是不同出行者交通行为的影响效果及政策组合使用的效果分析。基于出行、出行链和活动的交通需求模型发展特点，提出了政策评价建模的三个关键性问题。① 多用户：考虑出行者时间价值、出行目的等其他属性的异质性研究；② 多准则：考虑时间和费用等广义成本的多准则出行行为；③ 多模式：在考虑换乘的多种交通方式之间相互影响的多模式交通体系下研究政策的交通行为调控作用。本书对这三个关键问题展开了重点研究。

从多用户角度，研究了出行者时间价值的异质性，为准确分析政策对不同出行者交通行为的影响提供了基本的参数。在国内外时间价值研究的基础上，对 SP 调查数据用 Mixed Logit 模型估计了非同质时间价值分布；比较了 Mixed Logit 和 Nested Logit 模型对 RP/SP 融合数据的参数估计结果，分析了不同交通方式使用者的时间价值差异；利用惠州市区意愿支付调查验证了假设时间价值为对数正态分布的可行性。

多用户多准则交通分配是物理特征相同，但因时间价值异质性（对时间和费用具有不同的支付偏好）而产生不同的路径选择行为的对称性交通分配问题。本书系统总结了时间价值连续分布和离散分布两类模型的特征、构建方法、路抗函数形式、算法和解唯一性，并结合道路拥挤收费政策进行了研究。多模式（多车种）交通分配是考虑交通方式之间相互影响的非对称性交通分配问题，它可以反映不同交通方式在不同交通拥挤状态下的服务水平差异。本书重点研究了多车种路段阻抗函数的形式、参数及与模型解唯一性的关系，运用 VISSIM 软件对多车种交通流进行仿真并标定了路抗函数的参数。进而研究了多用户、多准则、多模式混合交通分配模型解的唯一性。

在考虑换乘的多模式交通系统中，交通方式之间的相互影响不仅包括路径选择，也包括交通方式选择、目的地选择及交通产生等多种行为的影响。因此需要构建具有一致行为理论的组合模型来分析这种相互关联、具有系统性的交通行为，从而更好地反映 TDM 政策对出行需求的调控作用。本书从建模方法、模型特征、算法、交通政策评价应用等方面，对面向一致的交通需求组合模型进行了研究和对比分析，总结了组合模型在国际上的实际应用前沿。根据路段阻抗函数可分离和不可分离两种情况，建立了适用于 TDM 政策评价的、具有流程再造性的、基于个体交通选择行为和一般均衡理论相结合的多用户、多准则、多模式组合模型，并给出了模型的等价性证明和算法。定性和定量分析了交通需求管理政策实施下不同出行者的利益分配情况，并给出了简单的算例。

本书进一步对大规模城市综合交通网络的 TDM 政策评价应用展开研究。结合交通模型，优化了多模式交通网络拓扑数据结构和最短路径算法，并有效地处理了现有交通规划软件尚未解决的非法路径问题。在分析交通方式换乘的换乘站及路径选择行为，常规公交、轨道交通和出租车票价作为政策变量引入模型等相关问题的基础上，应用圣地亚哥中型网络、惠州和深圳大型综合交通网络对组合模型进行了算法测试，比较了不同算法的收敛效果和输出结果；验证了不同时间价值小汽车的路段流量解的不稳定性和路段小汽车总流量解的稳定性，和理论取得了一致。不同出行者分类数下的模型输出结果差异明显，表明了出行者细分对 TDM 政策精确评价的重要性。

以惠州市区综合交通网络为案例，对区域拥挤收费、桥梁收费、停车收费、P+R 停车换乘系统、燃油价格提高、公交（轨道交通和常规公交）票价调整、公交专用道设置、交通枢纽换乘效率提高、货车通行管制等 16 种单一和组合 TDM 政策进行了定量评价。重点对公交票价敏感性、出租车和轨道交通的竞争关系，公交专用道设置的效果，区域拥挤收费和停车收费效果对比以及不同定价下的停车换乘系统需求等问题进行了研究；并对比了组合 TDM 政策实施前后的网络交通拥挤状况及车流和客流分布情况，还分析了机动车尾气排放量和污染物空间 GIS 栅格分布对比。在案例分析中得出了值得交通政策制定者重视的问题：

（1）常规公共交通的票价降低能吸引公众全程使用常规公交，但它和轨道交通换乘的组合交通方式的客流有可能下降，从而整个公交分担比增加并不明显。同时降低轨道交通票价，提高发车频率，缓解车内拥挤能够得到较好的组合政策效果。轨道交通票价下降后全程使用出租车和私人小汽车的出行者会减少，但在轨道交通不成规模网络时，出租车、小汽车和轨道交通的换乘组合模式客流可能会增加。

(2) 公交专用道设置能有效提高专用道上的公交客流密度，但小汽车可能因专用道的设置而改变出行路径，降低其他非公交专用道的公交车服务水平，从而公交分担比在总体上可能没有明显的增加。因此公交专用道的设置要有一定的规模，以便形成公交优先发展的良性循环。

(3) 区域拥挤收费起作用的主要是通过交通和区外至区内的到达交通，停车收费控制的是区外和区内至收费区内的到达交通。区域拥挤收费对小汽车交通路径的转移和交通方式的替换影响取决于收费高低和交通需求分布的空间特征。案例中拥挤收费调控的主要对象是大量通过交通，总体上比停车收费对小汽车的抑制作用效果要好，而收费区域内的效果则相反。

(4) 停车收费价格、轨道交通票价、换乘时间、中心区道路拥挤程度等因素对P+R模式的需求量影响较大，采取组合交通需求管理政策，实现“推拉并举”式的组合政策，能使停车换乘系统有效运作。

目 录

第1章 绪论

1.1 研究背景

近年来，随着经济和社会的发展，我国城市交通基础设施建设发展十分迅速，但机动化的冲击仍是很多城市面临的问题。城市交通日益显露出机动化需求与资源制约的矛盾，使政府的职责不是单纯无休止地提供交通基础设施，更重要的是通过交通政策手段引导交通行为，构建资源和能源节约型的多模式交通服务、优先发展公共交通的服务体系，实现城市交通的可持续发展。我国的很多大城市，特别是北京、上海、广州、深圳等城市在经过一系列大规模基础设施规划建设后，城市可供交通基础设施建设的潜在空间资源已经十分有限。仅靠交通供给方面的对策，很难从根本上解决城市交通中供求不平衡的矛盾，因此引入了交通需求管理（TDM）的概念，明确了从供需两个方面解决城市交通问题的思想。这是在交通规划和解决城市交通问题指导思想上的一个转变。中央和地方政府对包括公交优先在内的交通需求管理政策十分重视，2006 年 12 月 1 日，建设部等四部委联合下发了《关于优先发展城市公共交通若干经济政策的意见》，要求各地加大城市公共交通的投入，建立低票价的补贴机制，认真落实燃油补助及其他补贴政策，优先发展公共交通[2]。实施城市交通需求管理政策是解决城市交通拥堵问题的有效手段。拥挤收费、停车收费，公交票价调整，公交专用道设置，快速公交 BRT 线网规划等一系列颇受公众关注和争议的交通需求管理政策，其实施效果如何，是交通规划工作者需要向决策者回答的问题。

交通需求管理政策分析对交通需求模型提出了新的要求。虽然我国的城市交通规划模型在过去几十年里取得了长足的进步，但总体水平仍然落后于国外先进水平。国内大多数城市的交通规划研究机构使用的是国外的商业规划软件，而商业规划软件开发的模块一般来说是比较成熟的理论，不能反映规划理论和模型进展的动态，如传统的四阶段模型对政策的分析能力十分有限，即使是 PTV 公司开发的功能强大的交通需求模型软件，对交通需求管理政策的评价能力仍然显得薄弱。

出行者的特性和他们对交通方式、路径等选择行为是交通系统需求方的基本特征，不同收入层次、不同出行目的等差异会直接导致出行者对不同交通模式的需求。完全集计的交通模型难以精确地描述交通需求，完全非集计又对调查数据和工作量提出了挑战。因此，考虑多类用户对交通系统的出行需求，采用相对集计的办法，既考虑出行者行为的差异性，又考虑方法的可操作性，是理论和实际必须衔接的问题。

传统的基于网络的交通需求模型考虑影响出行行为的因素十分有限。非集计模型从效用理论出发，考虑了交通供给方的费用、时间、舒适性，交通需求方的年龄、性别、家庭结构等一系列因素，为传统的四阶段方法提供了有力的补充，同时也成为基于活动的交通需求模型的重要分析工具。基于活动的交通需求模型以家庭作为决策的单元进行分类，考虑活动和出行的时间，综合时间、空间和人与人之间的约束关系和事件发生的相互依赖关系，对交通政策的效果评价存在一定的优势。但基于活动的模型很少能在交通网络的层面上考虑，即使应用到网络层面，往往也不考虑网络的拥挤效应。此外，基于活动的模型需要大量详细调查数据，模型需要大量计算时间，适用于小范围的交通政策评价，难以应用在大规模城市交通系统，这些缺点使得其不能广泛应用。在交通需求管理政策作为缓解交通问题的重要手段的背景下，常规的交通模型已经不能适应大规模城市交通系统的政策评价需要。

在多模式的综合交通体系下，交通方式之间既存在竞争关系，又存在合作关系。交通需求管理政策对多模式交通系统均衡的扰动产生的效果是难以简单判断的，不同交通政策存在错综复杂的关系，定性分析政策的组合使用效果是不够的，甚至可能出现适得其反的效果。

因此，结合出行者的不同特征、考虑政策对多种交通行为影响因素的变化以及多种政策在多模式交通体系下的作用机理，研究适合我国城市交通特点，能够评价交通需求管理政策的交通模型是当前我国城市交通规划和管理迫切需要解决的问题。

1.2 研究目的和意义

本书从交通网络均衡的角度出发，建立一个具有交通需求管理政策分析的交通模型，并对大规模城市综合交通系统进行实际应用，有效地分析交通需求管理政策的实施效果，并分析了政策对不同出行者的交通行为影响和利益公平性，为交通政策的决策者提供科学的、完备的决策参考。本书拟采用定量分析的方法来研究综合交通体系下的政策实施效果，研究意义包括理论和实际应用价值两个方面。

1. 理论意义

(1) 模型政策变量的引入和交通需求管理政策分析功能的实现。评价交通需求管理政策就是要将政策实施转化为交通行为影响因素变化，从而实现政策效果的量化研究。可以将交通方式的规划服务水平和经济杠杆手段转换为旅行时间、费用、可靠度等重要的交通行为影响因素，并尽可能多地引入其他次要因素。本书综合运用交通工程学、运筹学、最优化理论、行为科学、政策科学、经济学和博弈论等多学科的先进研究成果，建立基于多用户的交通政策效果评价模型。一方面可以进一步丰富和完善交通行为分析和交通需求预测理论，将交通需求管理需求预测工作更加准确；更重要的是将交通政策方案作为交通规划的重要组成部分，和基础设施方案一起进行综合测试，形成"软硬结合"的交通规划理论体系。

(2) 丰富和完善基于一致的多模式交通需求预测模型。传统四阶段模型的各个阶段基于不同的理论方法，没有统一的理论体系，各个阶段没有很好的反馈作用，缺乏一致性。同时，很难解释综合交通网络体系下各种交通方式之间的相互均衡和状态的稳定性，各种交通方式之间的相互衔接和协调优化问题难以综合考虑。本书将完善国际上前沿的多用户多准则多模式交通需求组合模型，形成一致的交通行为理论体系，考虑各种交通方式之间的换乘衔接，系统化和集成化地研究综合交通体系下的交通行为，从理论上解析多模式交通体系下的网络均衡特征。

(3) 大规模城市综合交通网络实际应用的算法完善。构建一个复杂而理想化的交通模型并不是建模的真正目的，本书综合应用最优化理论、变分不等式和双层规划等数学工具以及先进的算法，研究可行的、适合大规模城市综合交通网络的模型算法，将理论联系实际，解决模型的实际应用问题。

2. 实际应用价值

(1) 近期交通需求管理政策出台和实施层面，实质上是不同出行群体利益的再分配。各种颇受公众关注和争议的交通政策实施效果如何，是交通规划工作者需要向决策者和公众澄清的问题。不同交通政策的组合使用，在多模式交通服务体系下产生的影响是系统性的，它依赖于城市交通的需求特征、网络拥挤的状态和多模式交通之间的竞争服务水平等。例如研究拥挤收费对缓解交通拥挤缓解的效果，不但要分析交通流量在空间上的转移，又要从交通模式的转移上进行研究，在不同城市综合交通网络的形态和交通需求特征下会有不同的结果。近几年来，我国不少大城市对拥挤收费都跃跃欲试，但至今尚未得到实施，其中的一个主要原因，是无法明确这项成本巨大而颇受争议的交通政策的效果到底如何。又如北京的轨道交通 2 元一票制到底能够吸引多少人来使用轨道交通，这些吸引的人群原本使用的是公交车还是私人小汽车，对道路交通拥挤的缓解产生什么样的效果？北京和上海的停车换乘系统，停车收费定价的如何确定，不同停车收费下 P+R 模式的需求状况如何，城市中心区交通拥挤缓解相对于停车场土地开发成本的效益如何？随着我国城市交通的不断发展，交通模式逐渐向满足多样化需求方向发展，交通需求管理政策评价面临的是错综复杂的综合交通系统均衡状态变化。同时交通需求管理政策本身具有多样性和组合性，不同的对策组合实施效果是政府有关部门在进行最优决策过程中必须要明确的问题。交通政策的本质是对出行者利益的强制再分配，其公平性分析也十分重要。这一系列问题的回答，都需要一个量化分析的工具。

（2）在远期的城市综合交通规划战略及实施层面，将交通需求管理政策作为规划和战略实施的重要组成部分并进行有效评估十分必要。笔者作为若干城市的综合交通规划编制者，常常需要回答“远期规划年达到目标公交分担比的保障措施是什么，政策上应该做些什么？”“公交专用道开辟对吸引客流的效果如何，公共交通的票价调整会给城市交通拥挤缓解带来什么效果”……一系列问题。这些问题的回答，需要将交通基础设施建设方案和配套交通政策方案同时进行测试，才能从理论上说明交通规划战略目标的可实施性。城市交通战略规划的核心是交通模式的选择，战略规划的实施效果是否能够达到交通模式的战略愿景，需要将交通基础设施建设和交通政策协同起来考虑。传统的交通需求预测方法很难将政策变量引入，造成对交通规划方案测试的要素缺失。建立一个耦合基础设施建设规划和交通政策实施的需求预测模型，可以更加完善地回答城市交通战略规划实施和战略愿景之间的关系，明确政策的具体实施效果，为决策者提供科学的决策依据。在交通规划工作中，决策者关心的不仅是城市交通基础设施的规划，更重要的是关心如何来实现交通规划的战略目标。

1.3 研究内容和研究方法

本书以评价交通需求管理政策实施效果为切入点，在系统分析交通需求管理政策应用现状、作用机理和评价的关键性问题的基础上，综合运用体现出行者异质性的高级离散选择模型、多用户多准则多模式网络均衡组合模型，结合实际数据调查的方法、交通流仿真的方法和计算机模拟的方法，构建了一个适用于大规模城市综合交通网络的、能够定量分析交通需求管理政策效果的一体化模型，研究的内容主要包括如下六个方面：

（1）阐述交通需求管理的定义、具体措施和作用机理，以及在国内外的应用情况。在结合分析国内外交通需求管理政策评价方法和交通需求模型发展的基础上，以拥挤收费为例，分析了定量研究交通需求管理政策的复杂性。进而提出了评价交通需求管理政策建模的三个关键性问题：首先是从多准则的角度分析政策对不同出行行为因素的影响；其次是从多用户角度分析不同出行者的行为属性差异，分析不同出行者对时间和费用的支付偏好；再次是从多模式交通的角度，分析出行者采用单一交通方式和组合换乘交通方式的选择行为和它们之间的相互影响关系。

（2）总结了国内外出行时间价值的研究方法，研究了基于 Mixed Logit 模型和 RP/SP 融合数据的非同质时间价值标定方法，并用 SP 调查数据进行了时间价值分布的参数标定，用 Mixed Logit 模型和 Nested Logit 模型对 RP/SP 融合数据的不同交通方式时间价值参数标定进行了对比。另外还采用愿意支付的调查方法验证了时间价值服从对数正态分布的可靠性。出行者非同质时间价值的标定为本书的模型提供了基本的输入参数条件。

（3）系统总结了多用户、多准则、多模式交通分配模型的特征、构建方法及算法，将时间价值连续分布和离散分布的多用户交通分配模型和道路拥挤收费政策结合起来进行分析。分析了多用户、多模式（多车种）交通分配模型的解唯一性问题，并研究了对应的路段阻抗函数形式及参数和模型解唯一性的关系，运用 VISSIM 对多车种交通流进行了仿真并标定了路段阻抗函数的参数。最后对多用户、多模式（多车种）混合交通分配模型解的唯一性作了进一步研究分析。

（4）从建模方法、模型特征、算法、交通政策评价应用等方面，系统全面地介绍了面向一致的交通需求组合模型的理论方法和实际应用，并进行了对比研究。在此基础上构建了适用于交通需求管理政策、考虑交通方式之间换乘的多用户多准则多模式四阶段组合模型，给出了模型的等价性证明，按路段阻抗函数可分离和不可分离的情形给出了不同的算法，并说明了模型参数标定的方法。定性和定量分析了交通需求管理政策实施下不同出行者的利益分配情况，并给出了简单的算例分析。

(5) 研究了组合模型在大规模城市综合交通网络的交通需求管理政策评价的实际应用。结合组合模型的综合交通网络拓扑数据结构,优化了多模式交通网络的最短路算法,有效地解决了现有交通规划软件尚未解决的非法路径问题,并通过了大型交通网络的测试。分析了组合换乘方式行为、公共交通和出租车票价在模型中的表示方法,对模型在大型和中型的综合交通网络进行了测试,并比较了广义部分线性化算法(GPL)、相继平均法(MSA)和固定步长法(C－W)的收敛速度及解的差异性分析。还对出行者在不同分类数目下的模型输出结果进行了对比。

(6) 研究以惠州市区综合交通网络为案例,分析了区域拥挤收费、桥梁收费、停车收费、P+R停车换乘系统、燃油价格提高、公交(轨道交通和常规公交)票价调整、公交专用道设置、交通枢纽换乘效率提高、货车通行管制等多项单一交通需求管理政策以及不同政策组合使用对缓解交通拥挤定量效果分析。重点对公交票价敏感性、出租车和轨道交通的竞争关系,公交专用道设置的效果,区域拥挤收费和停车收费效果对比以及不同定价下的停车换乘系统需求等问题进行了分析研究,得出了许多值得交通政策制定者重视的结论。最后,对组合交通需求管理政策的实施效果进行了详细分析,并给出了基于排放因子的环境污染改善空间栅格分析。

本书采取的研究方法包括以下几种:

(1) 以定性分析为基础,构建定量分析模型,采取了定性和定量分析结合的方法;

(2) 国内外交通需求政策评价相关模型和软件系统的总结与分析;

(3) 数学解析模型与大型综合交通网络计算机编程模拟相结合的方法;

(4) 交通模型计算数据和 GIS(Geographic Information System)结合的空间网络分析方法。

1.4 技术路线和章节安排

本书共分为七章,第1章为绪论;第2章提出了交通需求管理政策评价建模的三个关键问题;第3、4、5三章分别对第2章提出的三个关键问题依次进行研究并建立了多用户、多准则、多模式凸规划和变分不等式组合模型;第6章是模型在大规模城市交通网络中的应用;第7章为结论与展望。

研究的技术路线和章节内容安排如图1－1所示。

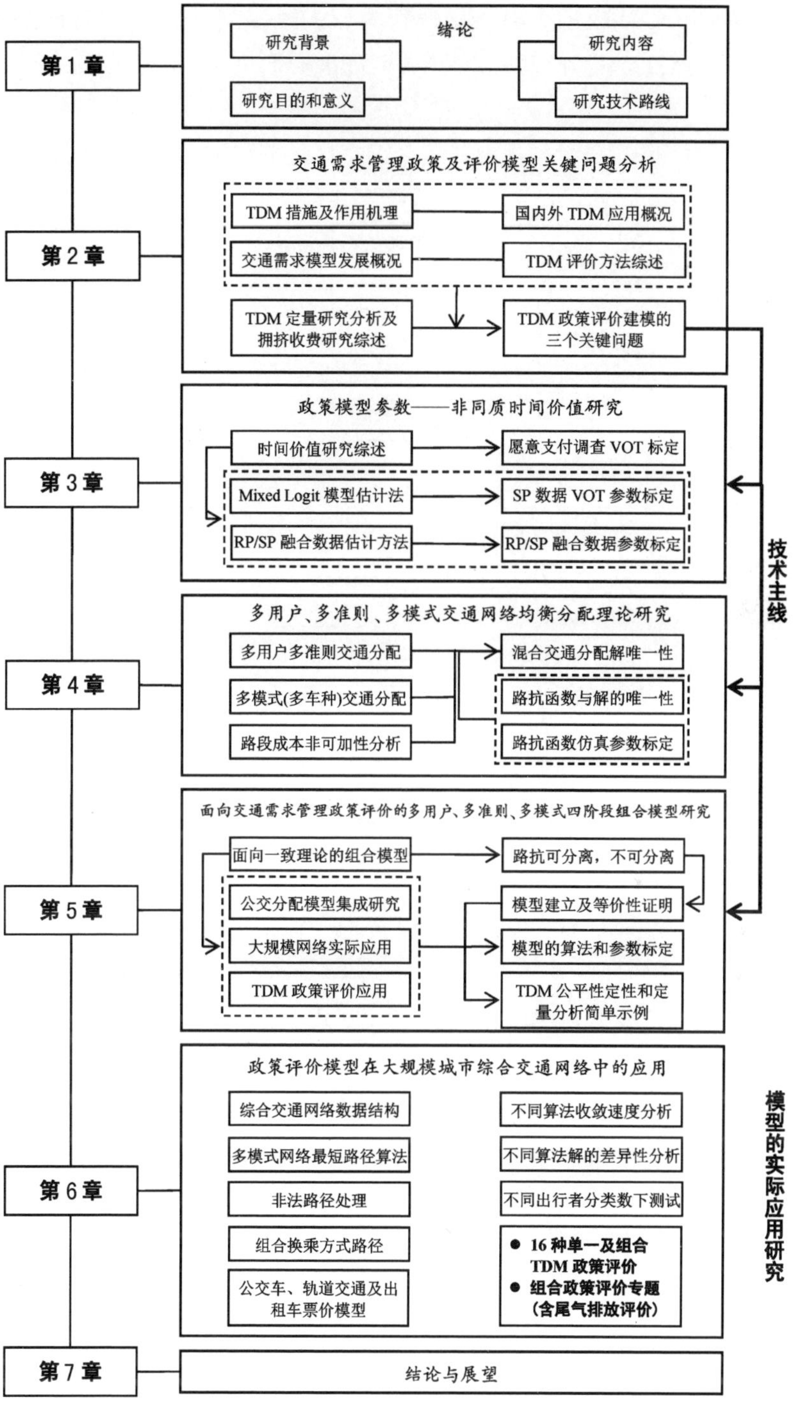

图1-1 技术路线和章节安排

本书按照“TDM政策实施→交通行为影响→交通行为描述与模型构建→政策实施效果评价”的逻辑框架，对相关问题展开研究(图1-2)。

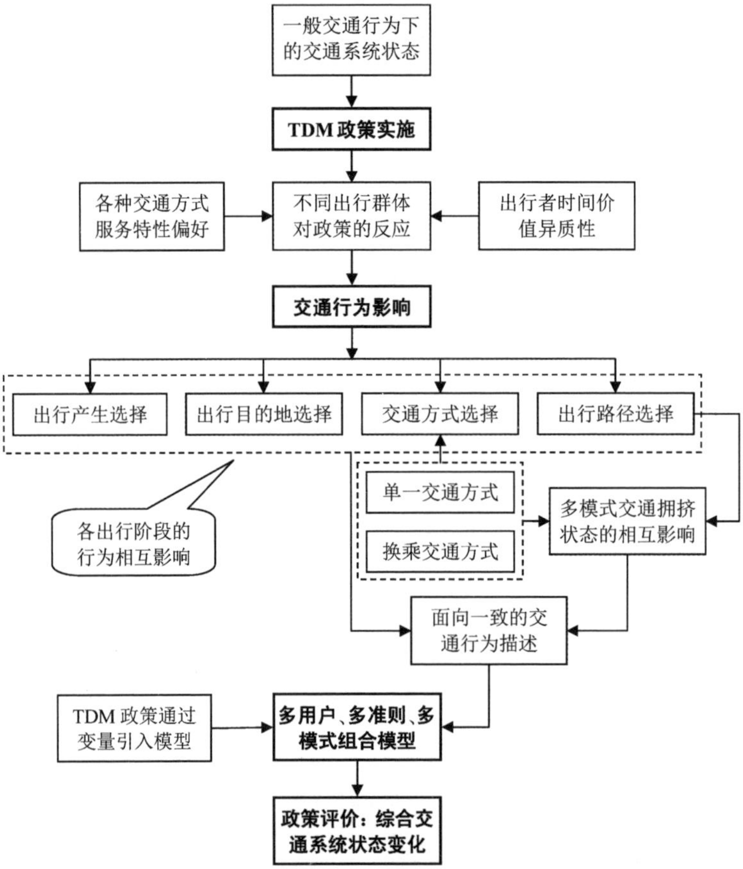

图1-2　技术路线的逻辑框架

第2章

交通需求管理政策及评价模型关键问题分析

城市综合交通规划的交通战略目标通常为：促进城市社会、经济发展和区域协调发展，以交通引导城市发展；解决道路交通拥挤，促进交通畅通；提高公交服务水平，方便居民出行；改善慢行交通环境；等等。为了实现以上战略目标，往往需要制定相应的战略方针。如新建交通基础设施；交通与土地利用协调发展；多模式交通协调发展，公交优先措施，道路交通流在时间和空间上和交通需求之间的平衡；综合的交通定价政策（道路收费、停车费率和公交票价）；交通流组织与管理；停车政策与管理；等等。图2-1从长期和短期、需求和供给的角度给出了城市综合交通战略方针的工具。可见交通需求管理在城市综合交通战略方针中具有重要的地位。

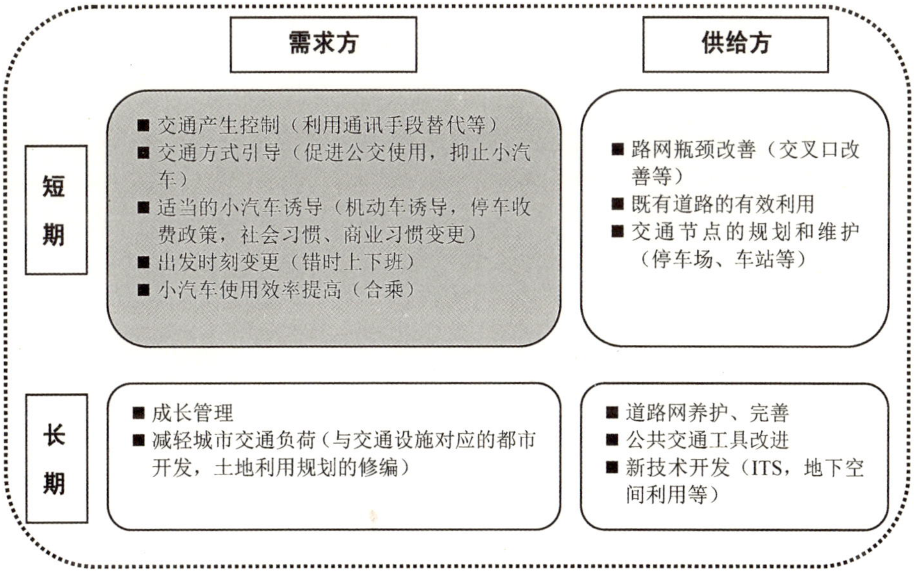

图2-1　城市综合交通战略方针工具箱[3]

交通拥挤是经济及机动化发展到一定程度和世界各国城市普遍面临的问题。当在有限的城市空间内修建基础设施难以满足日益增加的交通需求时，交通需求管理作为一种调控的政策手段，受到了政府有关部门和交通工程师的青睐。交通需求管理最早在20世纪70年在一些资源相对短缺的国家得到了研究和应用。20世纪80年代末期，随着可持续发展理论的发展，交通需求管理作为一种在有限的资源下调节供需矛盾的有效方法，在城市交通政策中的地位越发显得重要。到了90年代，交通需求管理成为美国、日本、澳大利亚等发达国家研究的热点。随后，欧洲部分国家或地区也采取了相应的交通需求管理措施来缓解城市交通拥挤，改善城市环境质量。不少国家的研究和实践证明交通需求管理在缓解城市交通拥堵、改善交通污染状况上具有较显著的效果。我国尽管目前大部分城市道路网密度与发达国家相比仍有较大差距，但新建道路会诱发新的交通需求，从而产生新的交通阻塞及能源问题。因此单纯以增加交通供给作为解决交通问题的方法，势必是行不通的。在北京、上海等一些大城市，土地资源的紧缺以及道路的高建设成本使得增加交通基础设施的供给十分有限，政府有关部门已经认识到了交通需求管理的重要性，并开始进行了相关研究。如北京市交通委员会在《北京交通发展纲要(2004—2020年)》中提出了五项基本交通政策：交通先导政策、公共交通优先政策、差别化区域供给政策、小汽车交通引导政策和交通产业市场化政策。这几项政策中，交通需求管理占有十分重要的地位。北京市交通委员会委托北京交通发展研究中心等单位，对北京市交通需求管理政策进行了研究，提出了近期实施方案建议[4]。在政府长期引导政策方面主要包括城市布局优化、TOD、公交优先、交通影响评价；择机实施燃油税、车辆保有量控制、道路拥挤收费等政策；政府近期鼓励宣传政策包括网络办公、电视电话会议、调整有关政府出行、班车/校车、居家工作/电子通勤、弹性工作日；近期实施政策包括提高公交吸引力(如P+R停车费仅为2元)、停车需求管理政策(停车供给和收费差别化政策)、降低出租车空驶率、加强出行服务信息(智能交通诱导及信息发布等)。

2.1 交通需求管理概述

2.1.1 交通需求管理的定义

交通需求管理的英文缩写是TDM(Transportation/Travel/Traffic Demand Management)，根据不同的英文单词，国内外相关文献对其理解的概念和范围也有所不同。总的来说，交通需求管理是在满足资源和环境容量限制条件下，达到使交通需求和交通的供给达到基本平衡，促进城市的可持续发展目的的各种管理手段[5]。王江[6]认为 Travel Demand Management 综合了土地利用、规划战略和交通价格政策等多方面的内容，其含义最广，而 Transportation Demand Management 是从运输组织层面上来讲的(根据国外文献描述，它有时和 Travel Demand Management 等同，王江的理解更多是字面上的，笔者注)。Traffic Demand Management 主要是指通过土地利用结构和土地开发强度的合理化，将无效交通量和过度密集的交通集散量减少到最低限度；控制占用通行能力多而交通效率低的交通方式的膨胀，实行交通管制等。这个概念和陈声洪[7]解释的 TSM(Traffic System Management)类似，指更有效地利用现有道路设施的一切措施，包括：妥善设计道路交叉口、采用先进的信号系统、交通分隔和分流、限行措施、单向交通、单向交通等。而按照 Michael D. Meyer[8]对 TDM(Transportation Demand Management)的回顾，TDM 起源于 20 世纪 70 年代末的 TSM，TDM 的概念大约于 1975 年开始初步形成，TDM 是随着 TSM 策略范围的不断扩大产生的新概念。陈声洪、杨夫军[9]都认为 Transportation Demand Management 译为中文就是交通需求管理。

Ryoichi Sakano，Julian Benjamin 和 Moshe Ben-Akiva[10]将 TDM 解释为 Transportation/Transport/Travel Demand Management 或拥挤管理(congestion management)，认为这几种说法的概念是相同的，并给出了简单的定义：TDM 是通过限制小汽车使用、提高载客率、引导交通流向平峰和非拥挤区域转移、鼓励公共交通的使用等一系列措施，达到高峰小时交通拥挤缓解的需求管理政策总和。Katsutoshi Ohta[11]对交通需求管理的定义为：通过影响出行者的行为，达到减少或重新分配出行对空间和时间需求的目的。江薇[12]则给出了较为全面的定义：交通需求管理就是从交通需求行为入手，运用各种政策、法规、经济手段以及计算机及通信等现代化的先进技术手段，重点针对交通的发生源进行管理、控制或诱导，从而削减城市交通总需求，减少、控制城市机动车交通量，并调整出行分布，最终达到提高城市道路交通系统运行效率、缓解交通拥堵和改善交通污染状况的目的。纵观种种说法，本书讨论的 TDM 概念和 Moshe Ben-Akiva[10]的解释一致。

2.1.2 交通需求管理的具体措施、作用机理及组合使用的重要性

1. TDM 策略分类及作用机理

交通需求管理包含的具体措施很多，Saleh 和 Bell[13]系统总结了 TDM 在欧

洲的实施情况，并将 TDM 的措施分为主要措施和辅助性措施两大类。作者得出的结论是 TDM 组合策略的实施，可以发挥更大的合力效应。他们还指出评价 TDM 的标准应该包括需求影响、网络影响和环境影响，并指出 TDM 一般有如下目标：缓解交通拥挤、缓解环境污染、减少能源消耗和提高交通安全。实现目标的具体指标为减少车辆周转量（车公里数），在时间和空间上减少小汽车交通需求。具体的 TDM 措施包括以下几个方面：

（1）新的交通供给方式：结合公交系统的停车换乘；小汽车合乘和上下班通勤客车合乘；残疾人和老年人的电话预约出行（Dial & Ride）；交通信息发布。

（2）定价策略：对道路和其他陆地交通设施（如桥梁和隧道）进行分时段收费；结合 HOV（High Occupancy Vehicle）车道的道路收费形式 HOT（High Occupancy Toll），激励人们有效使用小汽车；停车收费价格调控；对小汽车合乘者的停车价格实行优惠制度。

（3）管制手段：HOV 车道允许高占有率小汽车优先通行；对高占有率小汽车进行停车场地预留；政府通过立法，激励雇佣者给员工提供免费的通勤合乘车辆；激励通信代替出行和其他手段代替出行；弹性工作制引导人们在不同时段出行；压缩周工作日减少通勤交通；在一天中某个时段限制小汽车在一定区域使用，表 2-1 所示为欧洲交通需求管理措施分类体系。

（4）辅助性措施：交叉口信号改进；可变交通标志。

（5）组合 TDM 策略，即对以上措施进行组合使用。

表 2-1　欧洲交通需求管理措施分类体系

定　价	新模式
道路拥挤收费	P+R，K+R
停车收费	小汽车合乘
公共交通票价	Dial & ride
公交补贴政策	持卡小汽车
规　制	**辅助方法**
进入控制	HOV 车道
停车管理	城市交通控制

续　表

规　　制	辅助方法
宁静交通区域	信息可变标志 VMS
步行	匝道控制
自行车	加强规制政策
个人出行效率提高(信息系统,一票制等)	错开活动时间

可以结合四阶段交通需求模型来说明 TDM 对策实施的策略和目的[14]。在出行产生阶段,TDM 对策实施的主要目的是尽量减少出行的产生,具体策略包括大力提倡电话会议,利用传真等通信形式,以电信代替出行。研究既能保证正常的社会经济活动,又产生较少交通出行的土地利用模式,并在城市规划中加以应用。在出行分布阶段,TDM 对策主要是对城市土地利用类型的分布加以控制,通过改变某些活动的地点,从而使得出行由交通拥挤的终点向非拥挤终点转移。在出行方式选择阶段,TDM 对策主要是实施刺激或者抑制某些交通方式的政策,使出行方式由低容量向高容量转移。具体措施有汽车合乘,限制私人小汽车进入市区,改善换乘设施,促使出行者向高容量的公交系统转移。从路径选择的阶段看,TDM 对策主要是从空间与时间上分散交通流。如采用先进的信息技术、向出行者提供实时交通信息,或通过强制收费或价格优惠,使出行者避开拥挤地段;通过城市规划、交通政策等对交通发生源进行调整(图 2-2)。

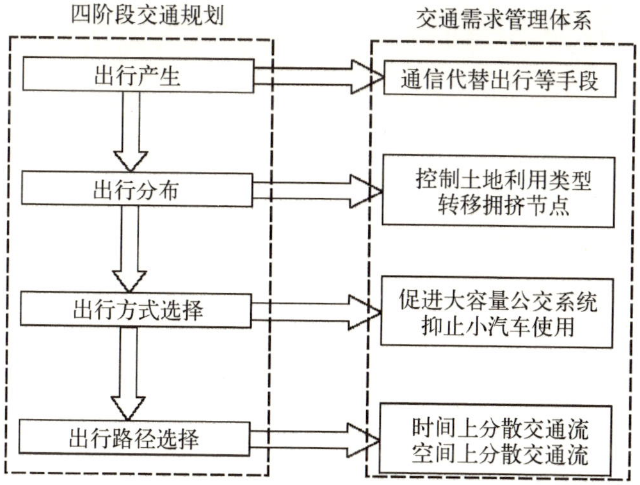

图 2-2　四阶段交通规划中的交通需求管理手段

从作用机理上来说，交通需求管理的调控作用主要通过以下五种途径：① 通过合理的土地使用规划管理减少出行距离及促使出行向公交模式转移；② 通过非交通出行手段来代替出行目的(例如使用电子通信来代替办公出行)；③ 为出行者提供一个或多个可选的交通模式(包括出行时间及方式)；④ 通过鼓励/限制措施来减少小汽车拥挤及使用；⑤ 通过调整道路交通时空分布促使出行向非高峰及非拥挤道路的转移(表 2－2)。

表 2－2　交通需求管理措施

途径	土地利用管理	交通出行替代	限制机动车拥有和使用
措施	→ 交通引导土地利用(TOD) → 混合用地 → 交通影响评价 → 城市用地布局优化	→ 网络办公 → 居家工作/电子通勤 → 电话会议 → 调整有关政府出行	→ 拥挤收费/道路收费 → 根据里程收费 → 燃料税 → 停车管理及收费 → 车辆限制
途径	增加/鼓励其他交通方式		调整机动车时空分布
措施	→ 大容量快速公交 → 穿梭巴士服务 → 合乘 → 自行车/公交一体化 → 停车换乘	→ 公共交通改善 → 鼓励步行和骑车 → 高占有率车辆(HOV)优先 → 通勤财政补贴 → 班车、校车	→ 错时上下班 → 弹性上班制 → 压缩工作日 → 交通信息发布 → 智能交通控制、诱导、调度 → 区域或道路分车种分时段限行

来源：北京交通发展研究中心等。[4]

2. TDM 策略的组合使用

根据国内外经验，仅仅一项措施是难以得到满意的效果的，一般需多个措施配套使用。尤其是减少机动车拥有及使用的措施往往需配合增加/鼓励其他出行选择的措施，才能提高需求管理的效果，并减少公众的反对。例如实施拥挤收费后，需要为人们提供替代的出行方式，开辟新的公交线路，为了避免公交线路的拥挤，应增加公交车的发车频率；轨道交通票价降低和停车换乘点停车价格优惠的共同实施有利于 P＋R 模式的运作；等等。王刚[15]在他的译著上讲道："……组合 TDM 策略的效果决不仅是各项措施单独实施效果的简单相加。综合效果是非线性的，也是难以预测的，最终的结果和环境背景及各策略之间组合有很大关系。"可见，多种 TDM 措施组合将形成新的"合力"，研究单一和组合

TDM 措施的效果都十分重要。

TDM 措施不但各自具有相互影响的作用，和交通设施供给政策同样具有各种联系。表 2-3 定性分析了各种交通需求管理政策和基础设施政策之间的相互关系。

表 2-3　一体化的交通政策[16]

对策 B / 对策 A	基础设施改造型				交通管理-软投资型						交通管理-政策型				
	道路改善	公交改善	P+R	停车场	交通管理	公交优先	宁静交通	停车管理	公交服务	信息系统	停车收费	拥挤收费	燃料价格	公交价格	成长管理
道路						C	C					C			C
公交改善								CP			CP	CP	CP		C
P+R		C						C			C	C			
停车场改造							C	C							C
交通管理						C	C		C	C		C			C
公交优先					C		C		C						
宁静交通	C							CP			CP	CP	CP		
停车管理		C	C	C		C			C	C					C
公交服务			C				C	CP			CP	CP	CP		C
信息系统			C		C		C	C	C		C	C			
停车收费		CF	CF	CF	C		CF	C	CF					CF	
道路拥挤收费	F	CF	CF	F		C	CF		CF	C				CF	
燃料价格	F	CF	F	F			CF		CF						
公交价格		CF	CF	C		C	CF	C	C		CP	CP			
成长管理	C	C							C		C	C			

注：① C：A 策略对于 B 策略的实现产生互补作用；
② F：A 策略发挥对于 B 策略财力的补充作用；
③ P：A 策略促进对于 B 策略的共识。

在欧洲，TDM 措施组合使用的也得到了重视。欧洲运输部长会议的研究报告[17]从宏观和微观层面上阐释了城市交通拥挤产生的因素，将改变人们出行行为的需求管理策略分为“进入管理和控制、停车收费和控制、道路拥挤收费”三大类。

进入管理和控制：在操作层面上可以是对特定区域的控制，采取的措施可以是对不同车种的进入限制，通行证制度，通过牌照控制车辆的通行权；对特定路段控制，如高架道路的入口控制。根据欧洲的经验，该措施必须和其他措施（如提高公共交通服务水平，停车收费和控制）同时使用才能发挥其缓解交通拥挤的效率。

停车收费和控制：是减少区域小汽车交通需求的重要措施，由于其实施的灵活性，可以根据特定区域和特定时段制定不同的收费和控制政策。同时我们也必须注意到，当区域内的小汽车使用得到控制后，由于道路拥挤状况相对好转，可能导致过境交通量的增加。

道路拥挤收费：道路拥挤收费初步可以在一个区域或者一些特定路段上实施，实施道路拥挤收费的前提是收费系统具有较好的成本效益。道路拥挤收费的公平性问题也是非常重要的，它的实施对不同道路使用者的利益分配是和他们的收入相关的。高收入的小汽车使用者得到了好处，而相对低收入小汽车使用者额外地支付了出行成本。拥挤收费与进入管理和控制的最大区别是前者不实行强制性的管制措施，使出行者更富有弹性地使用道路基础设施（能发挥这个弹性作用的往往是高收入人群）。拥挤收费一方面减少了小汽车交通的需求量，转换到其他交通方式；另一方面使得拥挤区域的小汽车从空间上转移到其他地方，有可能使不收费道路产生新的交通拥挤，这是在政策调控时必须注意的问题。图 2－3 所示为交通拥挤的宏观和微观影响因素。

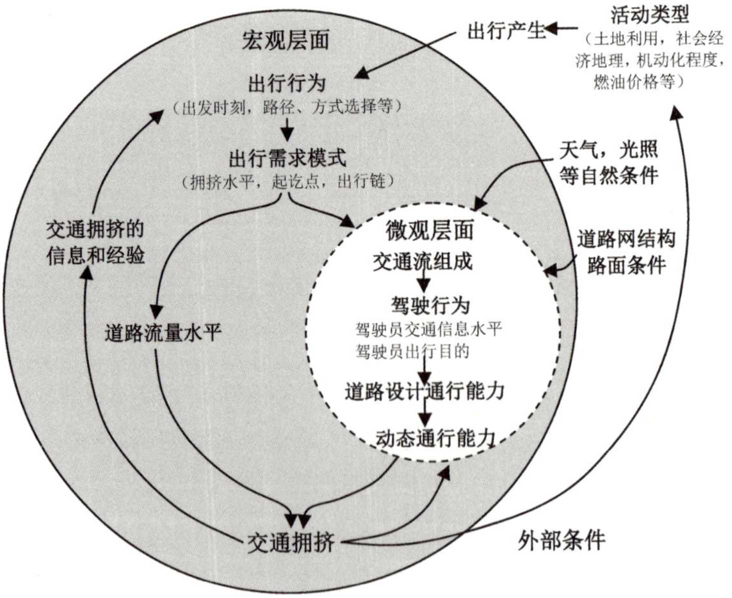

图 2－3　交通拥挤的宏观和微观影响因素

报告中指出，要使拥挤管理得到有效实施，以上三种策略必须组合使用，发挥各自的长处，并产生更多灵活多变的需求管理政策，使得公众更容易接受这种可选择的需求管理政策。在伦敦、斯德哥尔摩等城市，除了实施拥挤收费政策以外，都实施了其他的需求管理政策。这不仅是其他需求管理政策自身实施的需要，更是各种政策组合实施发挥更大作用的需要。意大利罗马(Rome)的拥挤管理就体现了拥挤收费、停车收费和停车换乘各种需求管理政策组合使用的理念(图 2-4)。

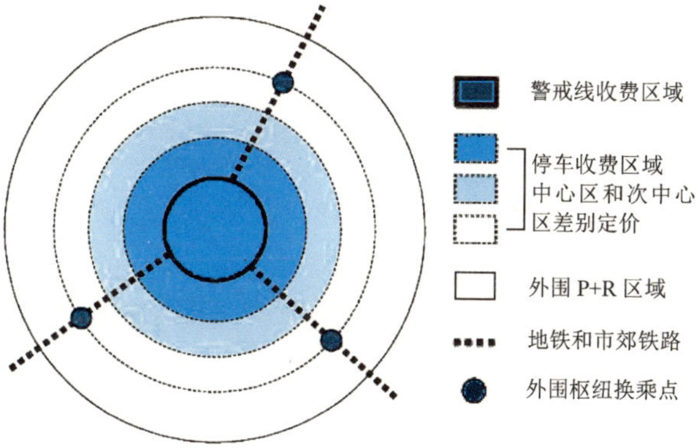

图 2-4　意大利罗马的交通需求管理组合策略

2.1.3　交通需求管理在国内外的应用概况

1. TDM 在国内外城市的应用及发展趋势

Michael D. Meyer[8] 系统总结了 TDM 在美国发展的历史，认为提高载客率低的小汽车出行成本(如实行拥挤收费)是最有效的 TDM 手段，并提出了四个 TDM 战略：① 将 TDM 作为区域和城市交通规划的一部分；② 将 TDM 和土地利用结合起来；③ 使出行者对自己的出行成本更加明晰化，使 TDM 达到更好的效果；④ 使公众更好地接受 TDM 政策实施。Michael D. Meyer 分析了 TDM 发展的两大趋势：一是交通政策和规划越来越聚焦于系统性的管理活动；二是越来越多地考虑了交通系统以外的问题，如环境污染、社会经济发展等。自从 20 世纪 70 年代末以来，TDM 政策在欧美等国得到了广泛的应用。表 2-4 罗列了国内外一些城市的 TDM 应用情况。日本建设省在 20 世纪 90 年代初才开始研究交通需求管理，将其作为主要手段，与交通基础设施建设一起共同作为解决交通拥挤问题的措施，如东京的汽车尾气排放资助管理，名古屋的停车换乘系统，长冈市的购物巴士券试行措施，札幌市的公交优先措施及 TDM 宣传等[18]。我国不少大城市也开始实施以公交优先为核心理念的 TDM 政策。

表 2－4　国内外 TDM 实施情况摘录

国家/地区	措　施	国家/地区	措　施
新加坡	控制汽车的增长率的拥车证制度； 1998 年前，区域许可证（Area Licensing Scheme，简称 ALS）制度； 1998 年后，中心区电子道路收费系统（Electronic Road Pricing System，简称 ERP）	北　京	P+R 停车收费优惠； 轨道交通采取 2 元一票制； 公交专用道和 BRT 建设； 特定时段外地车辆和货车限制进入市区
香　港	大幅提高小汽车购置税率； 停车位指标控制和高停车收费政策； 收取高额燃油税，桥梁、隧道收费制度	上　海	小汽车牌照拍卖制度； 中心区道路拥挤收费（论证中）； 公交专用道
洛杉矶	开辟高载客率专用道，提高道路交通的使用效率； 鼓励公共交通使用； 灵活的上班时间及停车管理； 改善居住与就业平衡	南　京	小汽车收取车辆购置税； 对出租车采用运营许可证拍卖方式限制数量； 单向行驶，停车限制； 高峰时段限制出租车通过中心区域
纽　约	高速公路与隧道设置公交专用道； 中心区严格限制小汽车； 中心区道路实施公交优先	深　圳	差别化停车收费政策，分三个级差区域； 道路拥挤收费政策（即将实施）
伦　敦	道路拥挤收费制度	温　州	错时上下班

表 2－5 总结了世界各国已经实施、试行和正在研究拥挤收费的情况。可见除新加坡外，欧洲各国的拥挤收费实践走在世界前列，美国由于其独特的小汽车模式，拥挤收费政策没有得到普遍应用（多采用适合小汽车模式的 HOV 车道）。澳大利亚悉尼大学资深交通行为分析专家 David A. Hensher 和 Sean M. Puckett[19]认为从 TDM 实施 30 多年的实践来看，道路拥挤收费仍然是最为有效的手段。道路拥挤收费对人们出行的出发时刻选择，路径选择和交通方式转移是研究收费对交通行为变化的主要内容。Hensher 认为拥挤收费需要兼顾收费效率和透明性，即道路交通拥挤程度和收费水平的适当均衡。收费水平是否可行，是否能够达到预期的拥挤缓解，是决策者需要权衡的。

表 2-5　世界各国拥挤收费现状

<table>
<tr><th>正在研究的国家或城市</th><th>试行的国家或城市</th></tr>
<tr><td rowspan="3">英国：加的夫(Cardiff)，爱丁堡(Edinburgh)，曼彻斯特(Manchester)
丹麦：哥本哈根(Copenhagen)
芬兰：赫尔辛基(Helsinki)
意大利：热那亚(Genoa)
荷兰
捷克：布拉格(Prague)
新西兰：奥克兰(Auckland)，惠灵顿(Wellington)
美国：旧金山(San Francisco)，西雅图(Seattle)
中国：北京，上海，深圳，南京等</td><td>中国：香港
美国：波特兰(Portland)
德国：斯图加特(Stuttgart)</td></tr>
<tr><th>已经实施的国家或城市</th></tr>
<tr><td>英国：达拉谟(Durham)，伦敦(London，2003)
挪威：卑尔根(Bergen)，奥斯陆(Oslo)，特隆赫姆(Trondheim)(1990—2003)
瑞典：斯德哥尔摩(Stockholm，2006 年试行，2007 年正式实行)
意大利：罗马(Rome)
美国：纽约(New York)
马耳他
新加坡(1970，1998 年后为 ERP 收费)</td></tr>
</table>

从交通专家的观点来看，拥挤收费是 TDM 的最有效手段，但无论是国内还是国外，拥挤收费都是颇受各方争议的。拥挤收费的实施效果究竟如何呢？以下是瑞典首都斯德哥尔摩和英国伦敦实施拥挤收费事实情况的简单介绍：

斯德哥尔摩于 2006 年 1 月 3 日试行了为期 7 个月的拥挤收费，具体的方式为时变警戒线收费，即进入警戒线就收费一次。政府投入拥挤收费试行成本为 2.7 亿瑞典克朗。2006 年 9 月 17 日，当地居民以 53%的选票通过继续实行拥挤收费制度，2007 年拥挤收费制度得到正式实施。斯德哥尔摩采用了时变的基于警戒线收费(实质为区域通行证制度)，收费时段为早上 6:30 到晚上 6:30，收费的手段是电子收费系统(ETC)。政府采取拥挤收费政策的首要目标是缓解城市交通拥挤和环境污染，目前政府打算将收费的收入投入到新的道路建设而不是用于公交系统的改善。在试行期间，区域内收费的效果达到了预期目标，有的甚至超标完成(图 2-5)。原本预定拥挤缓解 10%～15%，实际为 20%～25%；车辆排队时间减少了 30%～35%，城市尾气排放减少了 10%～14%[20]。在实施拥挤收费的同时，斯德哥尔摩也规划了很多新的公交线路，为小汽车出行提供可选的替代交通方式。

2003 年 2 月，伦敦开始实施拥挤收费(图 2-6)。实施收费的区域为内环路以内；收费标准：每天每辆小汽车 5 英镑(2005 年 6 月开始为 8 英镑)；收费时

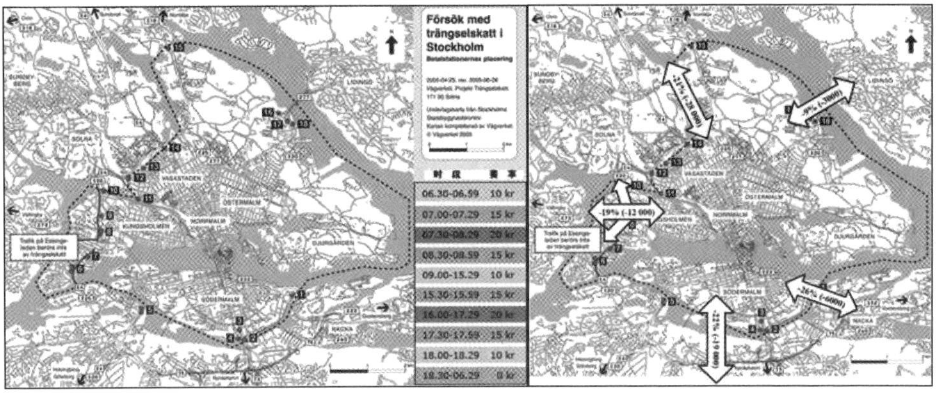

图 2-5　瑞典斯德哥尔摩时变警戒线收费及交通量减少效果

来源：http://www.stockholmsforsoket.se/upload/Trangselkarta1000x707.gif
http://pricetags.files.wordpress.com/2006/09/stockholm-congestion-charge-map.jpg

间：星期一至星期五，上午 7:00 至晚上 6:30。这种收费方法实际上也是区域通行证制度，因为一天内进出多次收费区域只收费一次。2006 年度，拥挤收费收入共达 1.23 亿英镑，政府将这些资金用来交通系统的改善，特别是提高公交系统的服务水平。收费区域内拥挤缓解 30%，交通量减少 30%。公交可靠度大大提高，早高峰期间公交乘客增加 2.9 万人。交通拥挤收费系统取得了良好的效果，同时也带来了一定的负面影响，主要表现在对商业活动、交通流转移、公平性和个人隐私方面。

在实施拥挤收费前，往往需要利用交通模型进行拥挤收费的事先评价，其结果有可能遭到质疑。上述两个城市评价拥挤收费的效果都是事后进行的，是对

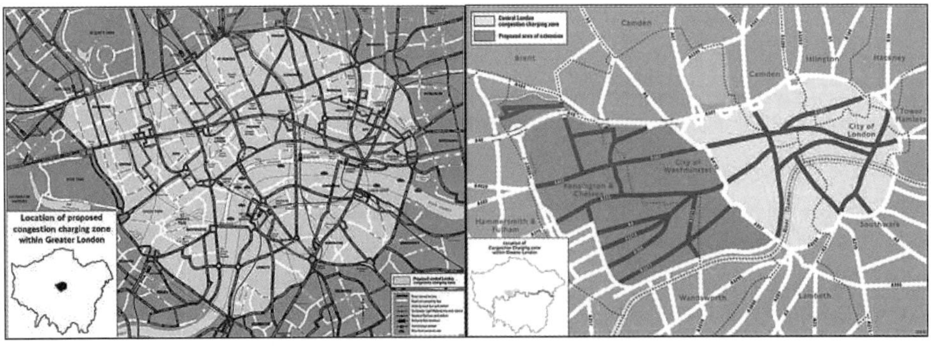

图 2-6　伦敦警戒线拥挤收费区域及拟扩大的收费区域

来源：http://www.courierforce.co.uk/images/congestion_charging.jpg，http://www.tfl.gov.uk/tfl/cc-ex/map.shtml

实际观察数据的总结，具有较高可信度。伦敦交通委员会 2004 年 4 月份的拥挤收费影响监控报告给出了收费时段内小汽车出行行为的变化情况（图 2－7）。

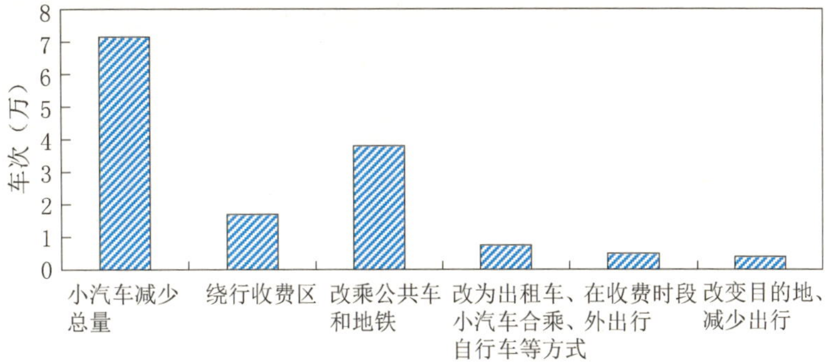

图 2－7　伦敦拥挤收费小汽车出行行为变化情况

由图可以看出，小汽车出行在拥挤收费后有相当一部分转移到了其他交通方式。可见拥挤收费事先评价如果忽略交通方式的转移，将会产生很大的偏差，特别是像伦敦这样一个具有明显向心交通需求特征的城市。因此，在多模式交通框架下研究拥挤收费的效果是十分必要的。

2. 国内外 TDM 政策的经验

首先，公众支持是 TDM 实施的有效保障。TDM 政策的实施，往往会招致各方的争议，公众的接受对 TDM 实施非常重要。例如通过拥挤收费等各种措施减少私人小汽车出行，虽然可有效减轻拥挤，但也会有诸多负面效应，如影响商业发展、增加驾车者的出行成本，从而容易遭到公众的反对。新华信市场研究咨询公司与新浪汽车频道于 2005 年[21]共同推出“您如何看待征收交通拥挤费”热点调查，共收回 1 790 份问卷，其中有效问卷 1 537 份（参与调查的被访者，对交通拥挤费有所了解的比例达到 71.8%）。调查结果显示，通过征收交通拥挤费的方式来缓解目前交通现状，91.4%的消费者持不赞成意见，仅 6.6%的消费者认为交通拥挤费切实可行，还有 2.0%的消费者认为无所谓。J. Schade[22] 对雅典（Athens）、马德里（Madrid）、科摩（Como）、利兹（Leeds）、约克角（York）和格拉茨（Graz）六个城市的 1 459 个样本进行了一项 TDM 政策公众支持调查，结果显示拥挤收费是公众最难以接受的措施（图 2－8）。

美国的 APCO 咨询公司[23]在西雅图（Seattle）组织了 TDM 措施的公众调查和讨论。参加讨论的群体分为四类，第一类是西雅图的常住居民，平时主要使

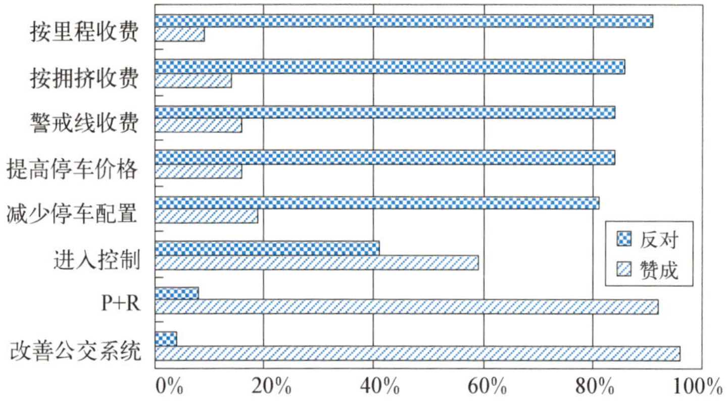

图 2-8 国外 TDM 政策的公众支持调查

用公共交通方式出行，是社会的低收入阶层；第二类是包含外来人员的混合人群，他们的收入也较低并且受教育程度不高；第三类是一般的小汽车使用者；第四类是对政府决策有建议或决定性作用的上层阶级。讨论的 TDM 措施如表 2-6 所示。

表 2-6 美国西雅图 TDM 公众讨论主要内容

小汽车方式转移	工作出行的方式转移	土地利用规划	小汽车出行管制	定价措施
● 公众教育和宣传 ● 公交服务水平提高 ● 小汽车合乘和通勤客车合乘 ● 自行车和步行通道规划 ● HOV 车道和停车换乘 ● 电信购物	● 工作时间调整 ● 保证回家有车可乘 ● 停车鼓励和限制措施 ● 通信代替出行	● 居住地、公共设施商业用地和工作地的混合规划 ● 公交导向的土地开发	● 在提供其他交通方式前提下的小汽车出行减少策略 ● 匝道通行限制和快速车道优先措施 ● 区别对待不同载客率的车辆	● 停车价格调整 ● 燃油税调整 ● 拥挤收费 ● 公交和通勤客车合乘补贴

在调查讨论中发现，很多人都不能把 TDM 作为一个统一的标准来看待，特别是提到公交优先并限制小汽车使用时，他们认为他们的出行方式是被迫改变的。公众更多支持的是公交系统和小汽车使用条件都能够得到更多的改善。工作出行的人群对 TDM 政策十分关心，认为能对自己的出行带来很大

的影响。但是他们对拥挤收费政策有所争论，一部分收入相对较低的小汽车使用者认为他们需要被迫支付费用，而收入较高的人群则认为需要通过收费来限制一部分使用小汽车，使他们的小汽车出行更加顺畅。公众认为 TDM 的实施必须具有可操作性，例如限制小汽车出行的同时，必须提供相应的高质量公交服务。

其次，要注重 TDM 实施的社会公平性，协调不同群体之间的利益。交通政策实施的本质是利益的再分配。交通需求管理政策实施必然要对不同出行者的利益进行再分配。在“效益优先，兼顾公平”的政策原则基础上，分析需求管理政策的公平性也是非常重要的。例如小汽车使用者占用了较多属于公共物品的道路资源，通过抑止小汽车交通的交通策略来增大横向公平性。但这个公平性也不是绝对的，譬如使用拥挤收费来抑制小汽车的使用，会使一些中等收入或中等时间价值的出行者转向公共交通，从而使得道路变得更为通畅。公车使用者和时间价值较高的车辆在拥挤收费政策下得到了好处，他们的拥挤费用支付换来时间的节省是一种“收益”。同时，在没有增加公交服务供给的情况下，原本使用公共交通的人群所花的车内时间可能变少，但由于公交使用人数的增多，将导致车内拥挤和更多的等待时间。相应的对策如：通过合理的交通定价更准确反映成本来增大横向公平性；通过提供直接的财政补贴和改善能负担得起的交通方式选择来使低收入人群获利。这种利益的调配，也是本书需要量化研究的问题之一。

再次，要注意 TDM 实施的政策财政负担，引导公交市场化运作。公交补贴、公交票价降低、公交换乘优惠、加强公共交通网络建设(特别是轨道交通建设)、实施区域交通拥挤收费的设施投入都需要巨额的财政支持，这将增加政府的财政负担。政府必须明确各种政策下如何使用有效的财政补贴政策，引入竞争机制，引导公交市场化运作。量化分析各种政策下的方式分担和客流需求，是为政府提供决策依据的最基本也是最难的一项工作。

最后，强调组合 TDM 的实施，发挥非线性效用。如前文所述，组合 TDM 策略的实施，可以得到比单向 TDM 措施实施相加更好的效果。例如单纯的公交改善或多模式一体化交通并不能显著吸引公众的公交出行。服务水平低的常规公共交通即使是免费，恐怕也很难吸引小汽车出行。在欧洲，许多城市都有着良好的轨道交通，但因人们对个体化自由出行的渴望，若不采取配套的限制小汽车出行的措施，小汽车出行仍居主流，公交的出行比例反而会呈下降趋势。随之而来的是公交服务水平的下降，公交的出行比例进一步下降的恶性循环。随着我国城市居民生活水平的提高，小汽车的使用将越来越普遍，对小汽车使用的依赖性也会不断加强，政府宜采用适当的限制政策，这是机动化后来者的中国需要向发达国家学习的经验。

2.2 交通需求管理政策评价方法综述

2.2.1 交通需求模型发展概况

发达国家交通行为模型逐渐转向交通系统的有效利用和交通需求管理政策的效果评价，交通需求模型是 TDM 政策实施的事先量化评价基础。交通需求模型的发展，大致可以分为基于出行(Trip Based)、基于出行链(Tour Based)和基于活动(Activity Based)的研究方法三个层次。基于出行的研究是将出行链分解成为出行单位进行分析，最为广泛使用的是“四阶段模型”。作为交通规划中最常用的传统四阶段模型，虽然存在很多缺点，但到目前为止还没有一个更好的模型系统能够完全代替它。传统四阶段模型的缺点可以从三个方面来概括：

(1) 模型理论体系上的缺点。四阶段模型中的交通产生吸引为回归模型，而交通分布为重力模型(极大熵模型)，交通方式划分用转移曲线方法(或离散选择模型)，交通分配用网络均衡理论，没有一个一致的理论体系来解释交通行为；前一步的行为模型不受后一步的影响，造成不一致性，交通运输系统的特性改变不能在每一个步骤中得到反映；基于简单反馈机制的四阶段模型计算量大，而且由于每个阶段算法的近似性，可能导致系统难以得到一个稳定的结果。

(2) 模型考虑因素上存在的误差。首先是考虑出行需求的影响因素十分有限；其次是存在诸多预测误差因素，如交通小区的使用产生了集计的误差，小区划分越大造成的误差也越大。相对于基于活动的和基于出行链的模型，传统四阶段模型的交通需求是基于出行的，缺乏出行链中的一次出行的服务水平对其他出行的影响分析，缺乏某个人的出行服务水平对其家庭的出行影响分析，出行者的出行产生相互独立，没有考虑关联性。

(3) 模型用途上的缺点。首先是长期预测的误差比较大，这也是其他模型难以解决的问题。其次是交通政策的分析能力十分有限，缺乏交通政策对特定人群和家庭的出行需求的影响分析。再次是交通与土地利用的相互作用关系研究有限，社会经济变量为外生设定；出行的产生是固定的，对诱增交通考虑不足，如小区可达性等产生变化对出行产生的影响。

基于出行链与基于出行的研究方法的最大区别是前者将个体的一天出行为

研究对象，考虑不同出行链段的相互影响关系。20 世纪 70 年代的后期和 80 年代，基于出行链的模型系统最早在荷兰开发并且在欧洲得到了广泛运用。目前代表性的有美国的 San Francisco 模型[24]、Boise 模型、New Hampshire 模型、德国 PTV 公司开发的 VISEM 及瑞典和意大利开发的斯德哥尔摩模型等。

基于活动的分析方法在基于出行链的基础上，认为交通需求的产生是基于希望参与某种活动的，模型以家庭作为决策的单元进行分类，考虑活动和出行的时间，综合时间、空间和人与人之间的约束关系和事件发生的相互依赖关系。比较著名的有：Columbus 模型、Portland 模型和 New York 模型。以上所述均为基于经济学的模型，还有一种是基于规则的仿真模型（Rule-based Simulation Model）。仿真模型的重点是模拟选择集的产生过程。通常都需要详细的基本的活动和出行日程信息（活动内容、持续时间、目的等）作为输入，然后基于一系列规则经过若干反馈的过程来产生一天的具体的日程安排。代表性模型有 STARCHILD、AMOS 和 SMASH[25]。使用基于活动的模型最大的优点是：可以选用许多与个人决策相关的因素作为自变量，从而可以对多种交通规划、交通政策进行效果评价。不过它也存在一些缺点。影响交通行为的决定性因素是交通服务水平，而交通服务水平又随交通需求量的变动而变动，而这种反馈机制很难在基于活动的模型中表现出来，最明显的一个问题就是基于活动的模型很少能在交通网络的层面上考虑，即使应用到网络层面，往往也不考虑网络的拥挤效应。此外，基于活动的模型需要大规模的详细调查数据，并且需要大量的计算时间，因此其应用并不广泛。

传统的四阶段模型在离散选择模型的基础上，形成了各种基于一致的四阶段组合模型，以求用统一的行为理论来分析人们的出行行为，这是四阶段模型发展的一个主要方向。除了方式选择模型被应用到四阶段模型以外，离散选择模型在目的地选择、路径选择、出发时刻选择等方面均有应用。大规模网络的交通需求预测仍然离不开四阶段模型，随着四阶段模型不断地吸收其他模型的优点，在交通政策评价方面也取得了一定的进展，模型中考虑交通行为的影响因素也越来越多。可以预见新的四阶段模型在今后仍然有很大的前景，是基于活动的模型无法替代的。或者说是各种模型今后彼此吸取长处，并没有明确的分类界限。

2.2.2　交通需求管理政策评价综述

TDM 政策评价分为事先评价和事后评价，事后评价主要是对 TDM 政策实施后进行各种各种指标的观察，与实施前进行比较，这不是本书要讨论的主要内容。纵观国内外 TDM 政策评价的方法，基于出行行为的交通需求模型是量化分析政策效果的必备工具。各种成本效益分析框架、环境污染评价或其他 TDM 评价指标，都要以交通需求分析为基础。可以说交通需求模型是 TDM 政策事先评价的必备工具，它可以是简单的离散选择模型、生存时间模型等，更理想的是基于交通网络均衡的四阶段改进模型或基于活动的需求模型。从已有大规模 TDM 政策评价应用来看，基于四阶段模型的评价方法最为普遍，但是由于四阶段模型存在不少缺点，在没有改进的情况下直接应用可能不能满足 TDM 政策评价的需要。四阶段模型本身是一个开放的系统，它随着建模者的需要在不断地改进。

美国北卡罗来纳州(Carolina)大学的 Ryoichi Sakano 和 Julian Benjamin，以及麻省理工的资深交通行为分析专家 Moshe Ben-Akiva[10]对实施了综合 TDM 策略的美国中等城市进行了效果评价，并对它们的实施成本进行了比较研究。他们通过网页的形式，对美国 354 家中等城市的规划编制单位(Metropolitan Planning Organization，简称 MPO)进行了 TDM 效果的调查，其中有 72 家给出了有效的反馈信息。调查显示很多 MPO 都实施了各种 TDM 措施。结合停车换乘、小汽车合乘及通勤交通客车合乘的公交优先策略是最常见的需求管理手段，高占有率车道设置以及道路收费的实施情况则较为少见，很多 MPO 认为这两项措施没有达到减少交通量和环境污染的效果，并且受到很多人的反对。另外，这两项措施的初期投入成本，运营成本和其他非货币的成本也是较大的。大多数 MPO 考虑了有关上下班的 TDM 策略，如错时上下班、压缩周工作日、通讯代替出行等。在中等城市，这些 TDM 措施的实施相对来说成本较低，并能对中等收入的人群产生较好的效果。但是许多 MPO 也发现很多公司老板或雇佣者并不对这些措施感兴趣。

Caroline J. Rodier 等[26]将先进的出行需求模型和土地利用和组合起来。运用经验和建模方法来评价土地利用、交通系统定价政策和最佳的政策组合，并将仿真结果和美国萨克拉曼多(Sacramento)的实际情况进行了对比。Claudia M. Schneider[27]等人专门研究了 TDM 对小汽车使用者的影响。通过对小汽车使用者的其他交通方式替代性的网络意愿调查表明，拥挤收费等 TDM 措施对减少小汽车使用的作用是有限的。作者认为有可能是被调查者很难感受到 TDM 实施对各种交通方式的实际出行广义成本的影响，成本最小化是决定出行方式选择的关键因素，不过这种意愿性调查的可靠性值得进一步研究。

在澳大利亚和新西兰，TDM 评价集中于它对人们出行行为的影响。新西兰交通运输基金会的 TDM 实施评价是基于成本效益分析框架的，该系统可以考虑旅行时间节约、车辆运营成本、步行和自行车对身体健康的影响、停车成本(包括保险、土地利用、停车设施等)、公交票价、拥挤缓解、交通事故、公交运营成本和对外部环境的影响等一系列因素。评价比较全面是该系统的一大优点，而模型假设出行者能够感知外部收益和成本，对 TDM 的作用有所夸大。另外，模型的参数不是在 TDM 实施下标定的，而是根据其他交通模型标定的经验数值确定的[28]。

Yusuke Kanda[29]等对日本两个典型城市的错时上下班和停车换乘的 TDM 措施进行了评价，出发时刻和方式选择分别采用生存时间模型和离散选择模型进行模拟，并证明了模型评价的有效性。Dr Panos Papaioannou[30]等对希腊的两个主要城市的 TDM 策略应用仿真的方法进行了测试，认为 TDM 对缓解城市交通拥挤具有明显的作用，并且建议 TDM 应该作为城市交通综合政策的一部分。

美国环境保护组织(EPA)[31,32]研发的 COMMUTER 模型(图 2-9)，主要是为了评估 TDM 对改变通勤交通行为而造成的汽车尾气排放影响。模型可以考虑可达性、公交运行时间、步行时间、停车价格、公交补贴等多种因素。从模型系统的框架来看，TDM 实施下的交通行为影响仍是评价的核心，并和汽车排放模型进行了对接，两者相对独立。

美国南佛罗里达州大学[33]开发了一套 TRIMMS (Trip Reduction Impacts for Mobility Management Strategies)系统，用以评价 TDM 的成本和效益。TRIMMS 的优点是能考虑非常全面的成本和效益因素，评价的标准是从出行需求的角度出发分析成本和收益，并综合考虑出行者的直接收益和外部收益，对不同城市具有较强的适用性。

韩国首尔(Seoul)对 TDM 十分重视，引入了基于 TDM 理念的短期拥挤管理计划(SCMP)。SCMP 包含以下几项内容：① 分析 TDM 政策的有利和不利因素；② 短期交通管理目标制定；③ 选择适当的 TDM 策略来减少小汽车需求；④ 建立一个评价 TDM 实施效果的方法体系；⑤ 监控 TDM 实施后的交通状态变化。Kee Yeon Hwang 等人[34]通过著名规划软件 EMME2 的宏，将其和微软公司的 Excel 以及离散模型专业性软件 Alogit 集成为一套 TDM 的评价模型——首尔拥挤管理模型(SECOMM)。在这个模型中，假设出行产生和吸引，

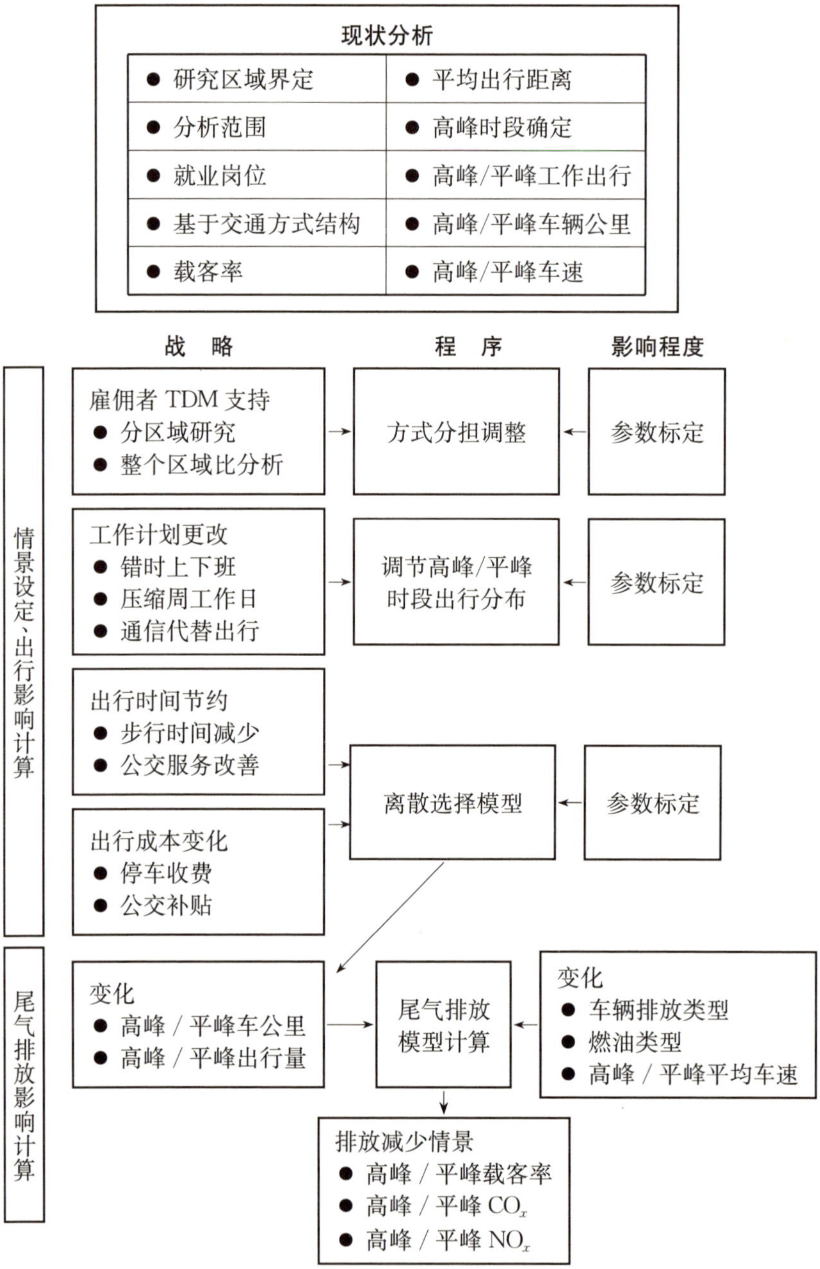

图 2－9　EPA COMMUTER 框架

出行分布在短期内没有变化，而方式选择和路径选择受到 TDM 政策的影响。当燃油价格提高 300 韩元时，SECOMM 模型得到小汽车的分担比减少了 0.9%，道路交通量减少了 4.8%。

Ikki Kim 等[35]对四阶段模型进行了改进，交通分配采用多用户分配方法（折算 PCU），提出了五项 TDM 评价指标：平均出行距离、平均出行时间、空间平均速度、平均饱和度和平均货币成本，并对首尔的一个区域进行了实证分析。分析的框架如图 2-10 所示。

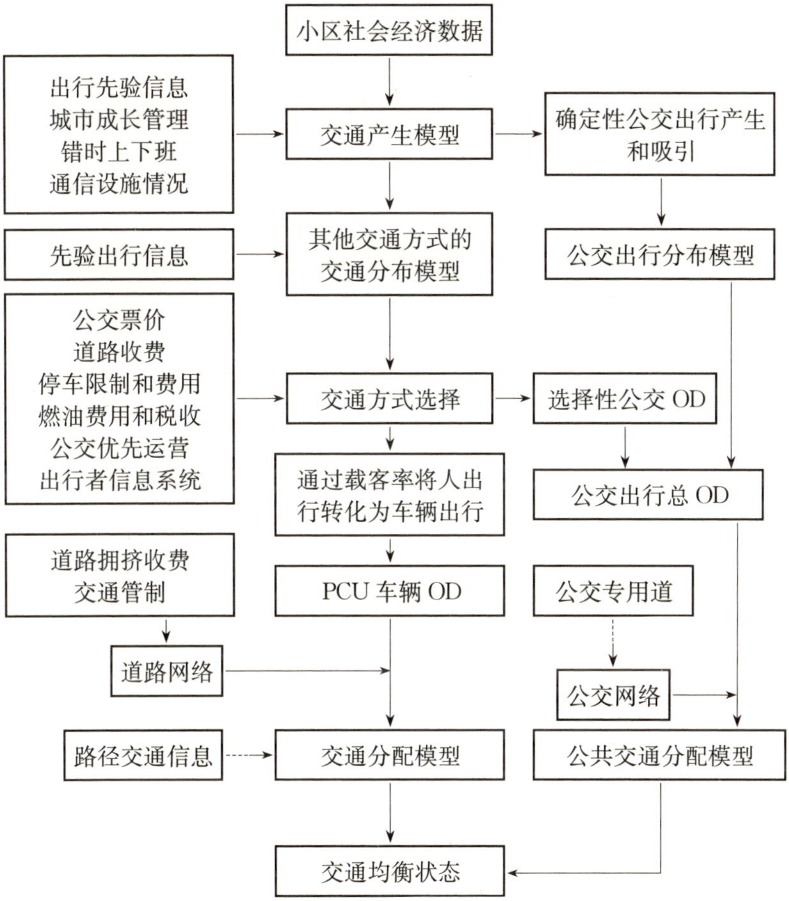

图 2-10　首尔四阶段模型体系下的交通需求管理政策分析

我国学者也开始研究 TDM 政策实施的效果评价方法。但多数是定性分析，即使是定量分析，也不是从网络均衡的角度出发的，即不能考虑城市交通拥挤状态对政策实施的效果影响。这些方法不能很好地从交通网络的空间分析角度解析城市交通拥堵机理及对人们的出行行为影响，从细分的角度讲集计程度过大，从而不能全面、准确地评价 TDM 实施的效果。裴玉龙等[36]将模糊数学中综合评价的方法引入城市交通政策的评价过程中，通过建立指标体系，确定各层次判断矩阵和各因素的权重；并对具体交通政策进行实例应用。黄中祥等[37]在对一体化交通需求管理方法的研究中，通过分析智能运输系统(ITS)中旅行者信息系统(ATIS)在交通需求管理中的作用，提出了 ATIS 与交通控制的一体化，ATIS 与拥挤收费的一体化交通需求管理方法。李都厚等[38]综合分析了城市交通需求的二重性与产业属性，在此基础上探讨了交通需求管理的可行性与理论依据，通过解析交通需求管理的内涵及其基本理论，初步形成了交通需求管理的合理政策框架。陈志全[39]在总结了停车收费政策相关理论的基础上，探讨了停车收费与交通需求管理之间的关系。并从研究交通拥挤收费入手，剖析了停车收费的需求管理机理，针对我国实际情况提出了停车收费政策的改进方向。关宏志等[40]通过意向调查，研究北京市部分繁华地区停车场使用者在不同政策水平下的出行方式选择意向，以数理统计的方法，探讨作为消费者的停车者(即驾车出行人群)对停车收费价格的敏感性，从停车收费支付意愿的角度提出了城市繁华地区停车收费标准的制定方法，以求尽可能改善交通需求管理因素。宗芳等[41]应用基于活动的出行需求预测方法研究了长春市实行鼓励公交策略的效果，从而考虑用此方法来研究一般的交通需求管理政策，但文中所述仅为政策对交通方式选择的影响，没有考虑路网拥挤等因素。隽志才等[42]通过可变工作制、道路拥挤收费、合乘车和电子办公等交通需求管理政策的实施情况指标进行总结论述，证明了从控制交通需求入手，对交通需求进行合理控制和引导，是解决城市交通供需矛盾的根本方法。马克萍等[43]在分析了交通需求管理的特点与我国的实际情况下，指出我国城市的土地利用策略应该将多中心组团式土地开发模式以及面向公共交通的土地利用模式两者相结合，形成以公共交通为导向的多中心组团式开发模式。

大量文献[44-50]表明，TDM 的效果评价需要在一个综合性的框架下进行，也有一些项目是根据经验的判断来评估的。目前评价的主要困难在于以下两点：一是假设 TDM 对出行者的影响是相同的，忽略了同一政策对不同人产生的成本和收益的异质性；二是不同 TDM 措施同时实施的综合效果很难评价。这就需要评价模型在 TDM 对个体出行影响和集计考虑总体效果作出权衡。集计和非集计是一个相对的概念，如何使用恰当的集计或非集计的程度来评价 TDM 政策是非常值得研究的问题。

2.2.3　交通需求管理政策定量分析及拥挤收费研究综述

应当说明，任何模型都是对现实世界的一种抽象描述，它不可能完全和现实一样。建模者在不断地利用经济学、数学等基础学科方法，对模型进行改进，使得模型和现实系统更加接近。模型的准确性究竟如何？恐怕需要进行实际的验证才能说明。但是有没有更好的量化方法去说明问题？回答是："还没有，很多建模者正在从各个方面进行改进。"因此，笔者认为"模型万能论"和"模型无用论"都是一种极端的看法。不管是精确型还是模糊型的交通需求模型，它们是量化评价规划方案和政策的必要工具。

研究 TDM 政策效果量化分析，首先是要搞清哪些政策容易定量分析，哪些不容易甚至不能用交通模型量化分析。TDM 政策能否量化评价取决于交通模型能考虑哪些因素。例如将传统的出行时间考虑在模型中，就有可能评价多种交通方式在提供不同服务水平(运行时间)下的出行行为；如果在时间的基础上又考虑了出行的货币费用，以广义成本的概念来计算出行成本，就有可能评价拥挤收费、停车收费、公交票价等一系列与经济手段相关的政策。此外，还有可靠度、舒适型、交通信息服务等一系列影响出行行为的因素，可能很难在一个模型综合考虑所有的因素。评价不同的 TDM 政策，需要构建不同的交通需求模型来实现。本书主要从影响交通行为的时间和费用两项因素出发，基于交通网络均衡理论研究的 TDM 政策包括：基于警戒线的拥挤收费、停车收费、公交票价、燃油价格等定价政策，P+R、公交专用道、各种交通方式之间的换乘效率提高等新交通服务模式，货车管制及各项政策的组合使用。如前文所述，拥挤收费被认为是限制小汽车使用的一种最有效的手段，受到了国内外学者以及交通政策制定者的重视，本节介绍拥挤收费的理论和实践，进而说明 TDM 政策定量评价的复杂性。

国外学者对拥挤收费积累了丰富的理论和实践经验。如 Bhat 和 Castelar[51] 对旧金山海湾地区构建了一个基于 RP/SP 调查(revealed and stated preferences)的拥挤收费定价分析模型。Golob[52] 分析了圣地亚哥拥挤收费政策对交通行为的影响。在实践中，道路拥挤收费的形式和方法很多，至今学术界也无法确定哪一种收费方法是最好的。May 和 Milne[53] 用静态交通分配比较了基于警戒线、基于里程、基于时间、基于延误的收费方法，得出的结论是基于延误的收费方法对道路交通拥挤缓解是最有效的，而警戒线收费的效率是最低的。不过他们没有从社会福利的角度讨论各种收费的优缺点。尽管如此，由于警戒线收费比较容易在实际中得到应用[54]，理论研究的文献大多数是关于这种收费形式的。警戒线收费也相对容易在交通模型中实现，只要将收费和时间价值相除，作为路段的额外成本就可以了[55]。在一系列研究中，大致可以分为以下几类：研究不同警戒线设置对拥挤缓解的效果[56,57]；收费的公平性问题[58-61]；最优收费的费率问题[62-65]以及收费方案优化设计[66-69]。

此外，也有一些有关边际收费及其他收费方式的研究，如瑞典咨询公司 Inregia[70] 曾试图通过 Karlsson 和 Svalgård[71] 的模型计算首都斯德哥尔摩的边际收费，他们通过 EMME2 用 Frank-Wolfe 算法进行试验，并采用两种方法：第一种是在每次迭代中交通流量加载前更新路段费率，第二种是在流量加载后、计算最短路径前更新路段费率，两种方法都没有得到收敛。Kuwahara[72] 证明了决策者可以动态地调整收费水平来达到网络均衡。这个结论给决策者带来难题：是应该采取复杂的收费系统，达到路网的有效使用，还是采取一个相对简单具有可操作性的收费系统呢？从技术上讲，根据第一最优的边际成本定价（边际社会成本和边际个人成本之差），引入一个实时变化费率的收费系统是可行的。从经济学的角度来考虑，第一最优收费能够使路网达到最有效地使用，但是从小汽车使用者对收费的认知和反应来看，又是另外一回事了。Stewart[73] 构建了一个多用户随机均衡分配模型，随机均衡分配比确定性分配更接近现实，并且还考虑了不同人的驾驶行为，在一定程度上避免了集计的误差。Stewart 考虑了路网有效使用和拥挤收费收入之间的均衡。他证明了在减低拥挤收费收入的同时，在边际成本定价下路网可以得到最有效使用。在有最低收费收入的约束下，收费水平并不总是能够使路网达到最有效使用。要计算道路使用者的边际成本，本身系统投入的成本也是很大的，决策者不得不考虑收费的收入是否能够满足系统成本，或者是采取相对简单的收费系统使路网接近最有效使用，从而降低收费收入最小值的约束。Stewart 进一步指出相比警戒线收费更为简单的方式（只对部分路段进行边际成本定价）既能达到类似的拥挤缓解效果，又更容易被公众接受。Bonsall 等[74] 则分析了收费体制选择的复杂性和透明性权衡。作者讨论的不是道路使用者是否愿意接受复杂的收费系统，而是对复杂收费系统的认知能力。他们得出的重要结论是人们更喜欢简单的收费系统，但也能从复杂的收费系统得到一种费率的直觉。理想的收费系统过于复杂，不可能使道路使用者作出像理论模型那样的行为反应。复杂收费系统费率的模糊性以及人们直觉的主观性，会导致路网无法实现理论上的最优使用。因此 Bonsall 等人最后的结论是：考虑到人们对复杂收费系统的认知能力，采取相对简单的收费系统能发挥更大的效率。收费的定价方法越复杂，就越需要投入更多的设施采集交通状态信息来告知道路使用者需要支付的成本。这项成本的上升甚至会抵消边际成本定价的最优收费与简单收费方式的收益差。当然，随着智能交通的发展，信息成本可能不需要完全分摊在拥挤收费系统里面。作者建议在一般情况下，还是采用简单的收费系统为好，提供完全的交通信息的成本是很大的，在不完全信息情况下，复杂的收费系统又达不到预想的效果。在特殊的情况下，可以采用相对复杂的收费系统，前提是道路使用者能够充分、准确地感知到他们所要支付的成本。Kuwahara[75]的动态优化模型则同时强调了模型的细化和交通信息收集的重要性。Asakura 和 Iryo[76]则讨论了信息收集对交通行为研究的重要性。一个成功的拥挤收费系统是需要交通信息收集作为基础的，采用移动电话、全球定位系统(GPS)等先进手段来分析人们的出行行为，可为拥挤收费政策的实施效果提供真实的数据。同时交通信息的发布更有利于提高道路使用者对拥挤收费的敏感性，使拥挤收费达到预想的效果。不管收费方式如何复杂，采用哪种方式的评判标准是决策者是否能够预计出不同方案达到的效果，进而寻求最优方案。

Peter Vovsha 等[77]对比了拥挤收费下不同交通模型对交通行为的描述，比对不同收费形式下的各种具体特征结合交通模型进行了总结(表 2－7)。

表 2－7　道路拥挤收费的不同模型特征

定价特征	路径选择		方式、目的地和出行时段选择	
	静态均衡分配	动态交通分配	四阶段模型	基于活动的和出行链的模型
共同特征	路段成本	路径或路段成本	OD 出行成本	个体不同时间的出行、出行链的成本
1. 对不同设施定价的具体特征				
① 特定路段				

续 表

定价特征	路径选择		方式、目的地和出行时段选择	
	静态均衡分配	动态交通分配	四阶段模型	基于活动的和出行链的模型
② 区域和警戒线	所有入口	所有入口		
③ 子网	相关路段	相关路段		
④ 全部网络	所有路段	所有路段		
2. 对不同车辆和出行者定价的具体特征				
① 统一收费				
② 不同车种	多车种	多车种或特定类型的车辆	不同车种的OD表	特定类型的车辆
③ 载客率	多车种	多车种或特定类型的车辆	不同载客率的小汽车OD表	根据联合出行的载客率
④ PCE和轴重	多车种	多车种或特定类型的车辆	根据PCE折算的OD表	根据PCE折算的OD表
⑤ 排量和油耗	多车种	多车种或特定类型的车辆	不同排量和油耗的OD表	特定类型的车辆选择
⑥ 车辆属地	N/A	特定类型的车辆	N/A	特定类型的车辆
⑦ 挂标识牌	多车种	多车种或特定类型的车辆	不同标识牌的OD表	特定类型的车辆选择
3. 单位出行收费的具体特征				
① 统一的单位里程收费				
② 根据出行时段而不同	不同出行时段的交通分配	不同出行时段的动态分配	不同出行时段的OD表	
③ 根据区域不同				
④ 出入口费用矩阵	N/A	基于路径的成本		
⑤ 根据出行距离	路段长度收费	路段长度收费		

续 表

定价特征	路径选择		方式、目的地和出行时段选择	
	静态均衡分配	动态交通分配	四阶段模型	基于活动的和出行链的模型
⑥ 根据出行时间	路段阻抗函数	动态路径收费		
⑦ 根据实时拥挤状态	路段阻抗函数相关	动态路径收费		
⑧ 日常收费+折扣	N/A	N/A	N/A	活动类型的影响
4. 收费方式的具体特征				
① 人工收费				
② 关卡收费	多类用户	多车种或特定类型的车辆	不同支付类型的OD表	关卡作为个体出行的选择属性
③ 车载设备	多类用户	多车种或特定类型的车辆	不同车载设备的OD表	车载设备作为个体出行的选择属性
④ 车牌确认				

城市道路交通拥挤收费的一般意义是对某一交通拥挤的区域进行收费，警戒线收费和区域通行证制度是两种区域拥挤收费方法。警戒线收费可谓是一种较为简单的区域收费方式，但目前除了新加坡和英国的达拉谟，世界上没有一个地方实行了完全纯正的警戒线收费。一些称为“警戒线收费”系统在实际操作中都脱离了警戒线收费的初始概念(即每通过警戒线一次就收费一次)。例如挪威的环状收费圈实际上是允许车辆在一次付费后多次进出的，已经取消的英格兰爱丁堡(Edinburgh)双警戒线收费只对内层警戒线进行收费。因此，简单的警戒线收费模型不能很好地反映形式多变的收费方法。

区域通行证制度(Area Licensing Scheme，简称ALS)最早在新加坡得到应用，它的特点是付费后可以在一定时期内自由使用收费道路，在建模当中，道路收费属于路径成本而不是路段成本的简单相加[78]，因此在建模方面和警戒线收费有所不同。当基于路径来考虑出行成本时，需要基于出行链或基于活动的模型来研究。基于活动的交通模型认为交通需求产生于所需要的活动，在这方面的研究很多，如Kitamura[79]，Golob[80]，Kockelman[81]，Zhang[82]等。在网络建模方面，Recker[83]，Recker[84]提出了家庭和个人基于效用最大化决策的活动和路径选择的时空模型。但是模型没有结合道路的拥挤状况考虑。Lam 和 Yin[85]提出了一个道路拥挤下的路径选择和连续性活动选择的动态用户均衡模型，但是模型没有涉及家庭或个人预先确定必须参加的活动，另外在实际应用中求解动态模型也是十分困难的。

Maruyama 和 Sumalee[86]，Maruyama 和 Harata[87]则考虑了两种相对有效和简单的收费方式：区域通行证制度（如新加坡 1998 年以前的收费系统）和警戒线收费（如英国伦敦）。他们建立了基于出行链的交通分配模型，比较了两者的社会剩余情况。区域通行证制度和警戒线收费的最大区别是：在区域通行证制度下，道路使用者支付一定费用后，在一定时段内可以随意使用任何道路，进入收费区域不再额外收费；而基于警戒线收费则不同，当道路使用者进入收费区域缴费后，如果第二次再进入该收费区域，仍需要进行重复缴费（图 2－11）。

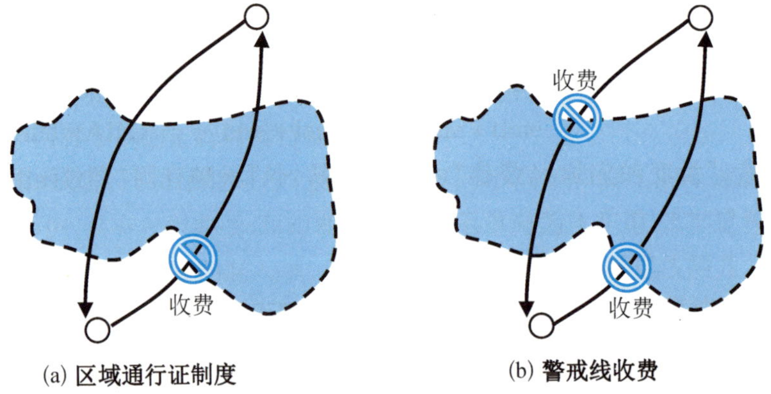

图 2－11　出行链机制下的两种简单拥挤收费制度比较

从交通模型的角度来说，警戒线收费相对容易，只要对进入警戒线的路段设置收费的费率，路段成本具有可加性（Additive），可以通过标准的双准则交通分配模型进行求解。区域通行证制度则不然，一次收费的成本需要分摊到出行的整个路径，具有典型的非可加性（Non-additive），这使建模产生了较大的难度。Maruyama 和 Sumalee[86]，Maruyama 和 Harata[87]分别对日本本州岛中部城市宇都宫（Utsunomiya）和冲绳岛（Okinawa）进行了实证研究。研究比较了不同收费水平下两种收费制度的社会剩余和收费收入情况，当收费水平较低的时候，警戒线收费的社会剩余较大，收费的总收入也较大；当收费水平高到一定水平之后，区域通行证制度的社会剩余和收费总收入较大。在两种收费体制各自的最优收费水平下，区域通行证制度的社会剩余均大于警戒线收费制度。另外，最优区域通行证制度的最优收费费率一般比警戒线收费要高，这是因为在同一出行链和同一费率下，假如穿越收费区域，警戒线收费制度的收费是区域通行证制度的两倍。在对宇都宫的研究中，还根据范围的大小测试了六个不同的收费区域。收费区域越大，区域通行证制度的优越性越明显。其主要原因是当收费区域扩大时，区域通行证制度下受到影响的交通量更大，而警戒线收费则不能保证受影响的交通量更大，因为收费区内的小汽车出行可能得不到抑制。区域通行证制度对长距离的出行链来说，其收费的影响作用相对要小，这是因为收费在整个出行链成本中的比重相对较小。因此，收费区域的大小和不同收费制度下，长出行链和短出行链的出行者的收益或成本情况是有较大差别的。根据长出行链的影响特点，从基于活动的交通行为分析来看，有可能促使人们增加更多的社会活动和出行来分摊区域通行证制度的收费，这是需要继续研究的问题。

单纯从小汽车交通的角度来分析拥挤收费也是不合理的。在一个综合交通体系下，各种交通方式之间相互影响。例如拥挤收费使得小汽车减少后可以提高对应道路的公交运行速度，交通方式向轨道交通转移可能会增加高峰小时人们的候车时间等。Peter Vovsha 等[77]认为高级的拥挤收费和交通模型可以采用层次模型及 SP 调查相结合的方法进行构建(图 2－12)。在这样一个体系下，模型考虑不同交通方式之间的换乘，专门对小汽车出行的所有形式进行了概括和研究。一般情况下，我们往往会忽视小汽车作为接驳方式的出行，当我们研究 P+R 模式时，这种出行就不得不考虑了。

Peter Vovsha 等[77]根据上述层次分析的方法，将道路拥挤收费分为区域模型和通道/项目模型，进而比较了四阶段模型、基于出行链/活动的需求模型考虑不同因素之间的关系(表 2－8)。

表 2－8　基于道路收费的选择层次分析[77]

选择维度	区域模型		通道/项目模型	
	基于出行的四阶段模型	基于出行链和活动的模型	交通流模拟	抽样调查
土地利用开发	不考虑	不考虑	不考虑	不考虑
居住地和商业用地	给出	给出	不考虑	给出

续 表

选择维度	区域模型		通道/项目模型	
	基于出行的四阶段模型	基于出行链和活动的模型	交通流模拟	抽样调查
活动和出行模式/出行产生	出行产生和吸引	日常活动模式	给出或进一步扩展	给出或进一步扩展
目的地选择/出行分布	出行分布	主要目的地/停留点选择	给出或进一步扩展	给出或进一步扩展
出行时段选择	高峰和低峰系数	出行时段选择	出行时段选择（动态交通分配）或者给出模拟	转换(Switches)
交通方式	交通方式选择	出行链模式和链段的交通方式	给出模拟	转换(Switches)
车辆载客率	部分交通方式选择	联合出行的数据获取与处理的因素之一;个体的交通方式选择	给出模拟	转换(Switches)
高峰延续	小汽车出行转移	出发时间选择因素	出行时段选择（动态交通分配）的部分因素或者给出模拟	出发时间选择的部分因素
愿意支付（收费/不收费）	交通方式选择的部分因素,额外的二项选择和/或交通分配	交通方式选择的部分因素,和/或交通分配	额外的二项选择和/或交通交通流模拟	交通方式选择的部分因素,和/或交通分配
收费方式（ETC/异频雷达收发器/人工收费）	模型丢失的外部因素	基于个体的选择模型	外部模型	交通方式选择的部分因素,和/或额外的二项选择
收费设施/车道	交通分配的部分因素	交通分配的部分因素	交通流模拟的部分因素	交通方式选择的部分因素,和/或额外的二项选择
网络路径	交通分配的部分因素	交通分配的部分因素	交通流模拟的部分因素	不考虑

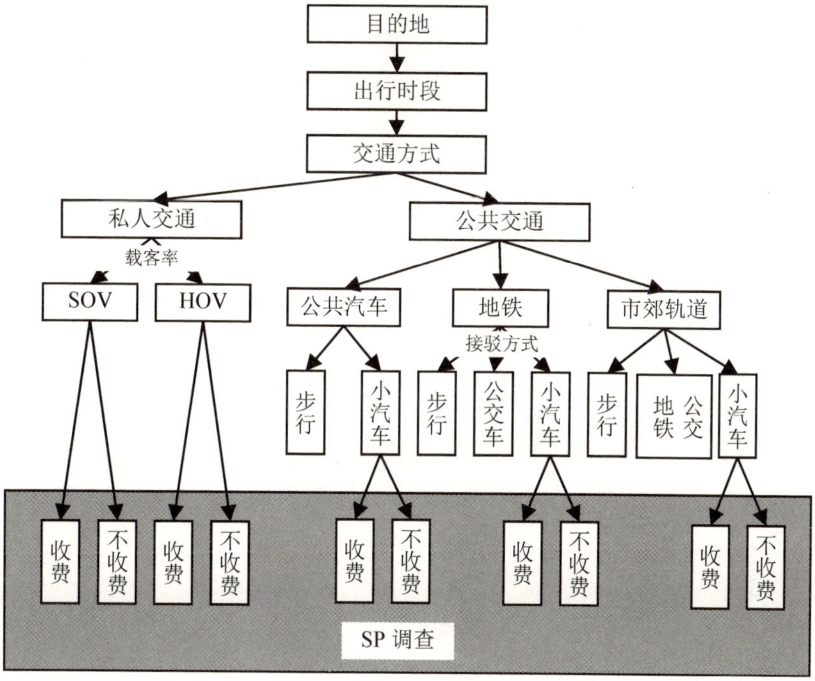

图 2-12　结合道路收费的层次模型分析

2.3　交通需求管理政策评价建模的关键问题分析

结合以上 TDM 政策评价方法和交通模型之间的关系以及当前 TDM 政策评价的难点，笔者提出本书考虑的三个关键问题。第一是考虑出行者的广义成本，采取时间和费用的多准则模型，以适应和经济杠杆相关的 TDM 政策评价需要；第二是强调考虑出行者的不同属性，避免用过于集计的方法来研究交通行为，对交通需求预测和政策评价造成较大的误差；第三是强调多种交通方式直接的相互影响关系，在多模式交通体系集成研究 TDM 政策的实施效果。本书以上述三个关键问题研究为基础，构建基于交通网络均衡理论的 TDM 政策评价模型并进行实际的大规模综合交通网络应用。

2.3.1　出行者的时间价值——多准则

时间和货币费用是交通供给方对人们出行选择的两个主要影响因素，时间价值(VOT)是联系这两个因素的纽带,它表示人们愿意支付一定的货币费用来获得时间的节约。在和经济杠杆相关的政策模型中必须用双准则(即时间和货币费用)来描述交通选择行为。拥有不同 VOT 的人对旅行时间和货币费用支出具有不同的敏感性,忽视 VOT 的异质性可能导致需求预测和定价政策评价产生很大的偏差。时间和货币费用可以通过 VOT 进行转换后统一度量,也就可以评价涉及交通方式服务的时间和货币费用两个因素变化的交通需求管理政策。因此,研究不同出行者(或车辆)的时间价值,是本书的一个基本内容。

当然,还有其他一些影响交通行为的因素,如舒适性、可靠性、安全性等,很难作为变量结合到交通模型中。一般来说,这些因素只能考虑在离散选择模型中交通方式效用函数的常数项里面。鉴于可靠性对人们选择交通方式的影响很大,目前对可靠性价值(Value of Reliability,简称 VOR)的研究也成为一大热点,参数的标定和 VOT 一样可以通过离散选择模型实现,主要问题是可靠性的调查比较难以进行。

在国外规划项目中,交通需求预测中往往会考虑出行者或车辆的时间价值,特别是在交通分配中,考虑车辆路径选择和货币费用之间的关系,国内的实际项目中则比较少见。随着我国交通规划行业的不断发展,模型考虑的细致化是未来发展的一个必然趋势。例如英国著名咨询公司阿特金斯在做广州华南路改造工可项目时,涉及快速路的收费问题,交通分配模型中考虑了不同车辆的时间价值,以反映它们对收费路选择的差异性(表 2-9)。

表 2-9　广州市的车辆时间价值[88]　　[元/(车·人·小时)]

	2005 年	2010 年	2020 年	2026 年
小客车	32.0	42.8	63.2	63.2
出租车	10.4	15.7	25.4	25.4
摩托车	15.9	26.4	—	—
大客车	12.0	19.7	34.2	34.2
小货车	40.4	54.1	79.8	79.8
大货车	56.3	75.2	110.9	110.9

上述做法仍然是一种比较粗的分类方法,或者说是集计程度较高的做法。实际上,不同小汽车的时间价值也是不同的,不同的货车由于装载的货物品类不同,时间价值也大有差异。

值得注意的是车辆时间价值和出行者时间价值之间的关系，出行者是通过交通工具完成出行的，客运车辆的时间价值主要取决于车上乘客的个体时间价值特性和乘客的人数，即载客率。在交通规划模型的实际应用中，各种交通方式的载客率对模型的准确性也显得非常重要。载客率不但关系到道路交通量产生的多少，也影响交通方式和路径的选择，因为载客率的不同会直接影响各种车辆的时间价值。

当使用公共交通时，票价往往需要每个人单独支付，载客率的多少对乘客的货币费用支付没有影响。按照国内城市公交的运营模式，公交车一般是走行固定路径的，所以建模时不必过多地去考虑它的路径选择问题，更多的是关心交通方式的选择。

以出租车为例，车上坐的人越多，分摊的货币费用就越少(尽管在实际中多数是一个人付车费，但是乘客会有一种分摊得了便宜的感受)，可以认为单个乘客的时间价值以及载客人数对出租车的时间价值产生了直接影响。例如 4 个人一起出行，到达目的地同坐一辆出租车只要 11 元，而使用地铁按照每人 3 元计算就要 12 元，在不考虑出行时间的情况下(网络拥挤将在交通分配中得到反馈)，明显是使用出租车划算。但当只有 2 人一起出行时，情况就发生了变化。同样的情况也发生在收费和不收费道路的路径选择上。出租车、小汽车、货车的路径选择则和它们的时间价值很有关系。

研究车辆载客率对交通方式和路径的选择行为影响的文献很少。在许多组合模型中，载客率往往是作为外生变量给出。David Boyce 教授与笔者讨论时指出："将载客率作为模型的内生变量是非常具有挑战性的工作。"令人兴奋的是，最近 David A. Hensher[89]研究了车辆载客率与驾驶员的时间价值的关系。作者于 2004 年在悉尼对 222 个非通勤交通人员进行了意愿调查，每份调查分为 16 种组合选择表，共得到 3 552 个观察数据，并用 Mixed Logit 对自由流和拥挤状态下的不同样本进行了分别标定。结果表明驾驶员的时间价值随着乘客的数量增加反而减小，这和 Accent Marketing 等[90]的研究相矛盾，他们的研究结论是驾驶员的时间价值随着车辆载客人数的增加而增加，但并不是正比关系，随着乘客人数增加，边际时间价值递减。需要指出的是在 David A. Hensher[89]的研究中，拥挤状态下的驾驶员时间价值随着乘客人数增加而下降的速度较快，而非拥挤状态下，驾驶员的时间价值受乘客人数影响较小。他的结论是通过两组数据的权重进行平均后得出的，其占主要因素的是拥挤状态下的驾驶员时间价值。以上研究都没有对乘客的时间价值进行研究，也就是说车辆的时间价值也难以得出。车辆时间价值、驾驶员时间价值、乘客时间价值之间有什么关系，它们和车辆的路径选择行为又有何关系，出租车和私人小汽车在这方面又有何异同，这些都是需要进一步深入研究的问题。

在本书的研究中，车辆载客率也是外生设定的，并假设小汽车交通的乘客交通方式的选择和车辆路径选择的时间价值和载客人数成正比，即车辆时间价值是乘客时间价值之和。

2.3.2 出行者的异质性——多用户

不同出行者具有不同的属性，他们的交通行为也就不同，如果不加以区分，交通需求模型就会产生很大的误差。为了处理的方便，需要将具有类似性质的人群归类，采用集计的方法来处理。在传统的四阶段模型中，交通小区划分实际上是空间上的一种集计，而在计算交通产生和吸引时采用的交叉分类法，也可以看成一种分类的非集计方法。在传统的四阶段模型中，还有分出行目的，基家出行和非基家出行等分类方法，这些实际上都考虑了不同群体的特征。在交通方式划分时，目前流行的是离散选择模型，也可称为非集计模型。在交通分布和交通分配中，对出行者进行分类则不多见。

不同的出行特征分类在四阶段模型中的重要性有所不同，如工作出行的产生、出发时刻选择和目的选择的可变性很小，因此按照出行目的分类在一定程度上能提高模型的精确性。假设出行者主要考虑两项因素——时间和货币费用，则有的人偏好时间比较省的交通方式，也有的偏好货币费用比较省的交通方式。同一出行目的的人群，其内部也存在很大的差异。例如同样是通勤交通，到大公司工作的高级白领可能喜欢使用比较省时而费用稍高的交通方式，在工厂做工的普通工人一般会早点出发，选择费时但很省钱的公交车。因此根据出行目的分类进行方式划分不一定是最好的方法。

在现有的四阶段交通模型中，能够作为模型内生变量的至多是时间和费用两项因素。因此笔者认为根据不同人对时间和费用的偏好，也就是根据不同时间价值进行分类的方法能够很好地反映拥挤收费、停车收费和公交票价等政策实施下的出行行为。不同人具有不同的时间价值，这对交通需求模型来说是十分重要的。譬如出行者面临收费道路和一般道路的选择，时间价值高的人会选择收费道路，时间价值低的人会选择耗时的一般道路。如果忽略出行者的时间价值异质性，模型的交通行为描述就会产生很大的误差。非集计的程度，也就是分类数目的多少和模型误差之间的关系是什么？这些都对建模提出了新的问题和要求。

出行者时间价值的不同是本书中“多用户”的主要含义，也是分析本书所评价的 TDM 政策的关键问题。另外，多用户也可以是多种出行目的，是否拥有小汽车（可供交通方式选择的集合不同）、不同收入等分类方法，以及各种分类方法的组合使用。

2.3.3　综合交通系统的交通方式的选择和相互影响关系——多模式

随着我国城市交通机动化的不断发展，城市交通规划越来越注重通过对多种交通方式的全面整合，形成综合、协调、高效的一体化公共交通体系，并进行合理交通模式引导，优先发展公共交通，引导小汽车交通向公交方式转移。多模式交通的含义不单单指多种单一的交通方式，更重要的是要考虑不同交通方式之间的换乘，并形成相互影响的复杂交通体系，并且在交通网络中产生相互的拥挤影响。熊萍[91]指出多模式交通体系的核心在于多种交通方式之间的转换，包括公共交通方式之间的转换和私人交通方式与公共交通方式之间的转换。在这样一个背景下，交通需求模型特别是评价 TDM 政策的模型，也必须在一个多模式交通一体化框架下进行。例如拥挤收费不但会使车辆在网络空间上的分布变化，也会促使一部分人群转向别的交通方式，伦敦拥挤收费后大量的方式转移就是一个很好的例子。不同交通方式之间的相互影响则更为重要，例如在交通十分拥挤的情况下，公交车的车速基本和出租车接近，原本想使用出租车的人或许会考虑“还是坐公交车算了，时间差不多”；而在不拥挤的情况下，出租车一般要比公交车快得多。各种交通方式的服务水平的差异在不同的交通网络拥挤状态下呈现不同的特征，交通网络均衡理论认为人们的出行方式和路径的选择时一种博弈均衡的结果，这个结果依赖于多模式交通的需求和相互的影响机理。在过去的四阶段模型中，甚至是基于出行链和基于活动的模型中，对交通方式之间的换乘和他们之间的相互影响（包括方式竞争和拥挤影响）考虑甚少，模型考虑的交通方式和现实世界相差较大，以至于有人会问：“在居民出行调查时，进行两种交通方式了换乘，到底应该算哪种出行方式？”

考虑 TDM 政策实施效果时，如果没有在多模式交通下进行建模，可能会对政策实施的效果进行误导，这个说法在本书的政策测试中得到了证实。因此，在多模式交通体系下分析 TDM 政策实施效果是一个关键性的问题。

2.4 本章小结

本章介绍了 TDM 的定义、具体措施和作用机理，以及 TDM 在国内外的应用概况。在分析国内外 TDM 评价方法的基础上，总结了 TDM 事先评价的主要难点是研究 TDM 政策实施对不同出行者交通行为的影响效果及多项 TDM 政策组合使用的作用机理和效果分析。

以拥挤收费为例，从理论和实践结合的角度剖析了 TDM 政策量化分析的复杂性，结合交通需求模型的发展特点，提出了量化分析 TDM 政策的三个关键性问题：考虑出行者时间价值、出行目的等其他属性的异质性研究；考虑时间和费用广义成本的多准则出行行为研究；考虑不同交通方式之间的换乘的一体化多模式综合交通体系交通行为研究。并明确量化研究的 TDM 政策包括：拥挤收费，燃油价格(燃油税)，停车收费，公共交通票价调整，P+R 模式发展，公交专用道设置及巴士快速公交规划，综合交通枢纽换乘时间减少，货车通行管制等措施及上述措施的组合使用。

第3章

政策模型参数——非同质时间价值研究

一般意义上的时间价值(Value of Time,简称 VOT)是指所研究地区范围内出行者的时间价值,包括资源时间价值和行为时间价值两种。

资源时间价值主要用于交通运输投资项目的评价,包括财务评价、国民经济评价以及社会评价,强调的是全社会范围内的时间价值的计算。目前常用的资源时间价值计算方法有生产法、工资法(收入法)、费用法、生产费用法以及收入费用法等。生产法将人作为一种生产资源要素参与创造价值,出行时间的缩短相当于这种资源的增加,简单的计算方法可以是国民生产总值除以全体职工的劳动时间,也可将净产量或国民收入函数(包括劳动时间、生产投入的资本和技术要素)对劳动时间求偏导数得到时间价值[92]。工资法则认为客运时间价值的大小应按照其劳动报酬(工资、奖金及津贴)的多少来衡量。费用法是建立在旅客对节约出行时间和节省出行费用的决策上的,一般计算方法为快慢两种交通方式的费用差和时间差的比值。收入/费用法则兼顾收入、闲暇时间、出行费用、出行时间等因素,它的计算特点是在费用法的基础上增加了小时工资率一项,一般认为这样高估了时间价值。

行为时间价值是本书研究的主要内容,它主要用于交通规划,如交通方式的分担率分析与预测,网络交通流均衡模型的广义阻抗分析。影响交通方式(路径)选择的因素可以分为出行主体和交通设施两大部分。出行主体属性包括:是否拥有汽车、驾驶执照,家庭结构(年龄、性别等),收入,出行目的等;交通设施属性主要包括:可以量化的出行时间,相关费用(票价、停车费,燃料费等)、难以量化的舒适度、便利性,可靠度、定时性,安全性等。将交通供给属性的出行时间和出行费用相关联的参数即为时间价值。因此,时间价值是研究广义出行成本模型的必要参数。行为时间价值主要通过出行者行为的统计或调查数据来推算,其主要方法是离散选择模型,这是本书主要的主要研究对象。另一个研究的角度是基于活动的微观经济学方法，如意愿支付 WTP（Willingness to Pay），时间分配模型等。

3.1 国内外时间价值研究综述

1. 国内外时间价值研究

国外对行为时间价值的研究，通常采用行为调查 RP（Revealed Preference）和意愿调查 SP（Stated Preference）并通过模型标定，前者是受访者发生过的行为，后者是受访者根据各种假设条件所表现出来的选择意向。根据要解决的问题不同，研究的对象也不同：有的研究对象是出行者，也有的对象是车辆，如 Diamandis 等[93]在希腊通过桥梁路径选择的 RP 调查，估计了车辆的时间价值。不同调查方法适用的实际问题也是不同的，德国 PTV 公司 VISUM 软件的 TRIBUT 模块中指出[183]：车辆时间价值的估计最好的办法是 RP 调查，最好是对已经运作了 3 至 4 年，系统已经达到平衡状态的收费道路。由于 SP 调查假设的情景对被调查者来说很难想象，时间和费用的交易是在假设情况下让被调查者做出的决定，一般来说调查的方差会过大。又如笔者和合作者[94]进行的长三角城际铁路分担率研究，城际铁路作为一种新的交通方式，适用于 SP 调查，并辅以 RP 调查。从 VOT 的特征描述来看，可以分为同质和非同质时间价值。前者多应用没有异质性体现的离散选择模型，包括 Multinomial Logit 模型（简称 ML 模型），Nested Logit 模型和 Probit 模型等，后者则通过体现出行者不同偏好的模型，如 Mixed Logit 模型，Ordered Logit 模型等。

同质时间价值的标定方法相对简单，往往是针对实际问题，考虑更多的其他交通行为因素，如 Kumar 等[95]考虑市郊公共交通的发车间隔、舒适度等因素进行 SP 调查，用 ML 模型标定了时间价值。同质时间价值的标定也可以区分人们采用不同交通方式的时间价值，这种方法是将 ML 模型中的不同交通方式的相同的属性变量在模型标定中采用不同的变量处理。如 Polydoropoulou 等[96]在希腊进行了大规模的 SP 调查，并用 ML 模型对不同交通方式的出行者的时间价值进行了标定，其目的是为了体现不同交通方式使用者对时间和费用的偏好性。

在研究和经济杠杆相关的 TDM 政策时，一般采用非同质时间价值来区分人们对出行时间和费用节约的偏好，这种异质性的参数标定一般使用 Mixed Logit 模型，也称为随机参数 Logit 模型，英文为 Random Coefficient Logit

(RCL)或 Random Parameters Logit(RPL)。如 Kazuya Kawamura[97,98]通过 SP 调查，运用 Mixed Logit 模型研究了加州商业用车的时间价值分布函数，并在拥挤收费情况下对各种不同时间价值的车辆的路径选择进行了研究。Stephane Hess 等[99]提出了时间价值估计的 Mixed Logit 模型估计，并避免了使用一般非集计模型估计导致时间价值为负的缺点。Bierlaire 和 Thémans[100]使用 RP/SP 融合数据，根据出行距离的不同，通过 Mixed Logit 模型进行了时间价值。C. Cirillo 和 K. W. Axhausen[101]则通过 RP 调查的数据用 Mixed Logit 模型标定时间价值。

Small 等[102]研究了收费和非收费道路的时间价值异质性。模型将非收费道路的常数项效用假设为零，而收费道路的效用包括一个常数项，该常数项为随机参数，取决于性别、年龄和家庭收入等因素。旅行时间和费用的参数均设置为随机参数，并与收入出行距离相关。出行者的效用函数表示为 $U_{sn}=\alpha_{sn}+\sum_k \beta_{snk}x_{nk}+\varepsilon_n$，其中 s 为按不同收入、出行目的等分类的出行者类别编号；n 为观察样本编号；k 为相互独立的变量(如时间和费用)的编号；x_{nk} 为样本 n 的独立变量 k 的观察值；α_s 为 s 类出行者的随机参数；β_{sk} 为变量(时间和费用)的随机参数；ε_n 为样本 n 的效用随机误差项。样本 n 的随机常数为 $\alpha_{sn}=\bar{\alpha}+\sum_l \varphi_{sl}y_{nl}+\xi_n$，其中 l 为异质性观测变量(如年龄和性别)；y_{nl} 为变量的观测值；$\bar{\alpha}$ 为固定项(选择枝的固有属性)；φ_{sl} 为表明异质性的参数；ξ_n 为不能观测到的异质性随机项。随机参数为 $\beta_{skn}=\bar{\beta}_k+\sum_m \gamma_{skm}z_{nm}+\zeta_n$，其中 m 为异质性观测变量(如收入和出行距离)；z_{nm} 为变量的观察值；$\bar{\beta}_k$ 为固定项(选择枝的固有属性)；γ_{skm} 为表明异质性的参数；ζ_n 为不能观测到的异质性随机项。模型通过对加州 91 号公路的 SP 和 RP 调查数据结合的方法，估计了车辆时间价值的分布。

非同质时间价值分布也可以通过其他交通模型来估计。如 Maresca 等[103]在法国的 Marseille 地区做了一项对收费道路和免费道路的 RP 调查研究，模型中的服从对数正态分布的时间价值是结合 Leurent[172]的模型，通过车辆路径选择的极大似然估计法标定的。此外还得出了一些研究结论：① 使用收费道路的最主要因素是节约时间，对于路段的舒适性和旅行时间的可靠性的统计数字特征并不明显。② 虽然不同研究的车辆时间价值分布函数有所不同，但其中值非常稳定。③ 对数正态分布估计的中值为 10 欧元/小时，方差为 0.66^2。④ 不同出行目的对时间价值的参数影响大小次于收费道路的费用是出行者自己承担还是单位报销。又如 Lejoon Chang 等[104]通过对韩国主要地区间的运输通道的航空、铁路和高速公路方式分担来估算城际出行的旅客时间价值分布。方式分担通过建立复杂的时空虚拟网络，并采用了 Dail[175]的双准则交通分配算法求解。Hai Yang 等人[105]则对一个运输通道的私家车，高质量高票价巴士，低票价常规巴士的竞争能力进行了研究。通过广义成本最小化模型，将连续分布的时间价值的出行者分配到三种交通方式，并为此对巴士公司的运输组织进行了优化。

Constantinos Antoniou 等[106]对希腊的两个中等城市（Agrinio 和 Patras）的城际交通出行者进行了 SP 调查（面板数据，同个人进行多次选择），并比较了二项 Logit 模型，Ordered Logit 模型和效用函数为线性的 Mixed Logit 模型计算时间价值的差异。模型标定结果表明，Ordered Logit 模型也能考察出行者的异质性，比二项 Logit 模型拟合效果要好，而 Mixed Logit 模型的拟合效果最佳。Ordered Logit 模型是通过 SP 调查，对选择的偏好进行细分的一种情况，它能够区分出出行者对不同交通方式的偏好程度（图 3－1）。如收费快速路和不收费一般道路的选择，一般采取如表 3－1 所示的问卷形式。

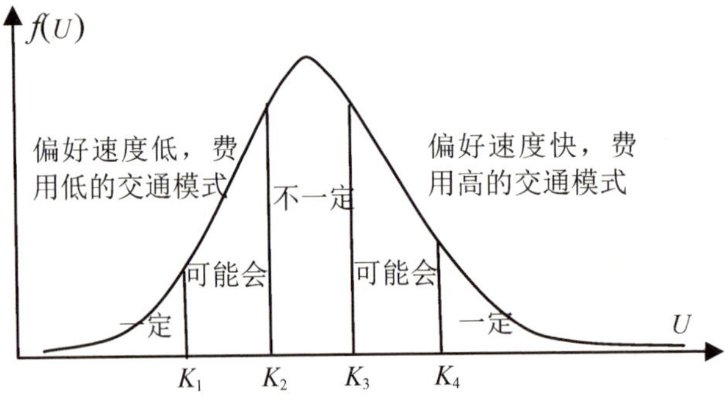

图 3－1　排序选择的异质性体现

表 3－1　显示偏好异质性的排序 SP 问卷

	时间(min)		费用(元)	
收费快速路(A)	20		10	
一般道路(B)	30		0	
请选择您的偏好				
1	2	3	4	5
一定选择 B	可能选择 B	不一定	可能选择 A	一定选择 A

其他有关时间价值的研究方法和思路大体相同，这里不再一一介绍。如荷兰的 Gunn 和 Rohr[107]，挪威的 Ramjerdi 等[108]，瑞士的 Alger 等[109]，英国的 Gunn 等[110]，瑞士的 Axhausen 等[111]。英国利兹大学交通研究室[112]还为运输部提供了一个关于英国旅行时间价值的综合性报告，对各种方法进行了对比研究。

除各种离散选择模型外，目前对时间价值的前沿性研究是基于活动的消费者经济学模型(Activity Consumer Model)，该方法认为人们用于各种活动所花费的时间的价值是不同的。人们对时间的花费和其他经济活动的选择是基于个体效用最大化考虑的，比较著名的是时间分配模型(Time Allocation Model)，可以写成一个带约束的最优化问题：

$$\max U(x_1 \cdots x_n,\ t_1 \cdots t_m) \tag{3-1a}$$

$$\text{s. t.}\ \sum_{i=1}^{n} p_i x_i - (w t_w + r) \leqslant 0;\ t_w + \sum_{j=1}^{m} t_j \leqslant T;\ \bar{t}_j - t_j \leqslant 0 \tag{3-1b}$$

这里 p_i 为消费价格，x_i 为消费量，w 为小时工资率，t_w 为工作时间，r 为其他收入(如活动费用减少，旅行费用减少等)，$\bar{t}_j$ 为活动 j 需要的最小时间，t_j 为活动 j 花费的时间，T 为个人可支配的总时间。常用的效用函数为线性的或对数形式。设拉格朗日函数的对偶变量分别为 $\lambda,\ \mu,\ v_j$，可以得到：$\frac{\partial U}{\partial t_j} - \mu - v_j = 0,\ -\frac{\partial U}{\partial t_w} + \lambda w - \mu = 0,\ (t_j - \bar{t}_j) v_j = 0$。

设活动 j 的间接效用函数为 $V(p_i,\ \bar{t}_j,\ w,\ T,\ r)$，那么花费于活动 j 的时间价值为：

$$VOT_{\bar{t}_j} = \frac{\partial V}{\partial \bar{t}_j} \Big/ \frac{\partial V}{\partial r} = \frac{v_j}{\lambda} = \frac{1}{\lambda}\left(\frac{\partial U}{\partial t_j} - \mu\right) \text{或} VOT_{\bar{t}_j} = w + \frac{1}{\lambda}\left(\frac{\partial U}{\partial t_j} - \frac{\partial U}{\partial t_w}\right) \tag{3-2}$$

式(3-2)的含义是活动 j 的时间价值等于小时工资率加上工作边际负效用和活动 j 的边际负效用。很明显时间价值不但取决于收入，也和消耗于活动的时间有关，同时也会受到个体对其他行为属性的影响，如很多时间价值估计模型中考虑了出行目的，舒适性等因素。这里可以分为两种情况：当 $t_j > \bar{t}_j$ 时，$v_j = 0 = \frac{\partial U}{\partial t_j} - \mu$；当 $t_j = \bar{t}_j$ 时，$v_j \neq 0$，这种情况表示的是一种即时行为，生产和消

费同时进行的运输活动就属于此类。设 x_j 为旅行数量参数(出行次数、出行距离等),那么单位出行量的边际效用为:

$$\frac{\partial U}{\partial x_i}=\frac{\partial V}{\partial r}p_j+\frac{\partial V}{\partial \bar{t}_j}t_j=\frac{\partial V}{\partial r}\left(p_j+\frac{\partial V}{\partial \bar{t}_j}\bigg/\frac{\partial V}{\partial r}\cdot t_j\right) \tag{3-3}$$

出行的广义成本为:$p_j+\frac{\partial V}{\partial \bar{t}_j}\Big/\frac{\partial V}{\partial r}\cdot t_j$,其中 $\frac{\partial V}{\partial \bar{t}_j}\Big/\frac{\partial V}{\partial r}$ 为旅行时间价值。

Meilan Jiang 和 Takayuki Morikawa[113]利用时间分配模型,对不同旅行时间、费用、工资率和工作时间情况下的时间价值进行了对比研究。吉野広郷[114]采用了 SP 和 RP 调查结合的方法,分别利用时间分配模型和行为选择模型,二阶段迭代估计法和同时推定法对节假日行为时间价值进行了估计(图 3-2)。还研究了调查样本数目和调查精度对参数估计的灵敏度分析。对旅客行为时间价值的模型构建、参数的极大似然估计方法进行探讨,并提出简化模型和数据的调查处理方法。在选取旅客资源时间价值的确定方法后,着重对休闲时间的价值和时间利用系数的确定进行了研究。

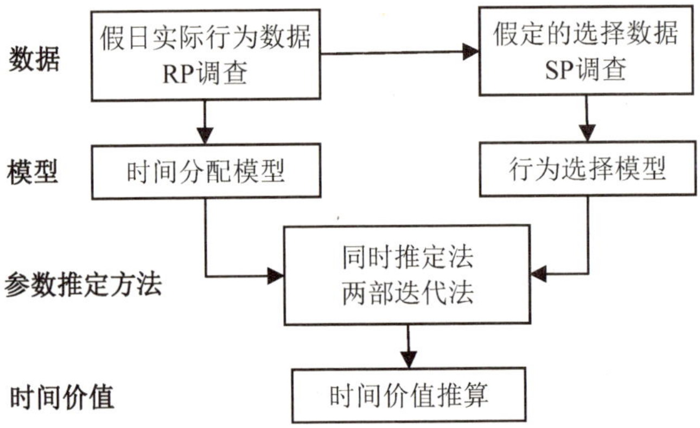

图 3-2　吉野広郷的时间价值标定方法

国内对旅客时间价值的研究主要与交通建设项目的经济效益评价有关,多为资源时间价值的研究,也有一些对行为时间价值的研究。王海洋[115]应用甘陕通道公路和铁路两种交通方式为例估算了该通道的旅客时间价值为 2.20 元/小时,约为小时工资的 60%。关宏志[116]系统总结了时间价值估计方法:分布模型法,方式、路径选择方法,转换率方法,速度选择法,转换价格法,并对这些方法存在的问题进行了分析,结合随机效用理论,介绍了基于 Logit 模型估计方法。北京工业大学王方[117]的硕士论文详细分析了行为时间价值的影响因素,并基于消费者经济学原理构建了北京市居民出行行为时间价值的简化模型，并将均匀设计应用于交通 SP 调查的情境组合设计中，解决了调查设计者与受访者之间关于调查问题数量的矛盾。李友好[118]研究了运输通道旅客时间价值模型标定的方法，这一方法和 Lejoon Chang 等的方法[104]类似。此外，还有南敬林[119]，周伟[120]，刘东坡[121]，王海洋等[122]从不同方面对旅客时间价值进行了研究。

2. 时间价值研究现状小结

可从时间价值标定的模型、结果的不同用途来对既有时间价值研究进行总结分析：

从时间价值标定使用的模型来看，多是采用基于效用最大化的离散选择模型和基于活动的消费者经济学模型(如时间分配模型)。后者适用于基于活动的交通需求模型，并可进行相应的 TDM 政策评价，缺点是调查数据要求高，给实际应用造成了很大的困难。本书从基于出行的角度分析 TDM 政策对交通行为的影响，采用离散选择模型能够满足需要，并且调查数据的获得更有可行性。使用两种模型结合的标定方法则更为复杂，本书中时间价值仅作为交通网络均衡模型的输入参数，不宜采用过于复杂而难以实际应用的标定方法。

从时间价值参数标定的结果来看，可以分为同质和非同质两大类。使用简单的多项 Logit 模型计算的结果属于同质的时间价值。为了反映 TDM 政策对不同出行者的交通行为影响，需要研究不同出行者的时间价值。使用异质性的时间价值参数既可以准确分析 TDM 政策的实施效果，又可以分析政策对不同群体的公平性。因此，本章将重点对非同质时间价值的标定展开研究，并为交通网络均衡模型提供必要的参数输入。

3.2　非同质时间价值标定方法

3.2.1　Mixed Logit 模型及时间价值分布参数分析

在介绍 Mixed Logit 模型之前，先简要介绍 Multinomial Logit 模型(简称 ML 模型)。ML 模型是基于效用最大化理论推导得出的，假设出行者在决策的过程中，总会对各种因素做出理性的综合判断，最终选择成本最小或效用最大的方式。假定个体 i 对选择枝 j 的效用为：

$$V_{ij} = \beta_C C_{ij} + \beta_T T_{ij} + \varepsilon_{ij} \tag{3-4}$$

其中β_C、β_T为参数，C_{ij}、T_{ij}为个体i使用选择枝j的货币成本和时间成本。如果随机变量ε_{ij}服从二重指数分布(Gumbel分布)，并具有独立同分布的IID特征(Independent and Identically Distributed)，则可以根据效用最大化理论推出ML模型：

$$P_{ij} = \exp(V_{ij})/\sum_j \exp(V_{ij}) \tag{3-5}$$

由于Logit模型具有非相互选择方案相互独立的IIA特性(Independence from Irrelevant Alternatives)，出现了著名的红巴士和蓝巴士问题，模型和实际情况容易造成较大的偏差。由式(3-5)可知：时间价值(是同质的集计均值)为：

$$\frac{\partial V_{ij}}{\partial T_{ij}} / \frac{\partial V_{ij}}{\partial C_{ij}} = \beta_T / \beta_C \tag{3-6}$$

Mixed Logit模型具有多种变换的形式，设$\boldsymbol{\beta}_j$和$\boldsymbol{X}_{ij}$分别是关于特性变量k的行向量和列向量，典型的Mixed Logit模型表示如下，假设效用函数为线性的：

$$\boldsymbol{U}_{ij} = \boldsymbol{\beta}_j \boldsymbol{X}_{ij} + \varepsilon_{ij} \tag{3-7}$$

$$\boldsymbol{\beta}_j = \boldsymbol{\mu}_{\beta j} + \boldsymbol{\eta}_{\beta j} \tag{3-8}$$

其中，$\boldsymbol{\mu}_{\beta j}$为参数向量$\boldsymbol{\beta}_j$的均值，$\boldsymbol{\eta}_{\beta j}$为参数向量$\boldsymbol{\beta}_j$的随机误差项，由此导出：

$$\boldsymbol{U}_{ij} = \boldsymbol{\mu}_{\beta j} \boldsymbol{X}_{ij} + \boldsymbol{\eta}_{\beta j} \boldsymbol{X}_{ij} + \varepsilon_{ij} \tag{3-9}$$

式(3-9)右边的后两项$\boldsymbol{\eta}_{\beta j} \boldsymbol{X}_{ij} + \varepsilon_{ij}$是效用函数的误差项，其中$\varepsilon_{ij}$是ML模型误差项。这里随机效用项不是相互独立的，避免了ML模型中的IIA特性和重复观察的偏差。

一般地，假设$\boldsymbol{\beta}_j$是一个已知的参数，那么条件选择概率为ML模型的形式：

$$L_{ij}(\boldsymbol{\beta}_j) = \exp(\boldsymbol{\beta}_j \boldsymbol{X}_{ij})/\sum_j \exp(\boldsymbol{\beta}_j \boldsymbol{X}_{ij}) \tag{3-10}$$

可知个体i选择j枝的概率为：

$$P_{ij} = \int L_{ij}(\boldsymbol{\beta}) f(\boldsymbol{\beta} \mid \boldsymbol{\theta}) \mathrm{d}\boldsymbol{\beta} \tag{3-11}$$

这里$\boldsymbol{\theta}$为$\boldsymbol{\beta}$的分布函数的参数。由于该积分函数是多维积分，概率分布函数的积分很难用解析方法获得结果，需要采用模拟的办法来实现概率的计算。模拟方法如图 3－3 所示[123]。

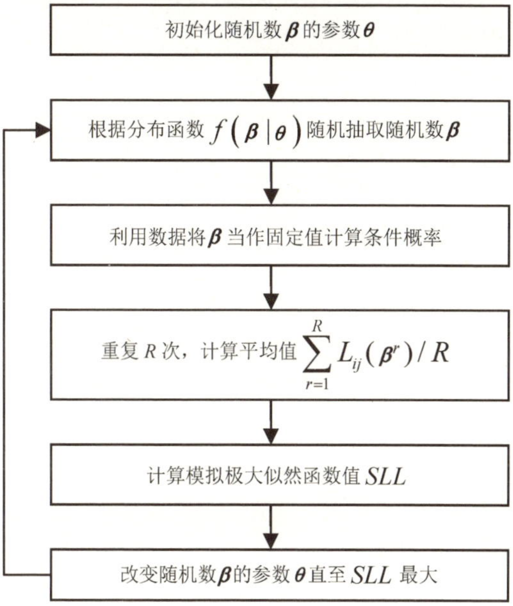

图 3－3　Mixed Logit 模型的模拟极大似然函数估计法计算流程

根据随机抽取随机参数 $\boldsymbol{\beta}$，把它作为一个固定的已知参数计算选择概率 P_{ij} 的无偏估计值 $\hat{P}_{ij}=\frac{1}{R}\sum_{r=1}^{R}L_{ij}(\boldsymbol{\beta}^r)$，这里 R 为抽样次数，$\hat{P}_{ij}$ 对 $\boldsymbol{\theta}$ 和变量 x 光滑二次可导。类似地，根据 ML 模型的极大似然估计法很容易得到有偏极大似然估计值：

$$SLL=\sum_{i}\sum_{j}\delta_{ij}\ln\hat{P}_{ij} \tag{3-12}$$

当个人 i 选择 j 时 δ_{ij} 为 1，否则为 0。$\rho^2=1-SLL(\hat{\boldsymbol{\theta}})/SLL(0)$ 为 McFadden 决定系数（极大似然比），McFadden 决定系数的意义是根据估计的参数计算似然函数值，将模型与没有模型的情况（参数均为 0）进行比较，越接近 1 越好，但通常在 0.2～0.4 之间就可以认为是非常好的结果。这是因为内生变量 δ_{ij} 是 0—1 变量，很难适用通常的相关系数的解释方法。

McFadden 和 Train[124]的研究得出，随机数抽样越大，估计的偏差越小。抽样为 1 000 时，极大似然估计的参数误差为 0.4%～8%。非均匀分布随机数产生方法主要有反变换法、舍选法、表搜索法等方法。产生均匀分布随机数的基本方法有表格法、物理法和数学方法。标准正态分布随机数产生有变换抽样法和利用中心极限定理近似抽样法，即可以通过计算机产生(0, 1)均匀分布随机数获得其他分布函数的随机数。但是在计算机上用同一程序产生永不重复的随机数列是不可能的，只是有重复出现的周期长短，故通常称计算机程序产生的随机数为伪随机数。Bhat[125,126]发现 Halton 数列抽样方法能够大大改善均匀分布模拟的精确度。设 k 为(0,1)的等分整数，初始值 $s_0=\{0\}$ (0 不是 Halten 数列的元素)，t 次迭代产生 k^t-1 个随机数，第 t 次迭代 ($t\geqslant 1$) 的 Halton 数列的表达式如下：

$$s_t=\{s_{t-1},\ s_{t-1}+1/k^t,\ s_{t-1}+2/k^t,\ \cdots,\ s_{t-1}+(k-1)/k^t\} \tag{3-13}$$

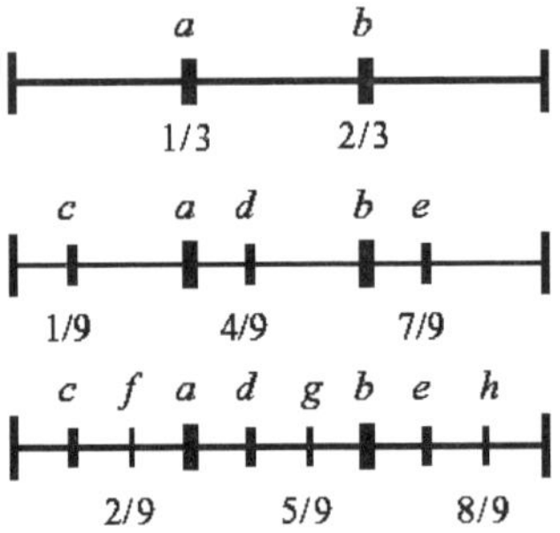

图 3-4　3 等分迭代 2 次的 Halton 数列

例如，$k=3$ 时，迭代 2 次，就可以得到图 3-4 所示的数列。

为了对比伪随机数列和 Halton 数列抽样的均匀程度，对二维随机数抽样1 000 次，分布情况如图 3-5 所示，可以明显看到 Halton 数列抽样要均匀得多。

Bhat[126]对基于伪随机数列和 Halton 数列抽样的 Monte Carlo 模拟五重积分研究结果发现，Halton 数列抽样 125 次的精度相当于伪随机数列抽样 2 000 次。同样精度的 Mixed Logit 模型参数估计 Halton 数列抽样所用的时间只是伪随机数列抽样的 10%，大大提高了模拟效率。Revelt 和 Train[127]，Train[128]，Brownstone[129]和 Hensher

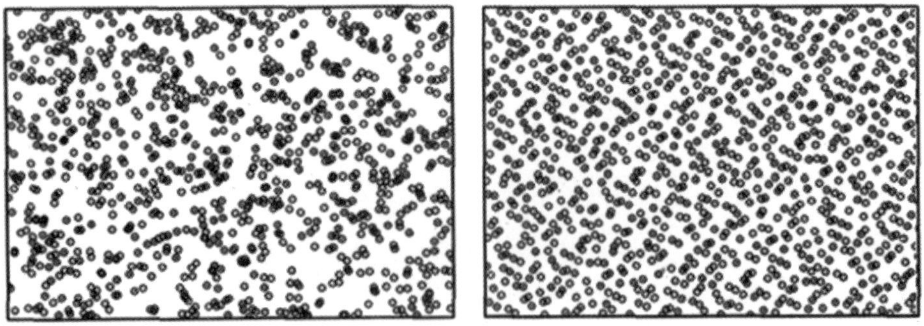

伪随机数抽样　　Halton 数列抽样

图 3-5　伪随机数与 Halton 数列抽样均匀度对比[123]

等[130]的研究也给出了类似的结论。McFadden 和 Train[131]的研究指出,随机数抽样越大,估计的偏差越小。伪随机数列抽样为 1 000 时,极大似然估计的参数误差为 0.4%~8%。笔者在时间价值研究中却发现,假设参数服从对数正态分布时,通过 Halton 数列抽样能够估算出理想的结果,而采用计算机伪随机数抽样时,模型无法收敛[132]。

相对于 ML 模型,Mixed Logit 模型有以下优点:① 不具有 IIA 特性;② 考虑了每个个体的重复选择的关联因素;③ 可以假设误差项服从任意的分布函数,突破了 ML 模型中的二重指数分布和 Probit 模型中的正态分布的局限;④ 估计的参数为随机分布的数字特征,即特征变量的系数是服从某一种分布的随机数。应用到估计时间价值,这就考虑了时间价值的异质性,即能反映不同出行者的不同时间价值,避免了 ML 模型的集计参数的缺点,这个特征恰恰也正是本书中的多用户模型所需要的。

若 $\boldsymbol{\beta}_j$(是 k 维特性变量的参数向量)服从对数正态分布、正态分布、三角分布和均匀分布,选择枝 j 个体 i 的第 k 个特性变量 X_{ijk} 的异质性可以表述为:

$$\left.\begin{array}{l}\text{对数正态分布:}\exp(\mu_{ijk}+\sigma_{ijk}\cdot n)\\ \text{正态分布:}\mu_{ijk}+\sigma_{ijk}\cdot n\\ \text{三角分布:}\mu_{ijk}+\sigma_{ijk}\cdot t\\ \text{均匀分布:}\mu_{ijk}+\sigma_{ijk}\cdot u\end{array}\right\} \tag{3-14}$$

这里 n、t、u 分别为服从标准正态分布,三角分布和均匀分布的随机数,它们体现了个体的异质性,即对特性变量的偏好不同。μ_{ijk} 和 σ_{ijk} 分别为 β_{jk} 的均值和标准差[对数正态分布时为 $\ln(\beta_{jk})$ 的均值和标准差]。

用户时间价值分布的概率密度函数用对数正态分布来描述,国外的相关研究大多采用此类型的概率密度函数[133,134]。

$$f(\tau)=\frac{1}{\sigma\tau\sqrt{2\pi}}\exp\left[-\frac{(\ln\tau-\mu)^2}{2\sigma^2}\right],\ \tau>0 \tag{3-15}$$

式中,μ、σ 分别是 $\ln\tau$ 的数学期望和方差(这里 $\ln\tau$ 服从正态分布),对数正态分布的数学期望 $\mu_{\ln}$、方差 $\sigma_{\ln}$ 与参数 μ、σ 的关系为:

$$\mu_{\ln}=e^{\mu+\sigma^2/2},\ \sigma_{\ln}^2=e^{2\mu+\sigma^2}(e^{\sigma^2}-1) \tag{3-16}$$

为了使估计的时间价值服从对数正态分布，只要假设时间和费用的随机参数都服从对数正态分布。两个对数正态分布的随机变量的商仍然服从对数正态分布，其参数变为：

$$(\mu_1-\mu_2,\ \sigma_1^2+\sigma_2^2) \tag{3-17}$$

因此，该模型需要估计4个参数。由于对数正态分布的随机变量取值都是正的，而时间和费用在效用函数中估计出来的参数一般是负值，在计算时先要将时间和费用数据的相反数代入模型，再分别估计他们的各自的参数，否则迭代计算难以收敛[135]。如果将费用的参数假设为固定的系数 β_c，容易证明时间价值也仍然服从对数正态分布，其均值为 $\mu_{\ln}/\beta_c$、方差为 $\sigma_{\ln}^2/\beta_c$，也就是式(3-17)中的 μ 替换为 $\mu'=\mu-\ln\beta_c$ 即可。更一般地，假定时间的参数 β_t 服从随机分布，其均值为 μ，标准差为 σ，费用的参数 β_c 为确定性参数，那么VOT和时间参数具有相同类型的分布函数，其均值为 μ/β_c，标准差为 σ/β_c。

3.2.2 RP/SP 融合数据的参数估计

以上讨论的都是对一种调查数据的研究，在实际工作中，RP与SP调查同时进行的情况也很多，它们的参数标定更值得研究。RP与SP数据是各有利弊、相互补充的。表3-2是RP数据和SP数据的特征对比。RP数据与SP数据都是用户具有的带有共同性的“选择偏好”显在化后的结果，但由于显在化方法的不同，数据发生过程具有差异。可以认为，这些数据发生过程不同，但是其基本的偏好是相同的，各个模型的效用函数中的大部分是相同的。从同一个用户的主要属性间的关联关系来说，RP与SP是共同的。但是，由于偏好显在化的方式不同，表现效用误差项的“效应”大小不同。因此，效用函数中有几项可能是不同的。

为利用两方面数据的长处，将两类数据在统计上加以融合，对于仅依靠RP数据不能正确标定的参数，通过SP数据同时加以确定，另外也对SP数据中所包含的偏差和随机错误进行修正，可以提高模型的真实性。具体来说，RP/SP模型具有以下三个特征[136]：① 偏差修正：能够通过将两类数据发生过程分别模型化，从需求预测中消除SP偏差的影响；② 增大统计有效性：对于表达属性间关联关系的参数，通过RP数据与SP数据来同时估计；③ 参数的同定：对于完全新的服务方式的变量的系数，仅依靠RP数据不能得到同定，而利用两类数据能够加以标定。RP/SP数据融合模型的主要问题是两组数据的特性变量可

表 3-2　RP 数据和 SP 数据的特征对比[138]

对比项目	RP 数据	SP 数据
选择行为	实际的行动结果和实际的行动一致 能够得到的信息只是选择结果	假想状态下的意愿不一定和实际一致 排序、选择、打分和匹配数据 4 种类型
替代方案	不能使用不现实的方案	可以假定不现实的方案
选择枝的属性	包含可靠性、舒适性等非量化属性 观测数据获得困难 常常有观测的误差 属性价值的范围被限定 属性间的相关性大	包含可靠性、舒适性等非量化属性 观测数据容易获得 没有观测误差 能扩张属性价值的范围 能够控制属性间的相关性
选择枝集合	不明确	明确
得到的个体观测数据	受到实际选择行为次数的限制	可以假想多种情况，产生多次观测
数据可靠性	可靠性较大	数据误差较大

能会有所不同；并且 RP 与 SP 数据中存在同一个人回答两种调查的问题，缺乏独立性；另外 SP 调查中有时为了获取多个样本而对同一个人询问多种组合问题，也不是独立的。为了避免 ML 模型的 IIA 特性，一般采用 Nested Logit 模型的估计法推定 RP/SP 融合数据。自从 Hensher 和 Bradley[137] 提出用 Nested Logit 模型估计 RP/SP 融合数据以来，这种方法得到了广泛的应用。一般的办法是将数据分为 RP 和 SP 两类，作为上层的两个选择枝，下层为调查的各种交通方式的 RP 和 SP 数据，便可以通过同时推定法或阶段推定法实现模型估计。

假设 RP 模型的概率项服从具有测度为 1 的 IID(Independent and Identically Distributed) Gumbel 分布，下标 i 和 j 分别代表个体和选择枝的编号，可以得到如下的 Logit 模型：

$$P_i^{\mathrm{RP}}(j) = \exp(V_{ij}^{\mathrm{RP}}) / \sum_{j=1}^{J^{\mathrm{RP}}} \exp(V_{ij}^{\mathrm{RP}}),\ j = 1,\ \cdots,\ J^{\mathrm{RP}} \tag{3-18}$$

采用 SP 模型也可以得到同样的 Logit 模型，但是需要公式中定义的 φ 乘以确定效用。

$$P_i^{SP}(j) = \exp(\varphi V_{ij}^{SP}) / \sum_{j=1}^{J^{SP}} \exp(\varphi V_{ij}^{SP}), \ j = 1, \cdots, J^{SP} \tag{3-19}$$

那么 RP 模型和 SP 模型相应的似然函数为：$\ln L^{RP}(\hat{\alpha}, \hat{\beta}) = \sum_{i=1}^{I^{RP}} \sum_{j=1}^{J^{RP}} \delta_{ij}^{RP} \ln P_i^{RP}(j)$ 和 $\ln L^{SP}(\hat{\beta}, \hat{\gamma}, \varphi) = \sum_{i=1}^{I^{SP}} \sum_{j=1}^{J^{SP}} d_{ij}^{SP} \ln P_i^{SP}(j)$，则 Nested Logit 模型同时推定法的似然函数为：

$$\ln L^{RP+SP}(\hat{\alpha}, \hat{\beta}, \hat{\gamma}, \varphi) = \ln L^{RP}(\hat{\alpha}, \hat{\beta}) + \ln L^{SP}(\hat{\beta}, \hat{\gamma}, \varphi) \tag{3-20}$$

其中 $\hat{\beta}$ 为 RP/SP 数据相同特性变量的参数，$\hat{\alpha}$、$\hat{\gamma}$ 为 RP/SP 数据不同特性变量的参数，φ 为表达随机项的方差差异的测度系数。限于篇幅，阶段推定法不再在此介绍。另外下层的 RP 和 SP 数据也可以根据需要再分层。Nested Logit 模型属于广义极值模型(General Extrem Value，简称 GEV)家族成员[139]，虽然避免了同一个人回答 RP 和 SP 问题相互关联的问题，但仍然难以避免面板数据或 SP 数据同一个体的重复选择的关联因素。由于 Mixed Logit 模型不具有 IIA 特性，并考虑了个体的重复选择的关联因素，可以直接对 RP/SP 融合数据进行估计。

3.3 时间价值标定的实证分析

为了说明时间价值参数标定的技术可行性，笔者对多种离散选择模型的数据进行了试验，这些测试的数据包括上海黄浦江水上巴士 SP 调查数据、长三角城际铁路 RP/SP 调查数据、上海市公交专用道 RP/SP 调查数据、同济大学嘉定校区合乘车调查 RP/SP 调查数据以及在悉尼大学 David Hensher 教授帮助下的澳大利亚多个城市 RP/SP 调查数据。尽管笔者努力地应用各种调查机会和渠道收集数据，遗憾的是本书整个模型系统的数据并不是一个城市案例的完整数据，这给研究的整体的实证研究带来了最大的困难。例如政策评价中使用了惠州的网络作为案例，但没有在惠州做适用离散选择模型的出行调查。限于数据的缺失，研究只能用其他城市的调查数据来进行补充，从方法上说明是可行的。以下给出了三个具有代表性的非同质时间价值实证研究。

3.3.1　SP 数据的时间价值分布实证分析

1. 调查数据来源和调查主要内容

针对如何利用黄浦江的水上交通资源，支持世博交通体系功能的实现，不同定价下水上巴士的流量分担客流问题，课题研究小组在 2005 年进行了水上巴士出行意愿调查（地面公交和水上巴士两项选择），包括沿江公交出行意愿调查（1 543 份问卷）、空调轮渡出行意愿调查（68 份问卷）、过江重要节点的意愿调查（689 份问卷）。在不同情景组合下的对乘客交通方式选择进行了意愿调查，了解沿江公交出行者的主要出行行为特征，个人基本特征，对于时间和出行费用的敏感性等。对公交和水上巴士采用了不同时间和票价的情景组合调查（表 3－3）。

表 3－3　沿岸公交和水上巴士时间和票价的组合情况

公　交	出行时间(min)	25	40	55	70	45
	票　价(元)	1.5	2.5	3	3.5	2.5
水上巴士	出行时间(min)	15	30	40	55	20
	票　价(元)	3	4	5	6	5

2. 模型标定结果

对以上调查数据采用 Halton 数列抽样计算机模拟概率的办法（伪随机数抽样计算失败）计算效用函数为式（3－9）的典型 Mixed Logit 模型，效用函数的变量包括时间、费用、收入和固有哑元，详见附录 3－A。对假设为不同分布函数的随机参数估计的数字特征如表 3－4 所示。模型对时间和费用的参数进行了不同分布函数的假设，可以看到不同分布函数的均值相对比较稳定。模型中假设得到的正态分布时间价值，虽然会出现时间价值为负的缺点，但其所占比例仅为 $\Phi(-5.767/1.802)=0.07\%$，可以忽略不计。一般来说，假设时间价值为正态分布是不妥的，因为时间价值一般是正值的。Mixed Logit 模型的极大似然比均略大于 Logit 模型，效果较好。计算后最终给出了时间价值的三种分布（图 3－6）：对数正态分布 1 为假设时间费用参数均为对数正态分布；对数正态分布 2 为只设时间参数为对数正态分布，费用参数为常数；正态分布为只设时间参数为正态分布，费用参数为常数。

表 3-4　应用 Mixed Logit 模型估计时间和费用参数的结果

模型和参数设定		时间参数 β_T	费用参数 β_C	ρ^2	时间价值分布	时间价值（元/h）	换算正态分布参数
Logit 模型		−0.125	−1.328	0.286 6	集计	5.648	—
Mixed Logit 模型	两个参数均为正态分布	均值：−0.147 标准差：0.028	均值：−1.560 标准差：0.310	0.290 2	未知	5.654 （集计均值）	—
	时间参数为正态分布	均值：−0.144 标准差：0.045	固定：−1.498	0.289 9	正态分布	均值：5.767 标准差：1.802	μ：5.767 σ：1.802
	两个对数正态分布	对数均值：−2.078 对数标准差：0.067	对数均值：0.289 对数标准差：0.006 5	0.286 7	对数正态分布	均值：5.838 标准差：1.611	μ：1.728 σ：0.271
	时间参数为对数正态分布	对数均值：−2.078 对数标准差：0.006 7	固定：−1.335	0.289 9	对数正态分布	均值：5.821 标准差：1.538	μ：1.728 σ：0.360

注：固有哑元等其他估计值已省略，参数估计的单位：出行时间为 min，费用为元。时间价值单位由元/min 换算为元/h。

因为调查的人群多是公共交通使用者，这些人群都是偏向于节约费用的交通方式，乘客的时间价值平均还不到 6 元/h。在多模式交通模型体系下，要对所有交通方式的使用者的时间价值进行分析，则需要采取相当细致的抽样方法，以反映不同群体的特征。

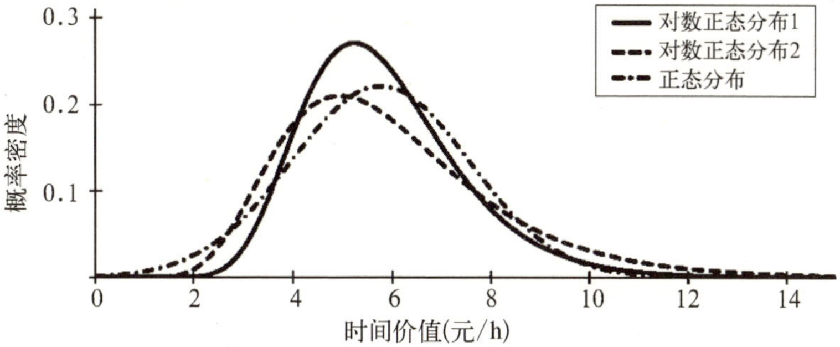

图 3-6　水上巴士调查的时间价值分布估计

3.3.2　RP/SP 融合数据的时间价值研究分析

水上巴士的时间价值标定的对象主要是公交车出行者，为了证实不同交通方式的出行者具有不同的时间价值，本节以 RP/SP 融合数据为例进行实证分析，并对比了 Nested Logit 模型和 Mixed Logit 对 RP/SP 融合数据的标定效果。

1. 调查数据来源和调查主要内容

作为方法研究，本次分析的 RP/SP 数据由澳大利亚的悉尼大学提供。悉尼大学于 1994 年 4 月 15 日在悉尼开始试调查，随后对悉尼(Sydney)、墨尔本(Melbourne)、布里斯班(Brisbane)、阿德莱德(Adelaide)、佩斯(Perth)和堪培拉(Canberra)6 个城市进行了通勤交通调查并负责录入和校核，调查的总人数为 1 571，有效人数为 1 529，数据库容量为 16 188×109 个。RP 调查的交通方式有小汽车单独驾驶(RPDA)、合乘小汽车(RPRS)、常规公交(RPBS)和火车(RPTN)4 种交通方式，SP 调查中共有收费小汽车(SPCART)、不收费小汽车(SPCARNT)、常规公交(SPBUS)、公交专用道(SPBUSWAY)、火车(SPTRAIN)和轻轨(SPLR)6 种交通方式。SP 调查采用了多种组合调查方案，RP 调查中各调查对象所设计的交通方式选择枝数也有所不同，加上调查时间的差异，因此该数据为面板数据。每个人的调查大约花 45 min 时间，调查的特性变量相当详细，包括在车旅行时间、油耗费、道路收费、停车收费、公共交通票价、公共交通等待时间、公交车发车频率、个人收入和家庭收入等一系列项目。如此海量的数据为离散选择模型的研究提供了很好的实证材料。

2. 模型标定结果

模型标定中各交通方式的效用函数为线性形式，相关变量已在表 3－5 给出。对上述数据用 Nested Logit 模型分析时，将模型分为两层，上层为 RP 和 SP 两个枝，下层则分别为他们各自的数据，这是一种简单的处理方法，分层树如下：Tree＝RP（RPDA，RPRS，RPBS，RPTN），SP（SPCART，SPCARNT，SPBUS，SPBUSWAY，SPTRAIN，SPLR）。结果表明该分层方法不能使拟合优化，计算出通过的 RP 和 SP 的测度系数都为 1，如表 3－5 中的第一种 Nested Logit 模型。根据 Hensher[140] 的研究，考虑同类型交通方式的关联性，可以将融合数据作如下分层树：Tree＝Car（RPDA，RPRS，SPCART，SPCARNT），PT（RPBS，RPTN，SPBUS，SPTRAIN，SPBUSWAY，SPLR），即分为公共交通和小汽车交通两大类，每类中的 RP 和 SP 数据是混合的，并设定小汽车交通的测度系数为 1。Mixed Logit 模型则不作分层，直接对 RP/SP 数据进行计算，采用 Halton 数列抽样方法，每次抽样数为 125。笔者在内存为 512 M，CPU 为 P4 2.4 GB 的 PC 机上的运算时间约为 6 分钟，各参数的计算结果如表 3－5 所示。各种交通方式的效用函数详见详见附录 3－B。

表 3－5 Mixed Logit 和 Nested Logit 模型对 RP/SP 融合数据估计的对比

	模　型	Nested Logit 1		Nested Logit 2		Mixed Logit	
数据分类	变量名称	系数值	t 检验值	系数值	t 检验值	系数值	t 检验值
RP 固有哑元	常规公交	0.559 1	2.461 0	0.366 4	0.908 4	0.394 3	1.064 3
	小汽车	1.535 2	3.367 9	1.685 8	3.821 9	－0.297 1	－0.296 1
SP 固有哑元	小汽车	0.897 2	5.693 1	0.796 4	6.344 3	1.859 8	5.219 8
	收费小汽车	1.605 8	9.733 9	1.395 3	9.648 5	2.848 4	6.596 7
	常规公交	－0.009 2	－0.089 5	－0.016 1	－0.138 4	－0.031 7	－0.289 7
	公交专用道	0.124 3	1.202 0	0.101 5	0.807 3	0.106 3	0.929 6
	轻轨	－0.048 9	－0.497 8	－0.137 3	－1.194 7	－0.095 6	－0.898 4
RP 特性变量	个人收入	－0.010 5	－1.266 3	－0.011 4	－1.405 5	－0.009 8	－0.625 5
	小汽车合乘人数	－0.417 0	－10.209 6	－0.415 7	－10.298 7	－0.511 4	－8.209 4

续 表

	模 型	Nested Logit 1		Nested Logit 2		Mixed Logit	
数据分类	变量名称	系数值	*t* 检验值	系数值	*t* 检验值	系数值	*t* 检验值
RP 特性变量	小汽车行驶时间	−0.019 5	−2.265 4	−0.022 2	−2.590 2	−0.047 3 (0.057 1)	−2.113 5 (2.285 3)
	小汽车燃油费	−0.140 1	−1.308 9	−0.149 6	−1.411 1	−0.198 5 (0.012 5)	−1.477 9 (0.097 2)
	公共交通票价	−0.545 0	−5.050 8	−1.556 1	−3.326 4	−1.371 4 (0.435 0)	−3.290 2 (1.798 0)
	公共交通在车时间	−0.004 4	−0.613 7	−0.023 2	−1.400 3	−0.020 6 (0.019 3)	−1.347 4 (0.673 4)
	公共交通等待时间	−0.017 9	−1.040 7	−0.067 0	−1.699 4	−0.195 8 (0.209 5)	−2.064 1 (2.391 7)
SP 特性变量	小汽车燃油费	−0.100 9	−3.751 6	−0.081 8	−3.053 4	−0.176 9 (0.202 5)	−2.656 7 (1.824 8)
	小汽车行驶时间	−0.055 4	−8.250 6	−0.044 2	−6.688 6	−0.118 4 (0.081 4)	−5.419 3 (3.947 7)
	公共交通票价	−0.210 4	−9.435 7	−0.286 2	−10.088 8	−0.254 5 (0.043 6)	−9.106 8 (0.502 4)
	公共交通时间	−0.028 4	−4.208 6	−0.047 4	−5.342 1	−0.039 0 (0.003 1)	−4.840 8 (0.160 9)
	小汽车通行费	−0.146 3	−3.339 3	−0.114 3	−2.599 5	−0.117 4	−2.161 1
	小汽车停车费	−0.103 2	−18.458 7	−0.103 3	−18.519 4	−0.127 7	−13.234 4
其他参数估计	测度系数	RP：1	1.00E+10	CAR：1	1.00E+10	—	—
		SP：1	1.07E−08	PT：0.274 4	3.386 0	—	—
	似然函数值	−2 724.821		−2 708.791		−2 698.126	
	McFadden 系数	0.576 70		0.558 35		0.565 69	
VOT ($/h)	RP 小汽车	8.340		8.896		14.287	
	RP 公共交通	0.482		0.896		0.901	
	SP 小汽车	32.932		32.405		40.145	
	SP 公共交通	8.086		9.941		9.189	

注：1. 表中 Mixed Logit 模型中括号内的数字为参数的标准差及其对应的 *t* 检验值，随机参数均假设为正态分布。

2. 表中 RP 数据中设 2 种小汽车方式的固有哑元的值是相等的，故 4 种方式只给出 2 个哑元值。

三种模型依次简称为NL1，NL2，RPL。NL1并没有比ML模型改进(RP和SP数据的测度系数相等，都为1)。对比两种Nested Logit模型，相同参数的t检验绝对值有大有小，但总来的来说，NL2模型的参数显性程度高(t检验值大的参数个数较多)。此外，NL2模型的似然函数值大于NL1模型，而McFaddcn决定系数小于NL1模型。NL2模型求得了公共交通的测度系数为0.274 4，说明它在NL1模型的基础上进一步得到了优化。由此可以得到的结论是，在处理RP/SP数据时，考虑两类数据之间的关联度是必要的，但在有的时候，它们产生的误差可能没有交通方式分类属性的关联性来得重要。本例中考虑RP/SP融合数据的关联而将两种数据分类处理的结果劣于按照交通方式属性(公共交通和小汽车)分类的处理结果，就是一个很好的例证。RPL是通过设置随机参数来考虑RP和SP数据以及各种交通方式之间的关联程度的，从理论上同时解决了两个关联问题。RPL模型的似然函数值和McFadden决定系数都大于NL2模型，它的拟合结果是最好的。另外有些参数的t检验值太差，需要剔除后重算，这里只是为了考察三种模型的优缺点，不再进一步演算。

表3-5还给出了不同交通方式的时间价值，计算指标是在车时间和在车费用参数，可见小汽车使用者的时间价值要比公共交通大得多，证实了不同交通方式的使用者的时间价值水平的不同。RPL模型考虑了个人时间价值的异质性，VOT的结果有以下特点：一是时间价值的平均值基本上比NL1、NL2模型要大；二是从两类模型的VOT大小的变化幅度而言，小汽车要比公共交通的差异大。一般来说SP调查标定的时间价值要比RP大，笔者和合作者[94]的长三角城际铁路RP/SP调查数据标定结果和表3-5中的标定结果都说明了这一点，这可能是因为被调查者对SP调查的假设情景的想象不是太真实，或是被调查者的过于乐观估计自己的消费水平。

为了表明三种模型对不同特性变量变化而导致相应交通方式所占比例的影响的差别，还计算了交通方式主要旅行时间和在车费用等特性变量的弹性，其一般的计算公式如下：

$$E_{x_{ijk}}^{P_i(j)}=\frac{\partial P_i(j)}{\partial x_{ijk}}\frac{x_{ijk}}{P_i(j)}=[1-P_i(j)]x_{ijk}\beta_{jk} \tag{3-21}$$

由于NL2模型优于NL1模型，这里RPL模型仅和NL2模型进行比较分析。从表3-6的“RP小汽车旅行时间”和“RP公交主要旅行时间”的弹性值可以看出：RPL模型和NL2模型相比，旅行时间对小汽车交通方式的选择弹性较大，而公共交通的选择弹性较小。另一方面，比较 RP 数据中的燃油费弹性，RPL 模型比 NL2 模型小，有趣的是公交票价弹性却是 RPL 模型大。这也就说明 RPL 模型更加突出了不同交通方式使用者时间价值的特征：小汽车使用者对费用的不大敏感而对时间的很敏感(高时间价值)，公共交通使用者对费用很敏感而对时间不大敏感(低时间价值)。类似地，SP 数据的主要旅行时间和在车费用的弹性也有此特点。

表 3-6　各交通方式主要旅行时间和在车费用特性变量的直接选择弹性

		Nested Logit 1	Nested Logit 2	Mixed Logit
RP 小汽车旅行时间	小汽车单独驾驶	−0.063	−0.072	−0.107
	合乘小汽车	−0.199	−0.235	−0.275
RP 公交主要旅行时间	常规公交	−0.067	−0.143	−0.139
	火车	−0.09	−0.209	−0.211
SP 各方式主要旅行时间	收费小汽车	−0.666	−0.532	−0.855
	不收费小汽车	−0.908	−0.736	−0.869
	常规公交	−0.355	−0.445	−0.419
	公交专用道	−0.377	−0.482	−0.457
	火车	−0.412	−0.529	−0.495
	轻轨	−0.363	−0.482	−0.443
RP 小汽车燃油费用	小汽车单独驾驶	−0.028	−0.03	−0.021
	合乘小汽车	−0.085	−0.093	−0.068
RP 公交票价	常规公交	−0.69	−0.787	−0.838
	火车	−0.803	−0.94	−1.041
SP 小汽车燃油费用	收费小汽车	−0.192	−0.156	−0.225
	不收费小汽车	−0.345	−0.284	−0.282
SP 公交车票价	常规公交	−0.482	−0.503	−0.5
	公交专用道	−0.444	−0.469	−0.476
	火车	−0.51	−0.548	−0.537
	轻轨	−0.485	−0.53	−0.52

本节分析了 RP/SP 融合数据处理的三种模型，得到以下研究结论：① 在处理 RP/SP 融合数据时，考虑两类数据之间的关联度是必要的，但有时它们产生

的误差可能没有同类型交通方式的关联性产生的误差大，将 RP/SP 数据按照交通方式属性分类进行 Nested Logit 模型估计的结果可能优于按照 RP 和 SP 数据分类的估计结果；② Mixed Logit 模型通过考虑个体的异质性、参数服从随机分布，同时考虑了 RP/SP 融合数据的关联性和交通方式属性之间的关联性（不同小汽车方式之间的关联性、不同公共交通方式之间的关联性），能够得到比 Nested Logit 模型更好的估计结果；③ Mixed Logit 模型更能现实地反映不同交通方式使用者对时间和费用敏感性的不同（时间价值的不同），能够体现小汽车使用者比公共交通使用者具有更高时间价值的现实情况。

3.3.3 意愿支付 WTP(Willingness to Pay)调查的实证分析

以上均为离散选择模型的标定方法，为了观察时间价值分布的实际情况，在 2006 年 8 月在惠州进行的《惠州市城市居民出行意向调查》中，其中一项调查是直接询问出行者节约一定时间愿意支付的费用。调查人数为 858 人，获得 3 432 个数据样本，设时间价值为愿意多支付的费用除以节约的时间，并对时间价值按照数值进行分组后对时间价值取自然对数后，使用 SPSS 软件，用正态分布函数拟合（图 3－7），相关系数 $R^2=0.983$，参数拟合值分别为 $\mu=1.865$，$\sigma=0.955$，它们分别是时间价值取自然对数后的均值和方差，单位已经换算为"元/h"。时间价值服从对数正态分布在实际调查中取得了较好的证实。

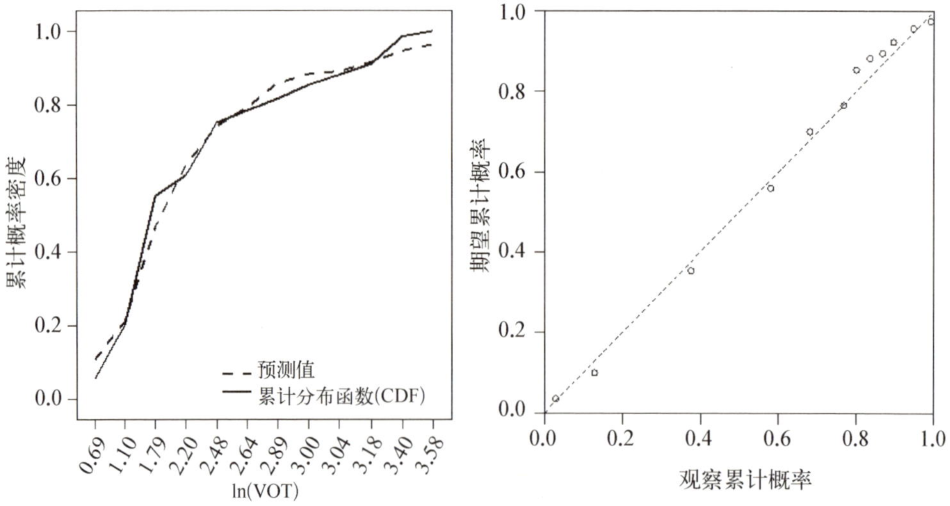

图 3－7　时间价值对数正态分布的累积概率密度拟合和对数时间价值的正态 PP 图

3.4 本 章 小 结

本章介绍了国内外应用离散选择模型、基于活动的消费者经济学模型等方法研究旅行时间价值的进展。根据时间价值的标定模型和标定结果的用途两个方面，结合本书中适用于 TDM 政策评价的交通网络均衡模型所需的参数输入，认为反映时间价值异质性的离散选择模型有较好的适用性。进而研究了用 Mixed Logit 模型估计非同质时间价值分布函数的随机参数方法，同时分析了 RP/SP 融合数据的标定方法。根据上海黄浦江水上巴士 SP 调查数据标定，得出了调查人群的对数正态分布时间价值；应用悉尼大学的调查数据，得出了 Mixed Logit 模型比 Nested Logit 模型对 RP/SP 融合数据的参数估计更具有优越性的结论，并反映了不同交通方式使用者时间价值具有较大的差异；分析惠州市支付意愿调查数据，验证了假设旅行时间价值为对数正态分布的可行性。

非同质时间价值可以体现不同出行者在与经济杠杆和交通方式服务水平相关的 TDM 政策调控下的不同交通行为影响，将它作为 TDM 政策评价模型的输入条件，既可以使模型的评价具有更好的准确性，又可以分析不同出行者在 TDM 政策实施下的公平性，解剖政策对不同利益群体成本调控情况。

3.5 本 章 附 录

附录 3-A　SP 数据参数标定的各交通方式效用函数

U(BUS) =asc_bus+ p_cost * cost + p_time * time + p_income * income

U(WATERBUS) = p_cost * cost + p_time * time + p_income * income

效用函数除“固有哑元”外，其他项均为“参数×对应的变量”，参数含义如下：

asc_bus——公交车固有哑元；　p_cost——费用参数；　p_time——时间参数；　p_income——收入参数。

附录 3-B　RP/SP 融合数据参数标定的各交通方式效用函数

U(RPDA) = asc_rpcar + p_fcost * fcost + p_autotime * autotime + p_ income * income

U(RPRS) = asc_rpcar + p_fcost * fcost + p_autotime * autotime + p_autopass * autopass + p_income * income

U(RPBS) = asc_rpbs + p_rpfare * mptrfare + p_rptime * mptrtime + p_rpwait * waittime

U(RPTN) = p_rpfare * mptrfare + p_rptime * mptrtime + p_rpwait * waittime

U(SPCART) = asc_cart + p_carc * fuel + p_cartt * time + p_parking * parking + p_toll * toll

U(SPCARNT) = asc_carnt + p_carc * fuel + p_cartt * time + p_parking * parking

U(SPBUS) = asc_bs + p_fare * fare + p_time * time

U(SPBUSWAY) = asc_busw + p_fare * fare + p_time * time

U(SPLR) = asc_lr + p_fare * fare + p_time * time

U(SPTRAIN) = p_fare * fare + p_time * time

效用函数除“固有哑元”外，其他项均为“参数×对应的变量”，参数含义如下：

RP 参数：

asc_rpcar——小汽车固有哑元； p_fcost——小汽车燃油费参数；

p_autotime——小汽车行驶时间参数； p_income——个人收入参数；

p_autopass——合乘人数参数； asc_rpbs——公交车固有哑元；

p_rpfare——公共交通票价参数；

p_rptime——公共交通在车时间参数；

p_rpwait——公共交通等待时间参数。

SP 参数：

asc_cart——收费小汽车固有哑元； p_carc——小汽车燃油费参数；

p_cartt——小汽车行驶时间参数； p_parking——小汽车停车费参数；

p_toll——小汽车通行费参数； asc_carnt——不收费小汽车固有哑元；

asc_bs——公交车固有哑元； asc_busw——公交专用道固有哑元；

asc_lr——轻轨固有哑元； p_fare——公共交通票价参数；

p_time——公共交通时间参数。

第4章

多用户多准则多模式交通网络均衡分配理论研究

基本符号定义：

i：多用户类别记号，I 为多用户类别集合；

r，s：起讫点记号，R，S 为起讫点集合；

m：交通方式记号，M 为交通方式集合；

k：路径记号，K_{rs} 为 OD 对(r，s)间路径的集合；

a：路段记号，A 为路段集合；

x_a：路段 a 的交通量，交通方式 m，用户类别 i 在路段 a 的交通量记为 $x_a^{i,m}$；

t_a：路段 a 所需时间，交通方式 m 所需时间记为 t_a^m；

p_a：路段 a 所需费用，交通方式 m，用户类别 i 在路段 a 的费用记为 $p_a^{i,m}$；

f_k^{rs}：OD 对 rs 间路径 k 的交通量，交通方式 m，用户类别 i 的路径流量记为 $f_{rs,k}^{i,m}$；

q_{rs}：OD 对 rs 间的交通量；

$\delta_{a,k}^{rs}$：路段的路径连接参数，路径 k 经过路段 a 时为 1，否则为 0，用户类 i，交通方式 m 的情况下记为 $\delta_{a,k}^{i,m,rs}$；

v_i：用户类 i 的时间价值；

c_k^{rs}：OD 对 rs 间路径 k 的广义费用。

4.1 交通网络均衡模型简介

4.1.1 Wardrop 均衡原理和 Beckmann 变换式

“用户均衡原理”最早由经济学家 Knight[141]提出，但运筹学和交通科学界一般将此归功于 Wardrop[142]，他首先给出了网络均衡的条件。Wardrop[142]提出了两个著名的出行者路径选择行为准则，即用户均衡(User Equilibrium，简称 UE)和系统最优(System Optimum，简称 SO)，将交通网络均衡的概念提升到理论的层次。

Wardrop 第一原理(UE 原理或用户均衡原理)：在拥挤的路网上，任意 OD 对之间的用户使用的所有路径具有相同的最小成本，而没有被利用路径的成本则大于或等于此最小成本。

Wardrop 第二原理(SO 原理或系统最优原理)：拥挤网络上的出行者的路径选择使得网络总成本最小。

一般而言，交通网络中是不可能出现第二原理所描述的状态，除非所有的出行者都是无私的，能够互相协作为系统最优化而努力。但第二原理可以为交通规划和管理人员提供了一种决策方法，例如利用智能交通系统进行信息诱导，协调组织路网的最优化利用。

用户均衡原理的假设前提是：用户对当前交通状态下的路径选择具有完全的信息；用户的路径选择是理性的，即所有用户都会选择最短路径；所有用户具有相同属性，即判断最短路径的标准是一样的。Wardrop 第一原理所描述的 UE 状态满足下式：

$$\begin{cases} c_k^{rs} = u_{rs} \text{ if } f_k^{rs} > 0 \\ c_k^{rs} \geqslant u_{rs} \text{ if } f_k^{rs} = 0 \end{cases} \quad \forall k, r, s \tag{4-1}$$

其中，u_{rs} 为 OD 对 $r—s$ 之间的最小成本。对上式进行数学变换，结合流量约束和非负条件，UE 状态的等价定义如下：

$$f_k^{rs}(c_k^{rs} - u_{rs}) = 0 \quad \forall k, r, s \tag{4-2a}$$

$$c_k^{rs} - u_{rs} \geqslant 0 \quad \forall k, r, s \tag{4-2b}$$

$$\sum_{k \in K_{rs}} f_k^{rs} = q_{rs} \quad \forall r, s \tag{4-2c}$$

$$f_k^{rs} \geqslant 0 \quad \forall k, r, s \tag{4-2d}$$

在 Wardrop 提出交通网络均衡的概念和定义后，一时之间还没有人能用数学工具描述并求解他的均衡问题。直到 1956 年，Beckmann 等[143]提出了用于描述用户均衡原理的数学规划(Mathematical Programming，简称 MP)模型，Beckmann 变换式在表面上看不出有什么经济学含义，但它确实描述了用户均衡的行为，因此被称为“魔术般的变换”。Beckmann 变换式奠定了交通分配模型的基础，后来的许多分配模型都是在它的基础上扩展的，它的表述形式如下：

$$\min z(\mathbf{x}) = \sum_a \int_0^{x_a} t_a(\omega)\mathrm{d}\omega \tag{4-3a}$$

$$\text{s. t.} \sum_{k \in K_{rs}} f_k^{rs} = q_{rs} \quad \forall r, s \tag{4-3b}$$

$$x_a = \sum_r \sum_s \sum_k f_k^{rs} \delta_{a,k}^{rs} \quad \forall a \tag{4-3c}$$

$$f_k^{rs} \geqslant 0 \quad \forall k, r, s \tag{4-3d}$$

式中各字母的含义见“基本符号定义”。模型的目标函数即式(4－3a)的右部是对各路段的阻抗函数的积分之和；式(4－3b)是路径流量与 OD 量之间的关系，式(4－3c)是路径流量的非负条件，式(4－3d)是路段流量和路径流量之间的关系。对上述最优化问题用“库恩-塔克”条件推导模型的一阶极值条件，可以证明它与用户均衡条件式(4－1)的等价性。上述最优化问题中，假设路段阻抗函数 $t_a(x_a)$ 是可分离的，即只和本路段的流量相关，并且为单调递增，则模型存在唯一的路段流量解。Beckmann 变换式提出后，一直没有人能够用严格的数学方法来求解这个模型。经过大约 20 年之后，LeBlanc 等[144]将 Frank－Wolfe 算法(简称 FW 算法)应用到交通网络均衡分配问题中，成功地求解了这个数学模型，形成了现在实用的解法。常用的算法还有相继平均法(Method of Successive Averages，简称 MSA)等，关于基本交通分配模型的各种启发式算法和均衡分配算法，Y. Sheffi[145]、黄海军[146]及其他的国内外教材都有介绍，在此不再赘述。

4.1.2　随机用户均衡交通分配

用户均衡(UE)假设出行者拥有网络状态的全部信息，这是不符合实际的。

基于离散选择建模技术，人们开始探索随机用户均衡（Stochastic User Equilibrium，简称 SUE）交通分配，其基本思想是人们对路径的行程时间是一个随机变量，即理解上会产生一些误差，当每个出行者不可能单方面地通过改变路径来减少自己的期望路径阻抗时，即达到随机用户均衡状态。Daganzo 和 Sheffi[147]是最早研究随机交通分配的学者，并提供了一些简单的例子。Sheffi 和 Powell[148]在 Daganzo[149]的前期工作基础上，找到了等价的 SUE 模型。Fisk[150]则构建了流量加载为 Logit 形式的等价最优化模型：

$$\min Z[\mathbf{x}(\mathbf{f})] = \sum_a \int_0^{x_a} t_a(w)\mathrm{d}w + \frac{1}{\theta}\sum_{r,s,k} f_k^{rs} \ln f_k^{rs} \tag{4-4a}$$

$$\text{s.t.} \quad 式(4-3b)，式(4-3c)，式(4-3d)$$

注意模型的目标函数式(4-4a)也可以写成：

$$\min Z[\mathbf{x}(\mathbf{f})] = \sum_a \int_0^{x_a} t_a(w)\mathrm{d}w + \frac{1}{\theta}\sum_{r,s,k} f_k^{rs} \ln(f_k^{rs}/q_{rs}) \tag{4-4b}$$

同样可以完成 Logit 加载的等价性证明，只是对偶变量的形式有所变化。随机分配的一大问题是加载的路径选择问题，针对路径列举在大规模路网的实际应用的难题。Dial[151]提出了避免路径列举的 STOCH 算法是实现 Logit 随机网络加载模型的有效算法。Van Vuren[152]提出了 SUE 的 6 个重要问题：路径选择集的决定、路径选择枝的类似性、算法收敛性、目标函数的路径熵项的有效计算方法、需求模型和用户收益的有效计算方法，以及路径选择模型的参数标定。円山琢也[3]对这些问题的总结如表 4-1 所示。

4.1.3 路段阻抗不可分离(Non-Separable)的交通分配模型及算法

上述模型都有一个重要的假设条件，路段阻抗函数是可分离的（Separable）的，也就是车辆的路段阻抗只和该路段上（实际的路段，称为物理边）的车流量有关，和其他路段的车流量无关，并且研究的只是一种车辆，难以分析同一路段上（物理边）不同车种之间的相互影响（不同车种在同一物理边上产生多条逻辑边）。这种假设显然限制了交通分配模型的应用。一般化的交通分配问题则属于路段阻抗不可分离（Non-Separable）的情形，它包含两层含义：① 一个路段的阻抗不但受到本路段车流量的影响，也受到其他路段车流量的影响，如考虑双向道路对向车流的影响；② 路段上一种车的速度受到其他车流量的影响。例如小汽车和货车行驶在同一路段上，它们的行驶时间不但和自身的流量相关，也和其

表 4 - 1　随机均衡分配模型重要问题分析

模　　型	STOCH Logit SUE	MCA[I] Logit SUE	STOCH3 Logit SUE	SD[II] - base Logit SUE	Probit SUE	GNL[III] - SUE
作者	Dial[151] Akamatsu[153]	Bell[154] Akamatsu[155]	Leurent[156],[157]	Damberg 等[158]	Daganzo 和 Sheffi	Prashker 和 Bekhor[159,160]
路径选择集及回路	隐枚举，无回路	隐枚举，含回路	隐枚举，多准则	直接枚举	隐枚举	直接枚举
路径选择枝的类似性	没有考虑	没有考虑	没有考虑	不明	考虑	考虑
算法收敛性	没有考虑	考虑	考虑	没有考虑	考虑	考虑
目标函数的路径熵项的有效计算方法	考虑	考虑	考虑	不明	没有考虑	没有考虑
需求模型和用户收益的有效计算方法	考虑	考虑	考虑	不明	没有考虑	没有考虑
其他重要问题	可能有不符合实际的路径	可能产生有回路的路径	可能有不符合实际的路径	计算量适中，也有较大的情形	计算量大	计算量适中，也有较大情形

注：[I]：Markov Chain Assignment；[II]：Simplicial Decomposition；[III]：Generalized Nested Logit。

他车种的流量相关，这一类问题一般称为“多模式”或“多车种”交通分配问题。本书研究的主要为“多模式”交通分配，不考虑路段间车流的相互影响。

路段阻抗不可分离(Non-Separable)根据路段间、车种间相互影响又可以分为对称和不对称情形。对称情形的应用往往可以是：双向道路对向车流之间的相互影响，不同时间价值的小汽车在同一路段的相互影响，小汽车和出租车在同一路段的相互影响等。路段各车种时间函数的相互影响对称时，即它的Jacobian矩阵是对称时，可以找到等价的数学规划，其解对应于用户均衡解。在非对称情形下，Jacobian矩阵不是对称的，等价的数学规划一般来说是不存在的，但用户均衡解还是可能存在的(假设Jacobian矩阵正定)，此时描述问题的工具一般是变分不等式(Variational Inequality，简称VI)。一般化的用户均衡状态可以用闭凸集上的变分不等式表示，寻找 $\mathbf{x}^* \in \mathbf{X}$，满足：

$$\boldsymbol{t}(\mathbf{x}^*)^{\mathrm{T}} \cdot (\mathbf{x}-\mathbf{x}^*) \geqslant 0, \ \forall \mathbf{x} \in \mathbf{X} \tag{4-5}$$

其中，$\mathbf{X}=\{\mathbf{x} \mid \mathbf{x}=\Delta\mathbf{f}, \ \Lambda\mathbf{f}=\boldsymbol{q}, \ \mathbf{f}\geqslant 0\}$，路段时间函数的列向量是 $\boldsymbol{t}(\mathbf{x}^*)=[t_a(\mathbf{x}^*)]$，路段/路径关系矩阵是 $\Delta=[\delta_{a,k}^{rs}]$，OD对与路径的关系矩阵是 $\Lambda=[\Lambda_k^{r,s}]$，其中 $\Lambda_k^{r,s}=\{1$，若路径 k 属于OD对(r, s)；否则是 $0\}$，$\boldsymbol{q}$ 是OD需求矩阵的列向量。当路段时间的Jacobian矩阵对称半正定时，变分不等式可以转化为类似式(4-3)的最优化问题。式(4-3)是式(4-5)中路段时间的Jacobian矩阵对称且正定的情况。可见VI公式比最优化问题更具有广泛性，路段流量可以是由多种车组成的向量 $\mathbf{x}_a=[x_a^m]$，可以表示路段不可分离的多车种交通分配问题。VI公式也可以是基于路径变量的，即，寻找 $\mathbf{f}^* \in \mathbf{F}$，满足：

$$\boldsymbol{c}(\mathbf{f}^*)^{\mathrm{T}} \cdot (\mathbf{f}-\mathbf{f}^*) \geqslant 0, \ \forall \mathbf{f} \in \mathbf{F} \tag{4-6}$$

其中 $\mathbf{F}=\{\mathbf{f} \mid \Lambda\mathbf{f}=\boldsymbol{q}, \ \mathbf{f}\geqslant 0\}$，路段与路径变量有关系 $\boldsymbol{c}(\mathbf{f})=\Delta^{\mathrm{T}}\boldsymbol{t}(\mathbf{x})=\Delta^{\mathrm{T}}\boldsymbol{t}(\Delta\mathbf{f})$。

求解变分不等式有投影算法、对角化算法等。Dafermos[161]证明了对角化算法的收敛性，条件是路段时间函数的Jacobian矩阵正定。Fisk和Nguyen[162]对这种算法进行了测试，认为它是相当有效的。但是，Nagurney[163]的实验结果却指出，对角化算法只是在某些网络中是最有效的。但总的来说，对角化方法是求解多模式交通分配问题的最常用和有效的方法[164]。对角化算法也叫非线性Jacobian算法、松弛算法，是一个迭代性的算法。以“多模式”或“多车种”交通分配为例，假设第 n 次迭代中已知路段 a 流量 $\{x_{a,n}^1, \cdots, x_{a,n}^{|M|}\}$，那么此次迭代过

程需要求解如下子问题：

$$\min z^n(\mathbf{x}) = \sum_{a,\ m} \int_0^{x_{a,n}^m} t_a(x_{a,n}^1, \cdots, x_{a,n}^{m-1}, \omega, x_{a,n}^{m+1}, \cdots, x_{a,n}^{|M|})\mathrm{d}\omega \quad (4-7)$$

车种 m 的约束条件为：s. t. 式(4－3b)，式(4－3c)，式(4－3d)。

对角化算法就是上式中 $t_a(\mathbf{x})$ 的自变量除了 x_a^m 外，其他车种分量保持上一次迭代的常数不变以满足分离性条件，使得目标函数的 Hessian 矩阵成为对角阵，进而将问题转化为一个易于处理的 UE 规划。

对角化算法的主要步骤为：

Step 0：初始化。找到初始路段流量 $\mathbf{x}_1$，令 $n=1$。

Step 1：对角化。用 UE 求解方法(如 FW 算法)求解子问题式(4－7)，得到子问题解 $\mathbf{x}_{n+1}$。

Step 2：收敛检验。若收敛则结束，否则令 $n=n+1$，并转到 Step 1。

算法每次迭代需要求解一个完整的 UE 规划，而求解 UE 规划的算法一般也是一个迭代过程，因此它具有嵌套迭代结构，对于大型的交通网络需要付出巨大的计算量。

对应于上述 Jacobian 方法，还有一种流量更新的策略是 Gauss－Seidel 算法：

$$\min z^n(\mathbf{x}) = \sum_{a,\ m} \int_0^{x_{a,n}^m} t_a(x_{a,n+1}^1, \cdots, x_{a,n+1}^{m-1}, \omega, x_{a,n}^{m+1}, \cdots, x_{a,n}^{|M|})\mathrm{d}\omega \quad (4-8)$$

式(4－8)与式(4－7)的不同之处在于后者在 $n+1$ 迭代时，已经分配的车种流量得到了及时地更新，而不是一直以上一次迭代的车种流量来计算各车种的交通分配。

Y. Sheffi[145] 的研究表明，即使对角化算法中 Step 1 得到的只是子问题的近似解，这也不影响算法的最终收敛；根据算法原理每次迭代得到的子问题最优解是其他迭代中的子问题的可行解，因此可以用作下一个子问题的初始解；另外，对角化算法用于求解非对称一般化 UE 问题的收敛性与 FW 算法用于求解 UE 规划的收敛性能相似。这些特点使得对角化算法的改进成为可能。由以上分析可以得到精简的对角化算法，与原算法相比 Step 1 中不需要求解完整的 UE 问题，而只需按 FW 算法用于求解 UE 规划的步骤迭代一次，也就是执行一次全有全无分配并且选取相应的步长。算法的步骤如下：

Step 0：初始化。基于 $t_a^0 = t_a(\mathbf{0})$，$\forall a$，执行全有全无分配，得初始路段流

量 $\mathbf{x}_1$，令 $n=1$。

Step 1：更新。令 $t_a^n = t_a(\mathbf{x}_n)$，$\forall a$。

Step 2：计算附加流量。基于 $\{t_a^n\}$，执行全有全无分配，得到附加的路段流量 $\{\mathbf{y}_{a,n}\}$。

Step 3：确定迭代步长。迭代步长 λ_n 由以下一维极值问题求得：

$$\min_{0\leqslant\lambda\leqslant 1} z(\lambda) = \sum_{a,m}\int_0^{x_{a,n}^m+\lambda(y_{a,n}^m - x_{a,n}^m)} t_a(x_{a,n}^1, \cdots, x_{a,n}^{m-1}, \omega, x_{a,n}^{m+1}, \cdots, x_{a,n}^{|M|})\mathrm{d}\omega \tag{4-9}$$

Step 4：更新流量。令 $\mathbf{x}_{a,n+1} = \mathbf{x}_{a,n} + \lambda_n(\mathbf{y}_{a,n} - \mathbf{x}_{a,n})$，$\forall a$。

Step 5：收敛检验。若收敛则结束；否则令 $n = n+1$，并转到 Step 1。

4.2 多用户多准则多模式交通分配模型

由以上分析可知，基本的用户均衡交通分配模型具有一些必不可少的假设条件，这些假设条件的限制使得模型和现实系统存在一些差距。因此，交通分配模型除了在随机用户均衡、多模式(多车种)方面的扩展以外，也从用户的异质性，路径选择的多重标准，路径费用的可加性等方面进行了扩展，表 4－2 揭示了这些模型和基本交通分配模型的假设条件的关系。这些扩展模型，成为交通需求管理政策评估的有效工具。

表 4－2　用户行为假设和交通网络均衡模型扩展的相互关系

序号	改进的模型 / 基本模型假设	随机用户均衡模型	多用户模型	多准则模型	非可加性路径费用模型
1	完全信息	条件放宽	—	—	—
2	用户都是理性的(最短路径选择)	条件放宽	—	—	—
3	用户的同质性	条件放宽后模型改善	条件放宽	条件放宽后模型改善	—
4	路径选择因素的限制(如时间和费用)	条件放宽后模型改善	模型改善	条件放宽	模型改善
5	可加性路径费用	—	—	—	条件放宽

4.2.1　多用户(Multi-Class)多准则(Multi-Criteria)交通分配

Beckmann 在最初的网络均衡模型中，路段出行成本仅考虑走行时间。然而，要研究拥挤收费等交通政策时，车辆的路径选择因素只考虑路段的走行时间显然是无能为力的。考虑时间价值的成本函数的两种表达方式可以分别以时间和货币作为量纲，设 v 为时间价值，路段广义成本一般以线性形式给出：

$$\bar{t}_a(x_a) = t_a(x_a) + p_a/v \tag{4-10a}$$

$$\bar{c}_a(x_a) = v \cdot t_a(x_a) + p_a \tag{4-10b}$$

以上两种路段广义成本的表示方法依次称为“依时间度量”和“依货币费用度量”，两种度量方法在交通分配建模中是有区别的，将在下文详细论述。以广义成本为路径选择因素的用户均衡交通分配问题可以写成如下形式：

$$\min Z(\mathbf{x}) = \sum_a \int_0^{x_a} t_a(x)\mathrm{d}x + \sum_a \left(\frac{p_a}{v} \cdot x_a\right) \tag{4-11}$$

s. t. 式(4 - 3b)，式(4 - 3c)，式(4 - 3d)

类似地，以广义成本为路径选择因素的系统最优模型为：

$$\min \sum_a x_a(v \cdot t_a + p_a) \tag{4-12}$$

s. t. 式(4 - 3b)，式(4 - 3c)，式(4 - 3d)

Quandt[165] 和 Schneider[166] 首次提出了多准则(Multi-Criteria)交通网络均衡模型，认为出行者在选择最优出行路径时面临多个准则(如出行时间和货币成本)。Dial[167] 和 Dafermos[168] 进一步发展了这种思想，前者提出了非拥挤的多准则交通网络模型，后者则提出了多用户、多准则交通网络均衡问题，并给出了变分不等式的表达形式和一些性质。单一用户类的交通分配模型假定路网中的道路使用者性质相同，有助于简化模型，方便处理。然而实际上，用户由于受收入水平、个人偏好等因素的影响，在出行路线和模式选择等方面的决策有时会迥然不同，如果仅仅依靠单一用户类的分配模型，结果可能与现实出入很大，所以产生了对多用户的交通分配研究。多用户(Multi-Class)即出行者在选择最优路径而面临出行时间和货币成本等多个准则时，他们的支付偏好具有差异性，从而造成他们路径选择的不同。多用户交通分配模型的提出，可以有效地考察用户在时间和货币成本之间的权衡，更重要的是可以据此制定更为合理的道路收费，因为不考虑时间价值的异质性，所制定的收费标准容易引起社会与空间上的不公平。

多用户交通分配的研究假设路网中所有用户都使用同一种交通工具（即同一车种），但是用户又不完全同质，本书要研究的是他们对待时间价值的不同态度。时间价值的异质性分析可以分为连续型和离散型两类。连续型多用户时间价值是指用户的时间价值服从某种概率分布。离散型多用户时间价值是指将用户分为几类，每类用户假设有相同的时间价值。当然，为了适应模型的需要，也可以按照一定的区间通过平均值计算将连续型多用户时间价值离散化。这里先介绍时间价值连续分布的相关研究。

1. 时间价值连续分布的多用户交通分配模型

Leurent[169,170]提出了多用户双准则的交通分配。在 Leurent[169]的等价最优化模型中，他证明如果路段时间函数是严格增函数，则在均衡状态下，路段流量解和临界 VOT 值是唯一的，每类路径的总流量解也是唯一的。但他提出的模型中路段的出行费用都是固定的，并提出了基于 MSA 方法的 Monte Carlo 模拟算法，它不需要路径列举。接着，Leurent[171]提出了一种路径储存算法，它通过在最长与最短路径之间平移部分流量，使得算法收敛速度比 MSA 和 FW 算法快很多。Leurent[169-171]的模型还研究了弹性 OD 需求的情形，但都是将路段费用 p_a视为与流量不相关的常数，但也有考虑路段相互影响的，如 Leurent 研究的模型。随后，Leurent[172-174]将双准则交通分配问题作了进一步的总结和研究，还进行了一些算法的灵敏度分析。

与 Leurent 的研究相对应的是 Dial[175]，他的变分不等式模型允许路段时间和路段费用均与流量相关，路径选择是基于路段 a 依费用度量的广义成本 $c_a = p_a + v \times t_a$ 的，而不是依时间度量 $c'_a = t_a + p_a / v$ 的。他认为 Leurent 的模型是 1.5 准则均衡交通分配模型，并建立了相应的变分不等式和等价的凸规划问题和算法，但该算法需要列举路径。Dial[175] 先提出了 T2 - MPA（Min - Path Assignment）、T2 - ETA（Equilibrium Traffic Assignment）算法以及 T1. 5 - ETA 算法，后来 Dial[176] 又提出了 T2 - RSD(Restricted Simplicial Decomposition)算法，并和 T2 - GFW(Generalized Frank - Wolfe)算法进行比较，发现在大规模拥挤路网中，T2 - RSD 收敛得要快很多。Dial[177] 又对双准则交通分配算法以及在软件中的开发应用进行了系统的回顾。

Leurent 和 Dial 研究的双准则分配问题可以用图 4 - 1 来解释，人们的出行路径(或方式)是在时间和货币费用之间权衡的,不同的人具有不同的时间价值,因此对时间和货币费用愿意支出的偏好也不同。人们选择的路径(或方式)是在帕累托边界上寻找的,而不会选择既不省时间,又不省货币费用的路径(如图中路径⑤,⑥,⑦,⑧)。图中的路径①,②,③,④,称为有效路径,它们分别被不同时间价值的人选择。而不同人按照时间价值的分界方法,则是按照相邻有效路径点的连线斜率进行的。图中路径①为较慢但是最省费用的路径,被时间价值较低的人选用,路径④则刚好相反。

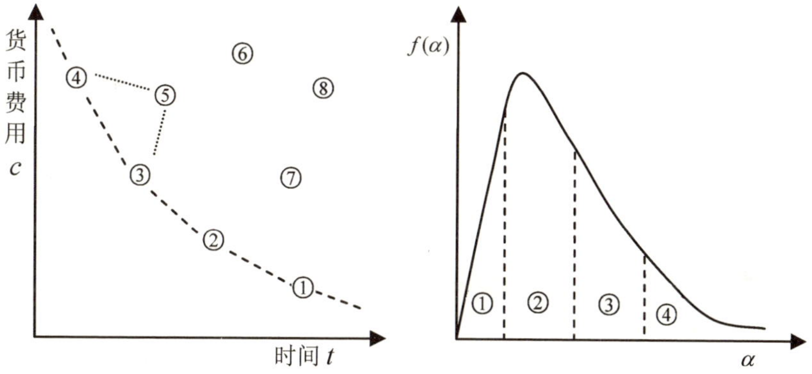

图 4-1　有效路径和时间价值分布[175]

由于流量加载时在有效路径上进行的,查找双准则分配的有效路径成为算法的重要组成部分。有效路径的第一种算法是需要列举路径的[171],笔者[178]在求解多方式交通均衡问题时对此进行了实验,表明算法是有效的,可以在网络规模较小的城际交通中使用,但对大规模城市交通网络来说是不值得提倡的。其计算方法是首先找到时间最短的路径,然后进行顺时针的直线扫描,首先被接触到的路径为下一个有效路径,以此类推,直至搜索到货币费用最高的路径,如图 4-2 所示。

第二种算法是 Dial[175]提出的,该算法不需要列举路径,适合大规模的城市交通网络使用。首先在每个 OD 之间寻找时间最省和货币费用最省的两条路径,计算这两条路径连线的斜率负值得出时间价值 v,并在网络上基于 $\{t_a + p_a/v\}$ 寻找新的最短路径,即找到第三条有效路径。再将该路径和初始的两条路径相连,用同样的方法去查找其他的有效路径,如此重复直到不能发现新的有效路径为止。算法的基本思想如图 4-3 所示。

与之相关的研究还有:Macrotte 等[179,180]则使用有限维 FW 算法计算了路段双向对称和非对称性影响的多用户(时间价值不同)交通分配问题。该模型首

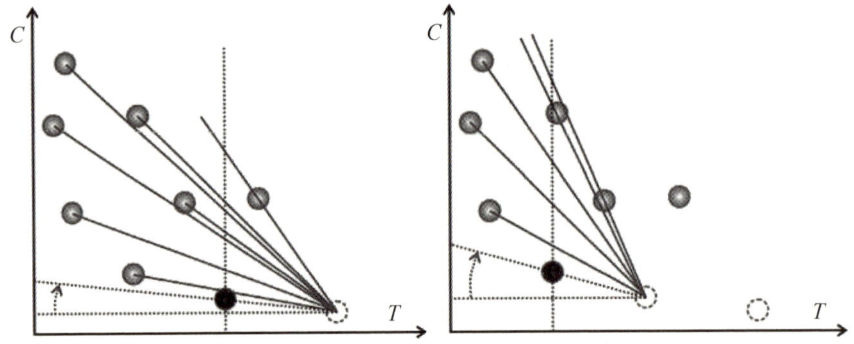

图 4-2　列举路径的有效路径扫描算法

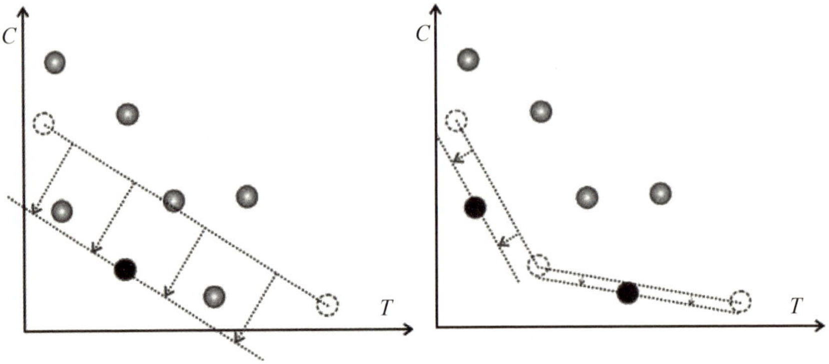

图 4-3　基于最短路径的有效路径算法

次将多用户分配问题和路段间相互影响的模型结合起来，并在小型路网 Sioux Falls 进行了算例分析。Macrotte 和朱道立[181]还建立了多用户双准则变分不等式均衡模型，并用广义 Frank-Wolfe 算法求解。随后 Macrotte[182]又对双准则模型的有限维和无限维变分不等式构建进行了总结，并给出了通用的算法。以上基于时间价值连续分布的双准则分配模型，也受到了商业软件的青睐。如德国 PTV 公司的 VISUM 软件开发了对应的 TRIBUT 模块[183]。美国 Caliper 公司的 TransCAD 软件根据张建[184]的模型改进，也开发了类似的模块。

Dial[185,186]构建了时间价值为连续分布的道路拥挤收费优化模型，系统最优的目标函数为 $\min\sum_a u_a t_a(x_a)$，其中 $u_a=\int_v v\cdot x_a(v)\mathrm{d}v$ 路段 a 中用户的时间折算为费用的总消耗，$x_a=\int_v x_a(v)\mathrm{d}v$ 为路段 a 的交通量。系统最优的收费为：

$$\tau_a^{SO} = u_a \frac{\mathrm{d}t_a(x_a)}{\mathrm{d}x_a}, \ a \in A \tag{4-13}$$

由于被积函数中 $x_a(v)$ 是没有具体的函数形式的，该问题的解法比较复杂。随后，Dial[187,188]还提出了时间价值连续分布的单个起点和多起点的道路收费收入最小化模型和算法。

Manuel Eduardo[189]也构建了时间价值连续分布的多用户系统最优模型：

$$\min \sum_{rs} \sum_{k \in K_{rs}} (t_k^{rs} \cdot E_{i_{rs}(k)}^{rs} + p_k^{rs} \cdot f_k^{rs}) \tag{4-14a}$$

$$\text{s.t.} \sum_{k \in K_{rs}} f_k^{rs} = q_{rs}, \ \forall rs \tag{4-14b}$$

$$v_{i_{rs}(k)}^{rs} = G_v^{-1}\left[\sum_{\{k \in K_{rs}, \ j: \ i_{rs}(j) \leqslant i_{rs}(k)\}} f_j / q_{rs}\right] \tag{4-14c}$$

$$f_k^{rs} \geqslant 0 \tag{4-14d}$$

其中，$E_{i_{rs}(k)}^{rs} = \int_{v_{i_{rs}(k)-1}}^{v_{i_{rs}(k)}} z \cdot g_v(z)\mathrm{d}z$，$g_{rs}(v)$ 为 VOT 的分布函数，$G_{rs}(v) = \int_0^v g_{rs}(t)\mathrm{d}t$ 为概率累积函数，p_k^{rs} 为路径费用。K_{rs} 为所有的出行路径，根据时间价值分成 I_{rs} 类，以出行的费用进行排序。$K_i^{rs}(i \in I_{rs})$ 为第 i 类出行成本用户的选择出行路径，$i_{rs}(k)$ 为出行选择路径 k 的第 i 类用户。此外，也探讨了弹性需求下的系统最优模型。

Mahmassani 等[190]又将有效路径扩展到动态交通分配上，由于精确的有效路径算法计算量较大，在大规模网络中的应用受到限制，作者又提出了基于二元搜索的估算有效路径方法，并在实际路网中得到应用。其合作者Chung-Cheng Lu[191]又将仿真模型和启发式算法结合起来，进一步研究多用户双准则动态交通分配问题，并将大规模路网的路径存储问题转化为代表性车辆的路径分配问题。

2. 时间价值离散分布的多用户交通分配模型

时间价值离散分布的方法是出行者根据时间价值水平分为几个等级 I，相应的时间价值为 v_i，OD 对 rs 间的出行量为 q_{rs}^i。Van Vliet 等[192]最初提出的模型如下：

$$\min Z(\mathbf{x}) = \sum_a \int_0^{x_a} t_a(x)\mathrm{d}x + \sum_{i,a}\left(\frac{p_a}{v_i} \cdot x_a^i\right) \tag{4-15a}$$

$$\text{s. t.} \sum_{k \in K_{rs}} f_{k,i}^{rs} = q_{rs}^i,\ i \in I,\ \forall rs \tag{4-15b}$$

$$x_a^i = \sum_{k \in K_{rs}} f_{k,i}^{rs} \delta_a^k,\ i \in I,\ \forall a \in A \tag{4-15c}$$

$$x_a = \sum_{i \in I} x_a^i,\ \forall i \in I,\ \forall a \in A \tag{4-15d}$$

$$f_{k,i}^{rs} \geqslant 0,\ \forall rs,\ k \in K,\ i \in I \tag{4-15e}$$

该模型中用户类 i 的路段广义成本是以时间度量的：$\bar{t}_a^i(x_a) = t_a(x_a) + p_a/v_i$，设 m 和 n 为两类不同的 VOT 的车辆，易知：

$$\frac{\partial \bar{t}_a^m(x_a)}{\partial x_a^n} = t'_a(x_a) = \frac{\partial \bar{t}_a^n(x_a)}{\partial x_a^m},\ \forall m \neq n \tag{4-16}$$

显然，不同用户之间相互影响具有对称性，每类用户的路段解和路径解都不唯一的，但路段总量解唯一。该模型在实践中已经得到广泛应用，可以通过 TransCAD，EMME/2 等软件实现。

连续时间价值分布可以按照一定的规则进行分类，通过分布函数计算各类用户的平均时间价值，从而转换为离散的时间价值。Yang H. 等[193]将连续 VOT 离散化后，对多类用户的道路拥挤收费进行了福利分析，并和单一用户类进行了比较，从而反映 VOT 分布不同对收费道路交通需求的影响。Yang H. 和 Huang H. J. [194]将连续 VOT 离散化后研究双准则均衡交通分配问题，分别对以时间和费用表达的目标函数进行了研究。其中用户最优的目标函数同(4－15a)，当时间和费用呈线性关系时，该目标函数适用于依时间度量和费用度量两种情况。而在系统最优下，情况有所不同。他们证明了依货币费用度量时，即在式(4－15)的模型中目标函数表达为 $\min\sum_a \sum_i v_i t_a(x_a) x_a^i$ 时的系统最优边际收费应为：

$$\tau_a^{SO} = \sum_i v_i x_a^i \frac{\mathrm{d}t_a(x_a)}{\mathrm{d}x_a} = \left(\sum_i \frac{x_a^i}{x_a} v_i\right)\left[x_a \frac{\mathrm{d}t_a(x_a)}{\mathrm{d}x_a}\right],\ a \in A,\ i \in I \tag{4-17}$$

式(4－17)右边第一个括号内表示的是路段 a 内用户的平均时间价值 $\bar{v}=\sum_{i}\frac{x_a^i}{x_a}v_i$，与 v_i 无关;第二个括号内表示的是用户对路段产生的外部成本。由此，边际成本定价的多用户最优收费依货币费用度量时，可以简化为对多类用户统一的路段固定收费。但由于路段分用户类的车流量解不唯一，导致路段最优收费的费率方案也不是唯一的。他们还认为依费用度量的最优收费模型是严格凸的。而依时间度量，即目标函数为 $\min\sum_{a}\sum_{i}t_a(x_a)x_a^i=\sum_{a}t_a(x_a)x_a$ 时的边际最优收费为:

$$\tau_{a,i}^{SO}=v_i x_a\frac{\mathrm{d}t_a(x_a)}{\mathrm{d}x_a},\ a\in A,\ i\in I \tag{4-18}$$

这时对不同用户的收费是不同的，在实际操作中难以进行。

Yin 和 Yang[195]则在此研究的基础上，将 VOT 不同的多用户按照给定的比例继续细分为两类，依时间度量和依费用度量选择路径，并证明了用户最优的变分不等式模型路段总流量解的唯一性，另外这种混合度量方式的用户最优模型和单一度量方式是相同的。

应当指出，考虑多用户之间的影响是否对称，依时间和费用度量是有区别的。设路段收费和流量无关，为 p_a，依时间和费用度量的路段多用户广义成本分别如下:

$$\bar{t}_a^i(x_a)=t_a(x_a)+p_a/v_i \tag{4-19a}$$

$$\bar{c}_a^i(x_a)=v_i\cdot t_a(x_a)+p_a \tag{4-19b}$$

设 m 和 n 为两类不同的 VOT 的车辆，易知:

$$\frac{\partial\bar{t}_a^m(x_a)}{\partial x_a^n}=t'_a(x_a)=\frac{\partial\bar{t}_a^n(x_a)}{\partial x_a^m},\ m\neq n \tag{4-20a}$$

$$\frac{\partial\bar{c}_a^m(x_a)}{\partial x_a^n}=v_m t'_a(x_a)\neq v_n t'_a(x_a)=\frac{\partial\bar{c}_a^n(x_a)}{\partial x_a^m},\ m\neq n \tag{4-20b}$$

可见依照时间度量的不同用户间相互影响对称，依照费用度量则不对称。现设 $\langle *,*\rangle$ 为欧氏积，将多用户多准则模型写成路径变分不等式形式: $\langle c(\mathbf{f}^*),\mathbf{f}-\mathbf{f}^*\rangle$，$\forall\mathbf{f}\in\mathbf{F}$，或写成路段的形式: $\langle c(\mathbf{x}^*),\mathbf{x}-\mathbf{x}^*\rangle$，$\forall\mathbf{x}\in\mathbf{X}$。由于不同用户依时间和费用度量的两种广义成本可以通过对应的时间价值 v_i 进行乘或除相互转换，因此两种度量形式都不改变变分不等式均衡状态。一般来说当路段分用户类影响对称时，变分不等式可以转化为最优化问题。在这里就得到一个特例：路段分用户类影响不对称时(依费用度量)，变分不等式同样可以转化为相应的最优化问题，即 $\bar{t}=\nabla I(\mathbf{x})$ 存在原函数 $I(\mathbf{x})=\sum_a\int_0^{x_a}t_a(x)\mathrm{d}x+\sum_{i,a}\left(\frac{p_a}{v_i}\cdot x_a^i\right)$。因此，诸如 Nagurney[196]："变分不等式只有在对称以及正定条件下才能转化为凸规划问题"、Patriksson M.[197]："只要 c 不是函数的梯度，变分不等式就难以转化为凸规划问题"这类说法是不够确切的。

以上讨论为路段收费与流量无关的情况，当采用边际社会成本收费时，路段的费率为：

$$p_a=p_a(x_a)=t'_a(x_a)\sum_i v_i x_a^i \tag{4-21}$$

则路段广义成本依时间和费用度量分别为：

$$\tilde{t}_a^i(x_a)=t_a(x_a)+t'_a(x_a)\sum_i v_i x_a^i/v_i \tag{4-22a}$$

$$\tilde{c}_a^i(x_a)=v_i\cdot t_a(x_a)+t'_a(x_a)\sum_i v_i x_a^i \tag{4-22b}$$

在边际收费中，依时间度量时用户类之间的影响变为非对称情形：

$$\frac{\partial\tilde{t}_a^m(x_a)}{\partial x_a^n}=t'_a(x_a)+\frac{1}{v_m}t''_a(x_a)\sum_i v_i x_a^i+\frac{1}{v_m}t'_a(x_a)v_n\neq\frac{\partial\tilde{t}_a^n(x_a)}{\partial x_a^m},m\neq n \tag{4-23a}$$

$\Big($若 $\frac{\partial\tilde{t}_a^m(x_a)}{\partial x_a^n}=\frac{\partial\tilde{t}_a^n(x_a)}{\partial x_a^m}$ 成立，化简后可知需要：$t''_a(x_a)\sum_i v_i x_a^i+(v_m+v_n)t'_a(x_a)=0$，该式一般来说是不成立的，故原式难以成立。$\Big)$

与路段固定收费相反，依费用度量时用户类之间的影响变为对称情形：

$$\frac{\partial\tilde{c}_a^m(x_a)}{\partial x_a^n}=v_m t'_a(x_a)+t''_a(x_a)\sum_i v_i x_a^i+t'_a(x_a)v_n=\frac{\partial\tilde{c}_a^n(x_a)}{\partial x_a^m},m\neq n \tag{4-23b}$$

即 $\tilde{c}=\nabla\tilde{I}(\mathbf{x})$ 存在原函数 $\tilde{I}(\mathbf{x})=\sum_a t_a(x_a)\sum_i v_i x_a^i$，变分不等式可以根据依费用用度量转化为凸规划问题。

Leonid Engelson 等[198]根据路段总流量解的唯一性和分类用户解的不唯一性等性质，证明了多用户路段固定收费下，总的感知时间价值 $V(\mathbf{x}) = \sum_a \sum_i v_i t_a(x_a) x_a^i$ 和系统总广义费用 $\sum_a \sum_i v_i t_a(x_a) x_a^i + \sum_a \sum_i p_a x_a^i$ 的值都是唯一的，并且它们和路段总车流量 x_a 都是路段收费 $\boldsymbol{p}$ 的连续函数。当采用边际社会成本收费(SMC)时，$V(\mathbf{x}) = \widetilde{I}(\mathbf{x})$ 没有可行的下降方向，一般来说是非凸的，变分不等式 $\langle c(\mathbf{x}^*), \mathbf{x}-\mathbf{x}^* \rangle$ 存在多个解。作者在理论上证明了强连通网络中 $V(\mathbf{x})$ 一般是非凸的，并给出了例子。这解决了 Dial[185]提出的问题，也否定了 Yang H. 和 Huang H. J. [194]认为 $V(\mathbf{x})$ 是严格凸的结论。若 $\hat{\mathbf{x}}$ 为多用户 SMC 收费的均衡解，$\hat{\boldsymbol{p}} = (\hat{p}_a) = (p_a(\hat{\mathbf{x}}))$ 为对应的路段收费，则 $\hat{\mathbf{x}}$ 也是多用户路段固定收费费率为 $\boldsymbol{p} = \hat{\boldsymbol{p}}$ 的均衡解；若 $\tilde{\mathbf{x}}$ 为固定收费 $\boldsymbol{p} = \hat{\boldsymbol{p}}$ 的另外一个均衡解，则 $V(\tilde{\mathbf{x}}) = V(\hat{\mathbf{x}})$，即感知时间价值的值是唯一的。SMC 收费可以用固定的路段收费代替，得到近似的 SMC 均衡解，但由于 SMC 收费存在多个均衡解，要找到全局最优解是十分困难的事情。路段固定收费取代 SMC 收费的效果达到什么程度，需要进一步探讨。Leonid Engelson 等[198]对用 FW 算法对三个路网进行了 SMC 收费试验：第一个为只有两个路段的一个 OD 对路网；第二个为经典的 Sioux Falls 网络；第三个是斯德哥尔摩的实际网络。在第一个网络中，由于它的对称性(实际路网很难出现)，初始状态路段流量为 0 开始求解，很快就达到了全局最优和局部最优以外的一个不理想的均衡点。更改初始状态，则可以达到局部最优的均衡解。在第二个网络中则采用 10 种不同的随机初始解进行计算，对最后的结果进行对比，相对误差在 10^{-3} 以内，可以认为局部最优解具有唯一性，这和 Dial[186]的实验结果是吻合的。第三个网络同样采用 10 种不同的随机初始解，用 Frank - Wolfe 算法进行 80 次迭代后，结果和第二个路网类似，说明了实际路网局部最优解的唯一性。Sandholm[199]证明了单类用户在拥挤博弈下均衡解的稳定性。由此，Leonid Engelson 等[198]又将求解的稳定性推广到多用户交通分配，即在一个均衡解的邻域内作为初始解进行求解，会收敛到这个均衡解。作者还证明了如果变分不等式 $\langle c(\mathbf{x}^*), \mathbf{x}-\mathbf{x}^* \rangle$ 的成本函数 $c(\mathbf{x})$ 存在原函数，则所有的多用户稳定均衡解为变分不等式的局部最优解。

以上所述均为确定性多用户交通分配，随着建模技术的提高，多用户随机交通分配模型也得到了发展。如 Yong Zhao 等[200]建立了多用户随机均衡的拥挤收费模型，使用启发式算法，研究了不同 VOT 用户的边际成本定价，并应用 TransCAD 软件基于 MSA 算法，采用试错的方法(Trial-and-Error)进行反复迭代，在美国德克萨斯州奥斯汀大规模网络中得到收敛。此外，还有将多用户多准则分配模型和交通信息相关手段结合的研究，如 Huang H. J. 和 Li Z. C. [201]将连续 VOT 离散化后，用不动点问题构建了在先进的出行者信息系统(ATIS)下的多用户多准则随机交通分配模型，模型还考虑不同路段之间相互影响，并通过 MSA 算法对小型路网进行了算例分析。Michiel Bliemer[202]对交通信息的理解不同的多用户扩展交通分配模型中，并在荷兰的国家路网中得到实际应用。

4.2.2 多模式(Multi-Modal)交通分配

多模式交通分配在形式上可以分解为两种情况：一是若干乘客使用物理大小不同的交通工具在网络上按照最优的路径进行分配(包括货车)，这些交通方式的客流可以通过路段上的车流量和载客率算出，属于间接的客流分配。不同车种对道路拥挤产生的边际贡献可能是不同的(如小汽车和通勤大巴、货车等)，可以用多车种交通分配来描述不同物理形态的车辆路径选择行为。二是描述乘客使用常规公交、轨道交通等运行路径固定，但可以选择不同线路的路径选择行为，属于直接的客流分配。当然，考虑换乘的交通方式还包含了上述两种情况的混合形式。本章研究的是多车种交通分配，主要是指出行者使用不同的交通工具，需要按照道路交通网络中不同的车种进行分类，如小汽车和货车等不同的车种。不同车种具有不同的阻抗函数，具有不同的自由流时间，它们的实际行驶时间是随着不同车种的流量和比重变化的。例如小汽车和货车，在交通状态不拥挤的时候，小汽车的速度一般来说要大于货车，而当交通相当拥挤时，两种车的速度基本接近了。小汽车和公交车的服务水平差异也有类型的性质，但公交车的路段流量和行驶路径是固定的，要研究的是车上的客流情况，属于上述第二种分配形式。路段的货币费用，不同车种也有所不同，例如对小汽车和货车的收费不同，燃油消耗的费用也不同。多模式交通分配模型的建立，可以更好地研究不同出行方式的服务水平，更好地研究人们的出行行为，可以为合理制定各项交通政策提供依据。模型一般要使用变分不等式描述，它的复杂性，特别是解的唯一性，是实际应用的主要障碍。本节主要给出它的概念，并重点在下一节讨论多模式交通分配的阻抗函数，具体的应用和发展情况将在多模式组合模型章节中进行分析。

既有交通规划中常常采用不考虑车种别的交通分配，简化方法是对不同车辆采用不同的换算系数(Passenger Car Equivalence，简称 PCE)，从而使多个用户类的单位交通量对路网的拥挤效应相同。因此，模型的路段总流量解是唯一的，但是分车种的路段流量解（折算 PCU，即 Passenger Car Unit）不唯一，理由很简单，只要一个 OD 对之间存在两条成本相同的路径，对换两条路径的等量不同车种 PCU，对均衡状态不产生影响。Daganzo[203]的随机型多类用户均衡模型中，用到“标准化流量”的概念，实质和折算 PCU 相同。不同车种的路段流量是未知的，例如货车作为 PCU 折算后和小汽车一起进行交通分配，计算结果则不能表达货车在路段上的流量。另外，不同车种在道路上的相互影响在饱和度不同的情况下是不同的，就是说折算系数也是变化的，使用换算系数（PCE）只是一种大概的估算，不能区分不同车种的速度，即不能在多模式交通下区分不同交通拥挤状态下、不同交通方式的服务水平差异。因此，在过去的几十年里，学者们对多模式交通分配模型的研究一直在进行着。Dafermos[204]较早地给出了多模式交通分配模型。Dafermos[205]的变分不等式模型则利用一系列对称交通分配问题去逼近非对称问题，但逼近矩阵的选择是一个大难题。

Nagurney[206]提出了一般化的多用户、多准则、多模式模型，路段的时间和费用都是随着流量变化的，路段具有大小不同的车种，并且时间价值也不同（模型中是使用一个权重系数表示时间和费用产生的负效用的），而且还考虑了路段间的相互影响，并提出了变分不等式模型的修正投影算法（Modified Projection Method）。模型在特殊情况下的唯一解条件是：时间和货币成本的函数只是常数项不同，都随流量单调递增并且路段不相互影响，只考虑同一路段的车种影响。Nagurney 和 Dong[207]进一步探讨了弹性需求下的一般化的多用户、多准则、多模式交通分配模型，结合固定需求下唯一解的特殊情况，给出了弹性需求下的唯一解特殊情况。徐兵[208]在此研究基础上，将模型扩展到固定需求和弹性需求的多用户、多准则随机用户均衡模型，并分别从依时间和依货币成本度量进行建模并求解简单算例，得出的结论是两种度量方法在道路收费下的均衡解是一样的。Li Shengjie 等[209]则在 Nagurney 的基础上研究了多用户多准则交通均衡模型和矢量变分不等式的关系。

Nagurney 和 Dong[207]从准则的数目，即时间与货币成本；准则函数是否与流量有关，路段流量的可分离性（可分离还是一般，Separable or general）；OD 需求的情况，即固定需求（Fixed）还是弹性需求（Elastic）；模型表达与分析运用的数学方法，是一般的最优化问题还是有限维变分不等式或无穷维变分不等式；是否给出了算法以及模型解的特征等方面，对多用户、多准则、多模式交通网络均衡问题进行了分类，如表 4－3 所示。关于多模式交通分配的更多研究，将在第 5 章组合模型中进行分析。

表 4-3 多用户多准则多模式交通分配已有研究概况

作　者	准则	流量和成本的相关性	OD需求类型	模　型	算　法	模型解分析
Dial(1979)	2	无关	固定	凸规划	有	无
Dafermos(1981)	2	相关,可分离函数	分类固定	无穷维变分不等式	有,特殊网络	存在性,特殊情况的唯一性
Leurent(1993a)	2	与出行时间相关,可分离函数	固定或弹性需求,与用户类无关	凸规划	有	存在性,唯一性
Leurent(1993b)	2	与出行时间相关,广义函数	固定或弹性需求,与用户类无关	有限维变分不等式	有	有
Marcotte 等(1994,1996)	2	相关,广义函数	固定,与用户类有关	无穷维变分不等式	有	有
Leurent(1996)	2	与出行时间相关,广义函数	弹性需求,与用户类无关	有限维变分不等式	有,仅针对优化情况	存在性,唯一性
Dial(1996)	2	相关,可分离函数	固定,与用户类有关	凸规划、有限维、无穷维变分不等式	有,特殊网络	有
Marcotte, Zhu(1997)	2	相关,广义函数	固定,与用户类有关	无穷维变分不等式	有	存在性,特殊情况的唯一性
Marcotte(1998)	2	相关,广义函数	固定,与用户类有关	有限维变分不等式	有	存在性
Dial(1999)	2	相关,可分离函数	固定,与用户类有关	凸规划、有限维、无穷维变分不等式	无	有
Nagurney (2000, 2002)[207]	2	相关,广义函数	固定或弹性需求,与用户类有关	有限维变分不等式	有	存在性,特殊情况的唯一性

来源：根据 Nagurney 和 Dong[207]和徐兵[208]等文献整理

4.2.3　路段成本的非可加性分析

一般来说，路径走行时间是路段走行时间之和，而费用则不一定满足这个特点。如果出行的费用按照路段费用和进行计算，称为可加性(Link-addictive)。如一些高速公路对汽车实行进出口收费制度：出入口收费是按照出入口路段累加的。但是也有一些高速公路收费情况和出入口的路段没有求和关系，又如轨道交通对乘客的收费可以是按不同站之间来计算费用，但两站的票价不一定等于两站之间相邻站票价之和。这种对路径定价不是路段定价求和的费用称为非可加性(Non-addictive)。

Anthony Chen 等[210]用非线性互补问题求解了弹性需求下非线性广义出行成本的用户均衡模型，其双准则最短路径的采用了多维标记法(Multi-Label)，即同时标记时间和费用。Larsson 等[211]分别从依时间度量和依货币费用度量分析了双准则交通分配模型，提出了非可加性路径费用模型：

$$c_k^{rs} = \sum_a t_a \delta_{a,k}^{rs} + v_k^{rs}(p_k^{rs}) \tag{4-24}$$

其中需要说明的是 $v_k^{rs}(\cdot)$ 为 OD 对 rs 间路径 k 的费用转换为时间的函数，可以为非线性，更加一般化了。等价的最优化问题为：

$$\min Z[\mathbf{x}(\mathbf{f})] = \sum_a \int_0^{x_a} t_a(w)\mathrm{d}w + \sum_{r,s,k} f_k^{rs} v_k^{rs}(p_k^{rs}) \tag{4-25}$$

由于目标函数中的第二项是关于路径的费用，均衡分配时路径列举必不可少。作者结合最短路的多维标记法(Multi-Label)进行路径生成，使用集计和非集计单纯形分解方法(Disaggregate/Aggregate Simplicial Decomposition)进行了求解。作者证明了当时间和费用的关系为非线性时，依时间度量和依货币费用度量的用户均衡结果是不同的。

Yang 等[212]提出了路段别收费制度的最优化交通分配模型：

$$\min Z[\mathbf{x}(\mathbf{f})] = \sum_a \int_0^{x_a} t_a(w)\mathrm{d}w + \frac{1}{v}\sum_{i,j} p_{ij} X_{ij} \tag{4-26a}$$

$$\text{s.t.}\ X_{ij} = \sum_{r,s,k} \delta_{ij,k}^{rs} f_k^{rs} \tag{4-26b}$$

及式(4-3b)，式(4-3c)，式(4-3d)

其中 X_{ij} 为收费闸口对 ij 之间的交通量，p_{ij} 为闸口对 ij 之间的费用，路径 k 经过闸口对 ij 时，$\delta^{rs}_{ij,k}$ 为 1，否则为 0。此外，易昆南等[213]利用变分不等式方法研究了非可加路径费用的交通网络平衡问题，给出了与平衡条件等价的变分不等式模型，它包含了可加路径费用的网络平衡模型，讨论了模型解的存在性和唯一性条件。P. Rhoda 等[214]则发现非可加性交通分配问题可以表述为一个单调混合互补问题(Monotone Mixed Complementarity Problem)。

4.2.4 交通分配模型的政策评价适用性分析

交通分配模型从最初的 Beckmann 变换式发展至今，在各个方面都得到了扩展和改进，应用的数学工具也从原有的凸规划(Convex Programming，简称 CP)扩展到非线性互补问题(Non-linear Complementarity Problem，简称 NCP)、变分不等式(Variational Inequality，简称 VI)和不动点问题(Fixed Point Problem，简称 FP)。在这些模型取得进步的同时，笔者要强调的是政策评价模型构建的几个原则：一是在理论层面上，模型能够更加准确地描述符合实际的交通行为；二是在实际操作层面上，能够应用于大规模城市综合交通网络，在计算上可行；三是在政策评价应用层面上，能够胜任更多的 TDM 政策评价，描述的 TDM 政策为实际可行并得到应用。本书的政策评价模型构建是基于既有模型发展的发展前沿，在综合考虑上述原则的基础上进行的，因此有必要对既有模型进行系统性的分析。

本节将本书提出的 TDM 政策评价三个关键问题和交通分配理论结合进行了研究。从多用户、多准则角度，分析 TDM 政策对出行时间、货币费用等广义成本调控后不同出行者的交通行为变化。多用户、多准则交通分配模型分为时间价值连续分布和离散分布两大类。时间价值连续分布的交通分配模型的构建和求解相当复杂，虽然有的模型在大型网络得到了应用，并且在理论上能够保证解的唯一性，但讨论的多为同一车种及一种交通方式。研究多车种及和四阶段组合模型相结合的时间价值连续分布交通分配模型是一项艰巨的工作。也就是说目前还难以考虑多种交通方式之间的相互影响，比较适用于只考虑车辆在空间上转移的拥挤收费政策研究，不适用于多模式交通系统下的政策评价。相对而言，时间价值离散分布的多用户多准则模型更容易扩展到多车种交通分配模型，在大规模网络的中的计算也相对简单。不仅如此，它还能和交通方式划分、交通分布和交通产生等模型共同构建组合模型，从而可在多模式交通体系下分析政策的调控作用，评价的 TDM 政策范围也进一步扩大。但模型具有按时间价值分类的车辆路段流量解不唯一而路段总流量解唯一的特性，这可以解释为个体解的不稳定性和状态解的稳定性，这种稳定性是需要在大规模实际网络进行测试的。结合第 2 章关于拥挤收费的研究综述，边际收费特别是多用户边际收费在理论上和实际应用上都难以实现，因此本书讨论的将是路段的固定收费政策。在建模当中，出行者的货币费用是影响出行行为的一个重要因素，公交车和轨道的票价等费用具有非可加性，需要进行适当简化处理避免大规模网络的路径列举。

多模式(多车种)交通分配模型能够反映不用拥挤状态下不同交通方式的服务水平差异，从而可以反映包括考虑换乘的不同交通方式之间的相互影响，以更好地评价 TDM 政策。多种物理大小不同的车辆的交通分配模型核心问题是非对称影响造成的解的唯一性问题，和多车种的路段阻抗函数密切相关，因此需要结合交通分配模型，对路段阻抗函数及相应的参数进行深入的研究。

4.3　多模式交通分配模型路段阻抗函数及其基于仿真的参数标定研究

4.3.1　多模式交通分配路段阻抗函数分析

在多模式交通分配模型中，研究既符合实际交通流状态，体现不同车种(交通方式)在不同交通拥挤状态下的服务水平差异，又满足多模式交通分配模型解唯一性的阻抗函数是非常重要的。本节就这两个主要问题展开分析。

路段阻抗函数的形式有很多种类，单一车种的常用函数式为美国联邦公路局建议的 BPR(Bureau of Public Roads)函数：

$$t_a(x_a) = t_a^0[1 + \alpha\,(x_a/C_a)^\beta] \tag{4-27}$$

其中 t_a^0 为自由走行时间，x_a 为车流量，C_a 为路段的实际通行能力，α、β 为参数，通常取 $\alpha = 0.15$，$\beta = 4$。

BPR 函数的交通流量有可能超过实际通行能力，因此 Davison 建议的阻抗函数为：

$$t_a(x_a) = t_a^0\{1 + J[x_a/(C_a - x_a)]\} \tag{4-28}$$

其中 J 为模型的曲率参数。

在国内的交通规划中，一般采用的广义 BPR 函数形式是将不同车种直接转化为同一种标准车（PCE_m 为车种 m 的换算系数）：

$$t_a^m(\mathbf{x}_a) = t_a^{m,0}\left[1+\alpha_m\left(\sum_m PCE_m x_a^m/C_a\right)^{\beta_m}\right] \tag{4-29}$$

这种函数和折算 PCU 方法稍有区别，因为它虽然进行了折算，但给出了不同车种的不同走行时间。另外一种广义 BPR 阻抗函数：

$$t_a^m(\mathbf{x}_a) = t_a^{m,0}\left[1+\sum_m \alpha_m\left(x_a^m/C_a\right)^{\beta_m}\right] \tag{4-30}$$

其中 α_m，β_m 为回归参数，和一般 BPR 函数中的 α 和 β 类似。刘安[215]对这种阻抗函数给出了以下分析：考虑车种 i 对车种 j 的影响（$i \neq j$）：

$$\frac{\partial t_a^j(\mathbf{x}_a)}{\partial x_a^i} = \alpha_i \beta_i t_a^{i,0}\frac{(x_a^i)^{\beta_i-1}}{C_a^{\beta_i}} \tag{4-31}$$

可知车种 i 对 j 的影响只取决于车种 i 的流量，而于车种 j 的流量无关，不符合实际情况。因此他认为使用以下函数形式更加恰当：

$$t_a^m(\mathbf{x}_a) = t_a^{m,0}\prod_m\left[1+\alpha_m\left(x_a^m/C_a\right)^{\beta_m}\right] \tag{4-32}$$

早在 1992 年，由同济大学杨佩昆[216]教授组织的“交通分配中路阻函数研究”课题，应用无锡市的实测数据，结合我国混合交通的特点，按照道路断面的不同形式，对上述形式的路段阻抗函数进行了非线性拟合，限于当时交通模型发展的水平，该研究没有将交通分配模型，特别是多车种交通分配模型联系起来。此后，东南大学的尹红亮[217]也对此类函数应用大量实测数据进行了参数标定。

各车种是否具有合理的路段阻抗函数，不仅决定多模式交通均衡问题的可解性，也关系到交通流状态是否符合现实。各类物理特性不同的车辆在同一路段上行驶时，它们之间存在速度差，并且这些速度差随着路段车流饱和度的增加而减少。当车流量趋近路段通行能力时，各类车辆的速度会趋于一致。一般可以对各类车辆在某一路段上的平均车速排序，且该次序不会随车流饱和度的变化而变动。然而，常用的成本函数无法反映这些特点。很容易证明，使用 BPR 函数时两类车辆时间比随饱和度的增加而趋于一个常数，而不是 1，并且该常数值取决于 BPR 函数的参数大小。例如设路段 a 的两类车的走行时间分别为：

$$t_a^1(\mathbf{x}_a) = 3[1 + 0.15\,((x_a^1 + 2x_a^2)/500)^4] \tag{4-33a}$$

$$t_a^2(\mathbf{x}_a) = 4[1 + 0.25\,((x_a^1 + 2x_a^2)/500)^4] \tag{4-33b}$$

容易证明两类车的走行时间比在流量趋于无穷时为 0.45。

通过二次方程阻抗函数(如 Dafermos[204])算出的时间比，在流量饱和区会随各类车辆量比例的变化大幅变动，甚至车速次序有可能改变，即慢车超过快车。例如设路段 a 的两类车的走行时间分别为：

$$t_a^1(\mathbf{x}_a) = 2\,(x_a^1)^2 + x_a^1 x_a^2 + 1\,500 x_a^1 \tag{4-34a}$$

$$t_a^1(\mathbf{x}_a) = 4\,(x_a^2)^2 + x_a^1 x_a^2 + 1\,700 x_a^2 \tag{4-34b}$$

当两类车的流量分别为 1 000 和 250 时，$t_a^1(\mathbf{x}_a)/t_a^2(\mathbf{x}_a) = 2.59$，当两类车的流量分别为 1 200 和 50 时，$t_a^1(\mathbf{x}_a)/t_a^2(\mathbf{x}_a) = 21.55$，变化幅度很大。

关于车速次序变化，举例如下。设一个 OD 对的路网，有两条相同平行路段组成。设两类车的阻抗函数分别为：$t_a^1(\mathbf{x}_a) = 5x_a^1 + 2x_a^2 + 500$ 和 $t_a^2(\mathbf{x}_a) = x_a^1 + 4x_a^2 + 200$。当两类车需求量分别为 50 和 300 时的均衡解为：

$$\mathbf{x}^* = \begin{pmatrix} 25 & 25 \\ 150 & 150 \end{pmatrix} \tag{4-35}$$

两类车的走行时间关系为 $t_a^1 = 1.12 t_a^2$。当两类车需求量分别为 50 和 500 时的均衡解为：

$$\mathbf{x}^* = \begin{pmatrix} 25 & 25 \\ 250 & 250 \end{pmatrix} \tag{4-36}$$

两类车的走行时间关系为 $t_a^1(\mathbf{x}_a) = 0.92 t_a^2(\mathbf{x}_a)$。可见在车种不同组成情况下，有的阻抗函数会使快慢车的车速次序会发生变化，不符合实际。图 4-4 为法国巴黎 A86 公路小汽车和卡车在不同时段的速度差实证数据，可以看出在拥挤状况下两种车的速度基本相同，即路段走行时间比接近于 1。

为使阻抗函数的计算结果符合实际情况，Toint 和 Wynter[218] 提出在定义多类成本函数时应遵循的三个限制条件：① 总流量为 0 时各类车的旅行时间为各自的自由走行时间；② 总流量趋于极限容量时各类车的走行时间趋于一致；③ 在任何流量时各类车间走行时间的排序不变；④ 走行时间向量的一阶导数行列式不为 0。对于式(4-37)：

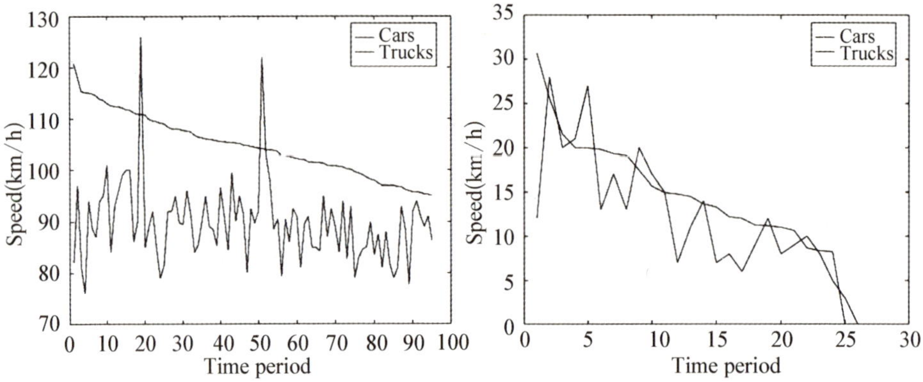

图 4-4　巴黎 A86 公路小汽车和卡车在非拥挤和拥挤情况下的速度差[218]

$$t_a^m(0) = t_a^{m,0} \qquad \forall m, a \tag{4-37a}$$

$$\mathbf{x}_a \to c_a \Rightarrow t_a^i(\mathbf{x}_a)/t_a^j(\mathbf{x}_a) \to 1 \qquad \forall i, j \in M \tag{4-37b}$$

$$t_a^1(\mathbf{x}_a) \leqslant t_a^2(\mathbf{x}_a) \leqslant \cdots \leqslant t_a^m(\mathbf{x}_a) \leqslant \cdots \leqslant t_a^{|M|}(\mathbf{x}_a) \qquad \forall m, \forall \mathbf{x} \tag{4-37c}$$

$$\det[\nabla t(\mathbf{x})] \neq 0 \tag{4-37d}$$

对应的路段阻抗函数由三项组成：

$$t_a^m(x_a^1, x_a^2, \cdots, x_a^M) = t_a^{m,0} + J(x) + S^m(x_a^1, x_a^2, \cdots, x_a^M) \tag{4-38}$$

其中 $t_a^{i,0}$ 为 m 类车的自由走行时间，$J(x)$ 用以满足第二个条件，它在解决通行能力时必须压倒第三项，第三项 $S^m(x_a^1, x_a^2, \cdots, x_a^M)$ 代表各类车流量对第 m 类车的时间影响。例如：

$$t_a^m = b_a^m\left[1 + \eta/(c_a - \sum_m \beta_m x_a^m) + \sum_m d_a^m x_a^m\right] \tag{4-39}$$

其中 c_a 为通行能力，β_m 为车辆换算系数，b_a^m，η 和 d_a^m 为参数，且 $b_a^m(1 + \eta/c_a) = t_a^{m,0}$。

为了简化问题，许多交通需求预测模型中的车辆换算系数(PCE)多为常量，实际情况则不是这样，PCE 会随着路段的物理状况和车流状况而改变。同时也受到车种混合比的影响，如史志法[219]研究了不同饱和度和不同货车混入率对道路交通的影响。Cohan 和 Liger[220]指出到达流量饱和点前，卡车 PCE 随其流量占总流量百分比的改变而改变。

SCAG[221]的模型中使用式(4-40)计算轻型、中型和重型卡车的 PCE 值：

$$\beta_a^m = \alpha_a^m(p_a^m,\ l_a,\ g_a) \times \gamma_a^m(vc_a,\ p_a^m) \tag{4-40}$$

其中 α_a^m 和 γ_a^m 为查表所得的 PCE 初值和修正值，由实际数据回归得出，$p_a^m = x_a^m / \sum_{m' \in M} x_a^{m'}$ 为 m 类车在路段 a 的百分比，l_a 为路段长度，g_a 路段坡度，$vc_a = v_a / C_a$ 为饱和度。在该模型中，PCE 系数初值随着该类车流百分比的增加而减少，随路段的长度和坡度的增加而增加。调整值随车辆百分比的增加而增加，在饱和度等于 1 前随饱和度的增加而增加，而后呈小幅波动。Wu Jiahao 等[222]根据 SCAG 的实际标定参数，构建了三类客车和三类货车的非对称交通分配变分不等式模型，并用基于线性规划分解的 MSA 算法在 EMME/2 中实现。Yolanda Noriega 等[223]又用非线性变分不等式构建了多模式非对称性交通分配模型，共分为小汽车、中型卡车和大卡车三类，分别使用 MSA、Jacobian 和 Gauss - Seidel 算法在温尼伯湖（Winnipeg）和蒙特利尔（Montreal）进行了实际应用，还使用了包括后勤函数的不同路段阻抗函数。计算结果表明 Jacobian 方法的收敛速度较慢，在交通拥挤比较严重的时候则无法收敛。相对而言，MSA 算法的收敛速度最快。

多模式交通均衡多用变分不等式描述，车种的旅行成本受到除本车种流量外其他车种流量的影响，比如 M 种车在路段 a 上的广义成本可以表示为：

$$c_a^m = c_a^m[t_a^m(x_a^1,\ x_a^2,\ \cdots,\ x_a^m)] \tag{4-41}$$

其中 x_a^m 和 t_a^m 分别表示车种 m 在路段 a 上的流量和旅行时间。一般情况下，各车种相互之间的影响是不对称的（Asymmetric），即：

$$\frac{\partial c_a^i}{\partial x_a^j} \neq \frac{\partial c_a^j}{\partial x_a^i},\ (i \neq j) \tag{4-42}$$

例如，路段上小汽车和大巴的相互影响，小汽车与卡车的相互影响都是不对称的。下面，以两种车的非对称交通分配问题来讨论不同路段阻抗函数下模型解的唯一性。设小汽车和大巴之间相互影响，不考虑不同路段间的影响，则走行时间的 Jacobian 矩阵为：

$$\nabla t(\mathbf{x}) = \begin{bmatrix} \nabla_1^{\text{car, bus}} & 0 & \cdots & \cdots & 0 \\ \cdots & \cdots & \cdots & \cdots & \cdots \\ 0 & \cdots & \nabla_a^{\text{car, bus}} & \cdots & 0 \\ \cdots & \cdots & \cdots & \cdots & \cdots \\ 0 & \cdots & \cdots & 0 & \nabla_A^{\text{car, bus}} \end{bmatrix} \tag{4-43}$$

其中 $\nabla_a^{car,\, bus}=\begin{bmatrix}\dfrac{\partial t_{car}}{\partial x_{car}} & \dfrac{\partial t_{car}}{\partial x_{bus}}\\ \dfrac{\partial t_{bus}}{\partial x_{car}} & \dfrac{\partial t_{bus}}{\partial x_{bus}}\end{bmatrix}$。容易发现,若 $\nabla_a^{car,\, bus}$ 正定,则 $\nabla t(x)$ 也正定(3 种及以上的车辆情形下也是如此)。$\nabla_a^{car,\, bus}$ 正定的条件是对于任意向量 $\mathbf{y}$ 都有:$\mathbf{y}^{T}\cdot\nabla_a^{car,\, bus}\cdot\mathbf{y}>0$。即要满足:

$$\frac{\partial t_{car}}{\partial x_{car}}\cdot\frac{\partial t_{bus}}{\partial x_{bus}}>\frac{\partial t_{car}}{\partial x_{bus}}\cdot\frac{\partial t_{bus}}{\partial x_{car}} \tag{4-44}$$

很容易证明,若是按照车辆折算系数的广义 BPR 函数,则

$$\frac{\partial t_{car}}{\partial x_{car}}\cdot\frac{\partial t_{bus}}{\partial x_{bus}}-\frac{\partial t_{car}}{\partial x_{bus}}\cdot\frac{\partial t_{bus}}{\partial x_{car}}=0 \tag{4-45}$$

此时 $\nabla_a^{car,\, bus}$ 为奇异矩阵,车种间相互影响的交通分配问题使用这种路抗函数的解不唯一,即利用简单折算系数计算的路抗函数的多车种交通分配问题的解是不唯一的。同样,将 $\nabla_a^{car,\, bus}$ 推广至三种车 $\nabla_a^{car,\, bus,\, HGV}$,仍然可以证明 $|\nabla_a^{car,\, bus,\, HGV}|=0$。不过,解不唯一并不一定说明实际路网求解过程中算法不能收敛,金子雄一郎[281]使用这种路段阻抗函数,对小汽车,中型货车和大型货车用对角化算法对曼谷都市圈实际网络进行交通分配,发现还是能够收敛的。

通常情况下,路段阻抗函数为各车种特有时(即用 t_a^m 表示而不是用 t_a),各车种之间的非对称性影响会使多车种均衡问题的路段成本函数失去单调性(Monotonicity),从而使包括常用的对角化(Diagonalization Method)在内的大多数算法无法收敛,或收敛于非均衡点,给求解带来困难。Ahn 和 Hogan[224]的文章显示,要获得多类用户均衡的局部收敛,其成本需要满足两个条件:① 阻抗函数在均衡解附近可微(Differentiable);② Jacobian 矩阵具有对角优势,即对角线上各点值在行与列方向上均为最大。换句话说,同类用户之间的影响必须比不同类用户间的影响大得多,这一点在实践中很难保证。为解决这一难题,Wynter[225]、Marcotte[226]采用 Cohn 和 Chaplais[227]的函数多级单调性(Nested Monotonicity)概念,假设各类用户间的相互影响具有等级性,然后按其成本函数划分出等级,如果各类成本函数按级推算符合多级单调性,则可用混合下降法(Mixed Descent Method)求出其唯一解。这个方法没有完全的通用性,但在各类用户的成本函数结构类似的情况下,比较容易检测是否符合多级单调性,具有一定的实用性。

伊藤慎兵[228]用投影算法计算了名古屋多车种多时段随机均衡分配变分不等式模型。其中提出了两种多车种路段阻抗函数，并根据名古屋的实测交通数据进行了参数回归，其中大车的旅行速度是根据小车而假定的。第一种假设大车的换算系数为 1，这种路抗函数 $\nabla_a^{\text{car, bus}}$ 仍然为奇异矩阵。

$$t_a^{\text{car}}(\mathbf{x}_a)=t_a^{\text{car},0}\left[1+\alpha_{\text{car}}\left(\frac{x_a^{\text{car}}+x_a^{\text{bus}}}{C_a}\right)^{\beta_{\text{car}}}\right] \tag{4-46a}$$

$$t_a^{\text{bus}}(\mathbf{x}_a)=t_a^{\text{bus},0}\left[1+\alpha_{\text{bus}}\left(\frac{x_a^{\text{car}}+x_a^{\text{bus}}}{C_a}\right)^{\beta_{\text{bus}}}\right] \tag{4-46b}$$

第二种路段阻抗函数和式(4－29)的相异之处是不同车种的函数中大车和小车的换算系数是不同的：

$$t_a^{\text{car}}(\mathbf{x}_a)=t_a^{\text{car},0}\left[1+\alpha_{\text{car}}\left(\frac{x_a^{\text{car}}+\gamma_{\text{car}}x_a^{\text{bus}}}{C_a}\right)^{\beta_{\text{car}}}\right] \tag{4-47a}$$

$$t_a^{\text{bus}}(\mathbf{x}_a)=t_a^{\text{bus},0}\left[1+\alpha_{\text{bus}}\left(\frac{x_a^{\text{car}}+\gamma_{\text{bus}}x_a^{\text{bus}}}{C_a}\right)^{\beta_{\text{bus}}}\right] \tag{4-47b}$$

伊藤慎兵[228]没有讨论这种路段函数唯一解的参数条件，由 $\nabla_a^{\text{car, bus}}$ 正定容易推出需要满足的条件是 $\gamma_{\text{bus}}>\gamma_{\text{car}}$。根据实测数据的参数标定结果，大小车之间的换算系数大小关系如下：都市间高速公路和都市高速公路的大小车换算系数相等，平地 2 车道城市道路则反而是小车的换算系数 γ_{car} 大，山地 2 车道、4 车道和 6 车道及以上的城市道路三种城市道路大车换算系数略大于小车。可见唯一解条件并不能很好地满足。

在金森亮[229]的名古屋市的多车种(小汽车和货车)随机用户均衡分配模型中，给出了如下路段阻抗函数：

$$\begin{aligned}t_a^{\text{car}}(\mathbf{x}_a)&=t_a^{\text{car},0}\left[1+\alpha_{\text{car1}}\left(\frac{x_a^{\text{car}}}{C_a^{\text{car}}}\right)^{\beta_{\text{car1}}}+\alpha_{\text{car2}}\left(\frac{\eta_{\text{HGV}}x_a^{\text{HGV}}}{C_a^{\text{car}}}\right)^{\beta_{\text{car2}}}\right]\\&=t_a^{\text{car},0}\left\{1+\alpha_{\text{car}}\left[\left(\frac{x_a^{\text{car}}}{C_a^{\text{car}}}\right)^{\beta_{\text{car}}}+\gamma_{\text{car}}\left(\frac{x_a^{\text{HGV}}}{C_a^{\text{car}}}\right)^{\beta_{\text{car}}}\right]\right\}\end{aligned} \tag{4-48a}$$

$$\begin{aligned}t_a^{\text{HGV}}(\mathbf{x}_a)&=t_a^{\text{HGV},0}\left[1+\alpha_{\text{HGV1}}\left(\frac{x_a^{\text{HGV}}}{C_a^{\text{HGV}}}\right)^{\beta_{\text{HGV1}}}+\alpha_{\text{HGV2}}\left(\frac{\eta_{\text{car}}x_a^{\text{car}}}{C_a^{\text{HGV}}}\right)^{\beta_{\text{HGV2}}}\right]\\&=t_a^{\text{HGV},0}\left\{1+\alpha_{\text{HGV}}\left[\left(\frac{x_a^{\text{HGV}}}{C_a^{\text{HGV}}}\right)^{\beta_{\text{HGV}}}+\gamma_{\text{HGV}}\left(\frac{x_a^{\text{car}}}{C_a^{\text{HGV}}}\right)^{\beta_{\text{HGV}}}\right]\right\}\end{aligned} \tag{4-48b}$$

其中 C_a^{HGV} 表示单位时间内路段 a 卡车的通行能力，表示的是一种车辆下的通行能力，可以采用固定的折算系数来反映它与小汽车通行能力的关系。根据Jacobian 矩阵正定需要的条件，可知：

$$\frac{\partial t_{\mathrm{car}}}{\partial x_{\mathrm{car}}}\cdot\frac{\partial t_{\mathrm{HGV}}}{\partial x_{\mathrm{HGV}}}>\frac{\partial t_{\mathrm{car}}}{\partial x_{\mathrm{HGV}}}\cdot\frac{\partial t_{\mathrm{HGV}}}{\partial x_{\mathrm{car}}}\Rightarrow(x_a^{\mathrm{car}})^{\beta_{\mathrm{car}}}\cdot(x_a^{\mathrm{HGV}})^{\beta_{\mathrm{HGV}}}>\gamma_{\mathrm{car}}\cdot\gamma_{\mathrm{HGV}}(x_a^{\mathrm{car}})^{\beta_{\mathrm{HGV}}}\cdot(x_a^{\mathrm{HGV}})^{\beta_{\mathrm{car}}}\tag{4-49}$$

要达到上式条件，参数取值会受到一定的限制：

(1) 当 x_a^{car} 和 x_a^{HGV} 任意一个为 0 时，上式自动成立；

(2) 当 $\beta_{\mathrm{car}}=\beta_{\mathrm{HGV}}$ 并且 $x_a^{\mathrm{car}}=x_a^{\mathrm{HGV}}\geqslant 1$ 时，应满足：$0<\gamma_{\mathrm{car}}\cdot\gamma_{\mathrm{HGV}}<1$；

(3) 当 $\beta_{\mathrm{car}}>\beta_{\mathrm{HGV}}$，$x_a^{\mathrm{car}}>x_a^{\mathrm{HGV}}\geqslant 1$ 时，应满足：$0<\gamma_{\mathrm{car}}\cdot\gamma_{\mathrm{HGV}}{}^{\frac{1}{\beta_{\mathrm{car}}-\beta_{\mathrm{HGV}}}}<1<\frac{x_a^{\mathrm{car}}}{x_a^{\mathrm{HGV}}}$；

(4) 当 $\beta_{\mathrm{car}}>\beta_{\mathrm{HGV}}$，$x_a^{\mathrm{HGV}}>x_a^{\mathrm{car}}\geqslant 1$ 时，应满足：$0<\gamma_{\mathrm{car}}\cdot\gamma_{\mathrm{HGV}}{}^{\frac{1}{\beta_{\mathrm{car}}-\beta_{\mathrm{HGV}}}}\leqslant\frac{x_a^{\mathrm{car}}}{x_a^{\mathrm{HGV}}}<1$；

(5) 当 $\beta_{\mathrm{HGV}}>\beta_{\mathrm{car}}$，$x_a^{\mathrm{car}}>x_a^{\mathrm{HGV}}\geqslant 1$ 时，应满足：$0<\gamma_{\mathrm{car}}\cdot\gamma_{\mathrm{HGV}}{}^{\frac{1}{\beta_{\mathrm{HGV}}-\beta_{\mathrm{car}}}}\leqslant\frac{x_a^{\mathrm{HGV}}}{x_a^{\mathrm{car}}}<1$；

(6) 当 $\beta_{\mathrm{HGV}}>\beta_{\mathrm{car}}$，$x_a^{\mathrm{HGV}}>x_a^{\mathrm{car}}\geqslant 1$ 时，应满足：$0<\gamma_{\mathrm{car}}\cdot\gamma_{\mathrm{HGV}}{}^{\frac{1}{\beta_{\mathrm{HGV}}-\beta_{\mathrm{car}}}}<1<\frac{x_a^{\mathrm{HGV}}}{x_a^{\mathrm{car}}}$。

综合上述条件，得到 $\nabla_a^{\mathrm{car,\,HGV}}$ 正定的条件为：

$$0<\gamma_{\mathrm{car}}\cdot\gamma_{\mathrm{HGV}}<1 \text{ 和 } 0<\gamma_{\mathrm{car}}\cdot\gamma_{\mathrm{HGV}}{}^{\frac{1}{|\beta_{\mathrm{car}}-\beta_{\mathrm{HGV}}|}}<1\tag{4-50a}$$

进一步分析可知，当 $0<\gamma_{\mathrm{car}}\cdot\gamma_{\mathrm{HGV}}<1$ 满足时，$0<\gamma_{\mathrm{car}}\cdot\gamma_{\mathrm{HGV}}{}^{\frac{1}{|\beta_{\mathrm{car}}-\beta_{\mathrm{HGV}}|}}<1$ 肯定满足，若前者不满足，则 $\gamma_{\mathrm{car}}\cdot\gamma_{\mathrm{HGV}}{}^{\frac{1}{|\beta_{\mathrm{car}}-\beta_{\mathrm{HGV}}|}}>1$，故以上推论可知需要满足的最终条件是：

$$0<\gamma_{\mathrm{car}}\cdot\gamma_{\mathrm{HGV}}<1\tag{4-50b}$$

金森亮[229]也对路段阻抗函数的参数进行了标定，参数值基本能满足解唯一的条件。但实际数据中，卡车的旅行时间都是假设的，和伊藤慎兵[228]的方法一样，都是基于小车的折减，并不能反映不同大小车辆混合情况下和不同饱和度下的速度差。另外，假设的车速是否符合实际也是值得怀疑的。

4.3.2　基于 VISSIM 仿真的多用户交通分配路段阻抗函数参数标定

在实际工作中，要得到不同车种的平均行程时间并不容易，例如感应线圈可以检测出不同大小车辆的交通量，但测到的速度只是时间平均速度而不是空间平均速度，不利于考察路段的车辆的行驶时间。因此，为了更好地研究不同车辆在不同混合比和拥挤状态下的速度差情况，体现多模式交通中不同交通方式在不同交通拥挤状态下的服务水平，笔者采用德国 PTV 公司的 VISSIM 微观仿真软件对金森亮[229]提出的路抗函数进行实验。

对交叉口延误在交通分配中的影响问题，现在学术界存在两种带有分歧性的观点。一种观点认为路段阻抗函数本身就考虑了交叉口的阻抗，如 Y. Sheffi[145]认为按照微观交通流的“流—密—速”二次曲线特征，基本路段走行时间是不可能随着交通流量的增加而单调递增的，之所以交通分配的路段阻抗函数单调递增是因为交叉口延误随着交通流量的增加而大幅度增加，两种延误叠加后形成了诸如 BPR 函数之类的单调递增函数。另外一种观点认为研究交叉口延误非常重要，因此出现了交叉口节点虚拟变换、不改变网络拓扑的转向延误等一系列研究方向。在转向延误的交通分配模型中，而基本路段的阻抗仍然采用 BPR 之类的函数。相比第一种观点，似乎多算了交叉口延误，按照第二种观点，基本路段的阻抗应该不包括交叉口延误，因此应该讨论其严格单调性。另外，也有人将 BPR 函数超过通行能力那部分曲线称为“路段的需求交通量而非实际交通量”，它是“微观交通流模型中阻塞状态下半段曲线相对于通行能力的对称化近似处理”。这些观点都有各自的道理，原因是微观交通流理论和宏观交通流问题结合时，同时满足两者的理论假设恐怕很难，必须要有所取舍。一种考虑交叉口影响的简单方法是设置一个车辆自由走行时间折减系数，此折减系数取决于车辆路径的单位路网长度的所含有交叉口数目。

考虑到交叉口转向延误在交通分配模型中计算的复杂性，本次仿真没有研究交叉口的延误时间，而是研究基本路段小汽车和大型货车之间的非对称影响，拟合多模式交通的路段阻抗函数。仿真实验按照 VISSIM 软件中快速路、主干道和次干道的属性，在不同车道数的情况下进行了研究，道路通行能力按照《城市道路设计规范》(CJJ 37—90)确定。仿真过程中设置了5种货车混入率和8种不同拥挤状态的交通量,总共进行了336次试验,并消除仿真模拟的初始化因素。仿真实验工作的基本情况如表4-4所示。

表4-4 基于VISSIM仿真的多模式路段阻抗函数研究试验概况

道路类型	单向车道数	车种比例 货车与小汽车	道路交通量和饱和度	自由速度(km/h) CAR	自由速度(km/h) HGV	仿真次数	单次仿真时间
快速路	4,3,2	货车混入率5%~50%,共6种比例	拥挤和非拥挤8种状态	80	50	144	1 h
主干道	4,3,2			50	30	144	
次干道	2			40	20	48	

仿真输出的初步结果是所有模拟车辆分车种的非集计行程时间,即每个车辆都有其行程时间。根据不同车道数和道路类型将其分类处理和合并,对不同车道数下不同货车混入率的小汽车和货车的车速计算平均值。然后对同一车道数的不同货车混入率和饱和度的各车种平均速度合并成一组数据,再进行多元非线性回归标定不同车种的路段阻抗函数参数。从而得出不同道路类型及不同车道数下两种车辆的走行时间特征。

图4-5、图4-6和图4-7则表现了不同小汽车和货车的车速关系。以图4-5为例,共有三组曲线,每组曲线分别表示单向为4车道、3车道和2车道的情形。根据货车的不同混入率,又分为6大组数据,用竖的虚线隔开。在一大组货车混入率数据中,又分为8小组交通流量不同情况的数据,从大到小排列。图中横坐标表示了实验编号,纵坐标表示了不同车种的走行时间。混合的多车种交通呈现了三个明显的特征:

(1) 在同一货车混入率下,交通流量越大,两种车的走行时间越接近,联系实际就是当交通状态十分拥挤时,各种车辆的速度基本接近,公交车和小汽车、出租车也是同样的道理,只是公交车的线路是固定的,但车速仍然受到自身固定流量和其他车种变动流量的影响。因此在不同拥挤程度下不同交通方式的服务水平差异是不同的,综合交通系统在TDM政策的扰动下,会转向新的均衡,需要一个可行的模型来描述这种系统性的变化。

(2) 在同样的交通量下,货车混入的比重越大,两种车的走行时间越接近。这就是说,大车比例较高时,会对路段产生瓶颈效应,影响小车的速度。同样道理,设想道路上增开了很多公交车,小汽车的服务水平一般来说会下降,从而使得人们使用公共交通的发展进入良性循环。

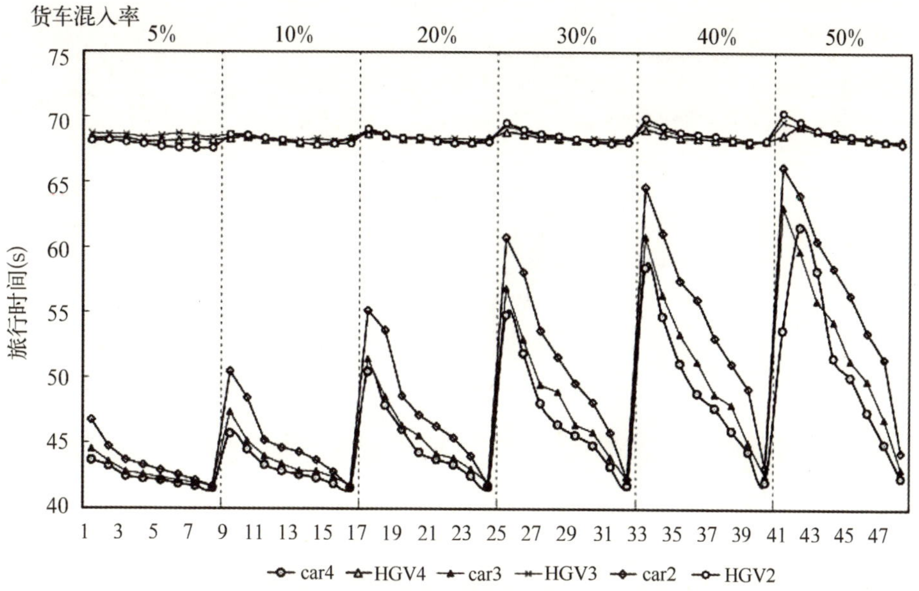

图 4－5　不同车道数的快速路在不同货车混入率下与小汽车的行驶时间差

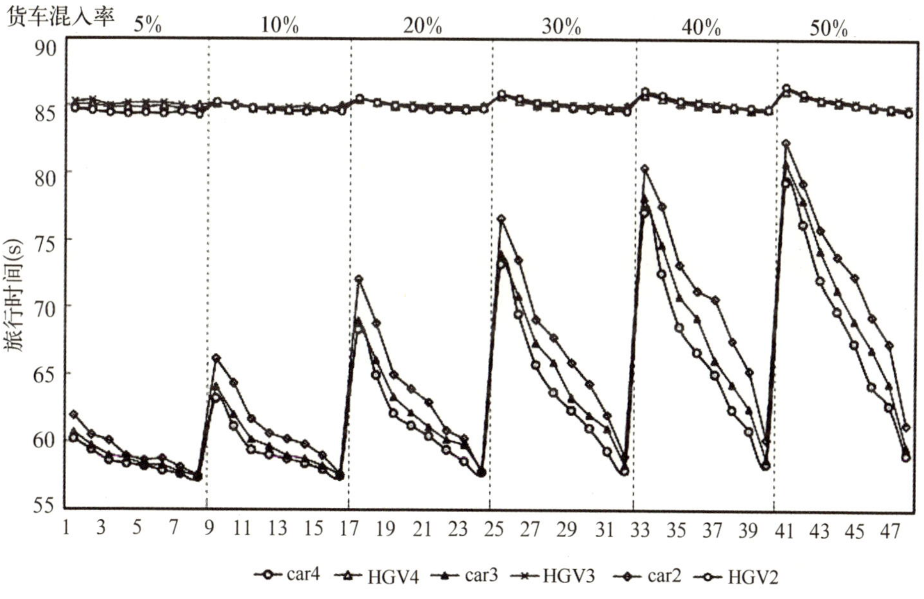

图 4－6　不同车道数的主干道在不同货车混入率下与小汽车的行驶时间差

(3) 车道数越少，上述混合交通的车速差特征越明显，这是因为车道数少的时候，快车超越慢车的机会变得更少。这就描述了在不同道路交通设施供给特

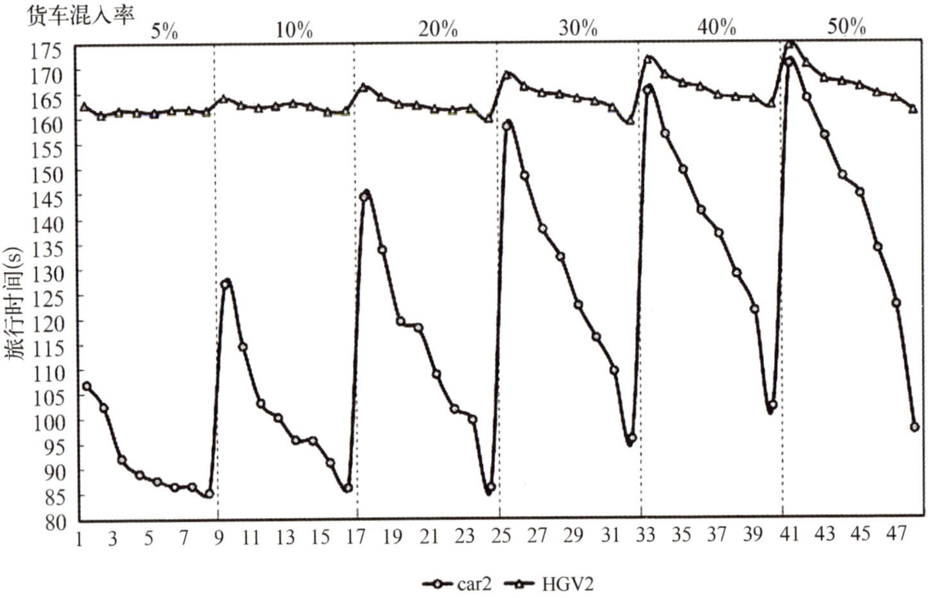

图 4－7　单向两车道次干道在不同货车混入率下与小汽车的行驶时间差

征下多种交通方式之间的相互影响关系。

根据上述数据进行非线性回归后，得到路段阻抗函数的参数如表 4－5 所示。从参数拟合的相关系数来看，总体比较理想，只有个别情况系数值较低，说明非线性拟合的路段阻抗函数能够反映仿真得到的交通流状况，今后理想的是对实测数据进行拟合。结合多模式交通分配模型，两个系数相乘 $\gamma_{car} \cdot \gamma_{HGV}$ 均小于 1，满足解的唯一性条件。因此，这些参数将作为第 6 章大规模城市综合交通网络中应用的网络文件基本参数。限于笔者的时间和精力，只研究了两种车辆的情形，为了简化起见，网络参数设置中，公交车的阻抗函数形式和货车类似，但具有不同的路段自由行驶的时间。

从参数标定的值来看，同一道路类型在不同车道数情形下参数的变化较大，尤其是小汽车的参数 γ，车道数越少其值越大，表示小汽车的车速受到慢车的影响较大。从两车道的快速路、主干道和次干道的小汽车 γ 参数来看，它的值是逐渐减小的，说明小汽车自由车速大的道路上，如果有货车等大车混入，会对其车速产生较大地影响。相对而言，小汽车的各项参数的波动性要比货车大，这个标定结果与图 4－5、图 4－6 中小汽车在同一道路类型的不同车道数情形下走行时间比货车的起伏较大的现象是一致的。

表 4－5　基于 VISSIM 仿真的多车种路段阻抗函数参数标定情况

道路类型	单向车道数	车种	α	β	γ	$\gamma_{car}\cdot\gamma_{HGV}$	R^2
快速路	4	小汽车	0.203	1.185	5.127	0.846	0.911
		货车	0.050	0.074	0.165		0.470
	3	小汽车	0.091	1.137	15.508	0.946	0.990
		货车	0.058	0.070	0.061		0.373
	2	小汽车	0.075	0.963	18.012	0.955	0.978
		货车	0.066	0.197	0.053		0.771
主干道	4	小汽车	0.191	1.239	4.876	0.897	0.861
		货车	0.019	0.376	0.184		0.612
	3	小汽车	0.090	1.205	14.388	0.748	0.983
		货车	0.021	0.282	0.052		0.572
	2	小汽车	0.074	1.040	16.853	0.775	0.973
		货车	0.028	0.621	0.046		0.859
次干道	2	小汽车	0.261	0.901	11.436	0.903	0.850
		货车	0.138	1.220	0.079		0.923

4.4　多用户多准则多模式混合交通分配模型解唯一性的进一步探讨

如前所述，在同一物理车种、时间价值不同的多用户交通分配模型中，其解路段总的交通流量解是唯一的，而路段分用户类的解则不唯一。从定性上可以这样理解分类用户解的不唯一性，假如有两条或两条以上的不同路径，均衡时被两类以上的用户都使用，那么两条路径的走行时间是一样的，那么对换等量两类用户的路径流量可以产生多个均衡解。

下面从路段时间函数的 Jacobian 矩阵来分析分类用户的路段流量解的不唯一性。设有 I 类时间价值不同的小汽车，那么它们对路段造成的拥挤的贡献都是对等，只是对时间和货币费用的支付偏好不同，也就是说，不同用户间的走行时间的影响是对称的。在不考虑路段间相互影响的情形下，路段走行时间的

Jacobian 矩阵是一个对称的奇异矩阵：

$$\nabla t(\mathbf{x}) = \begin{bmatrix} \nabla_1^{1,2,3,\cdots,I} & 0 & \cdots & \cdots & 0 \\ \cdots & \cdots & \cdots & \cdots & \cdots \\ 0 & \cdots & \nabla_a^{1,2,3,\cdots,I} & \cdots & 0 \\ \cdots & \cdots & \cdots & \cdots & \cdots \\ 0 & \cdots & \cdots & 0 & \nabla_A^{1,2,3,\cdots,I} \end{bmatrix} \tag{4-51}$$

这是因为在 $\nabla_a^{1,2,3,\cdots,I} = \begin{bmatrix} \frac{\partial t_1}{\partial x_1} & \cdots & \frac{\partial t_1}{\partial x_I} \\ \cdots & \cdots & \cdots \\ \frac{\partial t_I}{\partial x_1} & \cdots & \frac{\partial t_I}{\partial x_I} \end{bmatrix}$ 中，不同时间价值的小汽车对路段拥挤的贡献是相同的，在物理上没有任何差别，很显然满足 $\frac{\partial t_m}{\partial x_m} = \frac{\partial t_n}{\partial x_n} = \frac{\partial t_m}{\partial x_n} = \frac{\partial t_n}{\partial x_m}$，即 $\nabla_a^{1,2,3,\cdots,I}$ 中所有元素都一样，故 $\nabla_a^{1,2,3,\cdots,I}$ 为对称、奇异矩阵。所以 $\nabla t(\mathbf{x})$ 实质上是一个半正定矩阵，也就是目标函数是凸的，但不是严格凸，存在多个均衡解。针对路段分用户类的流量解不唯一的特点，S. Dempe[230] 建议在多用户交通分配的目标函数上增加与用户类流量相关的一个很小的系数项，以达到目标函数为严格凸的条件，但这个系数项没有明确的物理意义。

在实际的多模式交通系统中，存在着既有不同的物理大小的车辆（多模式交通分配），又有时间价值不同的车辆（多用户多准则交通分配），其解的唯一性讨论就变得更加复杂。

为了不失一般性，设时间价值不同、相互影响对称的小汽车有两类；另外一种车是巴士，和小汽车影响不对称。那么路抗的 Jacobian 矩阵为：

$$\nabla t(\mathbf{x}) = \begin{bmatrix} \nabla_1^{1,2,B} & 0 & \cdots & \cdots & 0 \\ \cdots & \cdots & \cdots & \cdots & \cdots \\ 0 & \cdots & \nabla_a^{1,2,B} & \cdots & 0 \\ \cdots & \cdots & \cdots & \cdots & \cdots \\ 0 & \cdots & \cdots & 0 & \nabla_A^{1,2,B} \end{bmatrix} \tag{4-52}$$

其中 $\nabla_a^{1,2,B}=\begin{bmatrix}\frac{\partial t_1}{\partial x_1} & \frac{\partial t_1}{\partial x_2} & \frac{\partial t_1}{\partial x_{Bus}}\\ \frac{\partial t_2}{\partial x_1} & \frac{\partial t_2}{\partial x_2} & \frac{\partial t_2}{\partial x_{Bus}}\\ \frac{\partial t_{Bus}}{\partial x_1} & \frac{\partial t_{Bus}}{\partial x_2} & \frac{\partial t_{Bus}}{\partial x_{Bus}}\end{bmatrix}$，令 $\frac{\partial t_1}{\partial x_{Bus}}=\frac{\partial t_2}{\partial x_{Bus}}=\psi$，$\frac{\partial t_{Bus}}{\partial x_1}=\frac{\partial t_{Bus}}{\partial x_2}=\chi$，$\frac{\partial t_1}{\partial x_1}=\frac{\partial t_2}{\partial x_2}=\frac{\partial t_1}{\partial x_2}=\frac{\partial t_2}{\partial x_1}=\xi$，显然矩阵是不对称的，但它是否正定未知。关于正定矩阵，有广义和非广义之分，广义正定矩阵不一定要矩阵是对称的。广义正定矩阵判别的一个条件是矩阵具有行(列)对角化优势，即对角线上的元素较大[231]。实际上，子矩阵 $\nabla_a^{1,2,B}$ 的行列式值为：$\det[\nabla_a^{1,2,B}]=\frac{\partial t_1}{\partial x_1}\left(\frac{\partial t_2}{\partial x_2}\frac{\partial t_{Bus}}{\partial x_{Bus}}-\frac{\partial t_2}{\partial x_{Bus}}\frac{\partial t_{Bus}}{\partial x_2}\right)+\frac{\partial t_1}{\partial x_2}\left(\frac{\partial t_2}{\partial x_{Bus}}\frac{\partial t_{Bus}}{\partial x_1}-\frac{\partial t_2}{\partial x_1}\frac{\partial t_{Bus}}{\partial x_{Bus}}\right)+\frac{\partial t_1}{\partial x_{Bus}}\left(\frac{\partial t_2}{\partial x_1}\frac{\partial t_{Bus}}{\partial x_2}-\frac{\partial t_2}{\partial x_2}\frac{\partial t_{Bus}}{\partial x_1}\right)=\xi\left(\xi\frac{\partial t_{Bus}}{\partial x_{Bus}}-\psi\chi\right)+\xi\left(\psi\chi-\xi\frac{\partial t_{Bus}}{\partial x_{Bus}}\right)+\psi(\xi\chi-\xi\chi)=0$，同样是一个奇异矩阵(不管不同车种间的阻抗是否主要取决于本车种的流量)。可以这样分析：如果不考虑小汽车的时间价值不同，那么满足条件式(4-44)时，巴士和小汽车的路段流量解是唯一的。当有多种时间价值的小汽车时，巴士的路段流量解仍然是唯一的，而分用户类小汽车的路段流量解不唯一，小汽车路段总流量解唯一。推广到三类及以上的不同时间价值小汽车或者具有多种时间价值的巴士，唯一解的特性也应是如此。表 4-6 是对各种多用户多准则多模式交通分配模型解的唯一性总结。需要说明的是本章讨论的巴士均指可以选择路径的大客车。在本书的模型中，私人小汽车和出租车按时间价值分为多类，货车只有一类(预留分类)，公交车的线路固定，不存在路径选择问题，但公交车的速度受到小汽车、货车流量和公交车固定流量的影响。

表 4-6　多用户多准则多模式交通分配模型解的唯一性总结

路段货币成本与流量的关系	对称影响的相同车种	非对称影响的不同车种	路段间相互影响	唯一解的存在性	实　例
不相关	VOT 相同	非对称影响	无	时间函数 Jacobian 矩阵正定时有路段车种别唯一解	Dafermos (1972)[204]

续 表

路段货币成本与流量的关系	对称影响的相同车种	非对称影响的不同车种	路段间相互影响	唯一解的存在性	实 例
不相关	VOT 相同	无	非对称影响	时间函数 Jacobian 矩阵正定时有路段流量唯一解	Dafermos (1971)[237]
不相关	VOT 相同	非对称影响	非对称影响	时间函数的 Jacobian 矩阵正定时有路段车种别唯一解	无
不相关	VOT 不同	无	无	路段总流量解唯一，分 VOT 的车路段流量解不唯一或唯一	不唯一：Dial (1996)[175] 唯一：Leurent (1993a)[169]
不相关	VOT 不同	非对称影响	无	不同车种的时间函数 Jacobian 矩阵正定时，车种别的路段总流量解唯一，但各车种按 VOT 分类的路段流量解不唯一	笔者
不相关	VOT 不同	非对称影响	非对称影响	特殊情况下解唯一是可能的	无
相关	VOT 不同	无	无	路段总流量解唯一，分 VOT 的车路段流量解不唯一或唯一	Dial(1996)[175]，是否唯一不明确
相关	VOT 不同	非对称影响	无	特殊情况下路段车种分 VOT 的路段流量解唯一	Nagurney(2000，2002)[206,207]的特殊情况
相关	VOT 不同	非对称影响	非对称影响	特殊情况下路段车种分 VOT 的路段流量解唯一	Nagurney(2000，2002)[206,207]的特殊情况

4.5 本章小结

本章在介绍简单的交通网络均衡模型的基础上，系统解析了多用户、多准则、多模式交通分配模型的种类、解的唯一性、算法以及和拥挤收费的关系，并全面分析了多模式交通分配模型的各种路段阻抗函数，应用 VISSIM 仿真标定了具有多模式交通分配唯一解特性的路段阻抗函数参数。

多用户、多准则交通分配是指物理大小相同的车种，它们相互间的影响是对称的，也就是单位车辆对交通拥挤产生的效果是相同的。它们的不同在于对时间和费用的支付偏好不同，也就是时间价值不同，从而导致它们路径选择的不同。这可以为交通需求管理政策实施下对不同出行群体的交通行为影响评估奠定基础。多用户、多准则交通分配模型可以用最优化问题和变分不等式等数学工具建模，分为时间价值连续分布和离散分布两种情形。时间价值连续分布模型的构建和算法相对复杂，适合单一的交通分配模型。结合 TDM 政策及组合模型的需要，时间价值离散分布模型具有较好的融合性。一般来说这类模型的路段总车流量解是唯一的，而分时间价值的路段车流量解不唯一。

多模式交通分配可分为多车种分配、多方式客流分配及混合分配等形式。本章中多模式交通分配的主要研究的是不同物理大小的多车种分配，例如小汽车和货车、可以自由选择路径的通勤巴士等，它们相互间的影响是非对称的，一般用变分不等式建模。多模式交通分配的目的是为了区分不同交通方式之间的服务水平和出行者支付的费用，从而可以真实而精确描述出行者的交通方式选择行为，使交通政策的决策者明确交通方式调控、货运车辆路径管制等手段的预想效果。

多模式交通分配模型解的唯一性主要取决于路段阻抗函数的性质。路段阻抗函数不仅要反映不同车种(交通方式)的不同行驶时间，反映不同网络拥挤和交通组成下的不同交通方式服务水平的差异性，又要满足多模式交通分配模型解的唯一性条件。在讨论各种路段阻抗函数的基础上，选择了一种较为理想的路段阻抗函数，并应用仿真数据标定了其参数。这些参数将作为大规模综合交通网络数据的基本输入，形成一个整体的系统。

最后，笔者探讨了多用户、多准则、多模式混合交通分配模型解的唯一性。交通政策制定者关心的是小汽车路段总流量、货车的路段流量等，这些解的唯一性得到了保证，使得模型能够胜任政策评估。从而，分时间价值小汽车的路段流量解不唯一性并不对交通需求管理政策研究造成很大的负面影响。

第5章

面向交通需求管理政策评价的多用户多准则多模式四阶段组合模型研究

5.1 研究综述

如前文所述，传统四阶段模型对交通政策的分析功能十分有限，缺乏政策实施对不同人群的交通行为影响分析能力。造成四阶段模型在交通政策分析应用层面上的功能缺失的本质原因是其理论体系的缺陷。传统四阶段模型最大的理论缺陷是四个步骤没有一个一致的理论体系来解释交通行为。前一步的行为模型不受后一步的影响，造成不一致性，交通运输系统的特性改变不能在每一个步骤中得到反映，如出行产生是固定的，对设施投资的诱增交通考虑不足。交通需求管理政策的实施，从本质上讲是对交通运输系统的服务特性进行改变，转嫁不同出行者之间的成本，重新分配不同群体之间的利益。

在综合交通体系下，人们选择的交通模式可以是多种多样，不仅是单一的交通方式，也可以是不同交通方式的组合换乘。各种交通方式之间也存在不同的关系，例如：轨道交通和道路交通相互独立，道路交通的拥挤对轨道交通行程时间影响不大；小汽车（或出租车）和常规公共交通之间则相互影响，而且随着道路拥挤的程度不同而不同，在极其拥挤的时候，两者的行程时间几乎一样，在不拥挤的时候，前者的服务水平要比后者高得多；一条轨道交通的建成，接驳轨道交通站点的常规公交线路可能会吸引更多的客流。可见，任意一种交通方式的服务特性变化，都会影响人们出行的各个阶段特征，从而导致整个交通系统的均衡状态的变化。交通系统内部要素之间的错综复杂的相互关系，使得交通行为分析的难度增加。

分析政策实施效果的前提是分析政策实施下不同出行者交通行为的变化，

进而需要一个一致的理论体系来分析各种交通行为的相互影响关系。例如分析交通拥挤收费如果仅用交通分配模型，即使是高级的多用户多准则模型，也不能反映这项政策对交通方式转移的影响；而事实上像伦敦这样向心交通的城市，区域拥挤收费对交通方式转移的作用是很大的。又如像北京的轨道交通票价 2 元一票制的实施，不但能吸引更多的轨道交通客流，常规公交客流及道路交通拥挤状态都会产生改变。一项交通需求管理政策的实施，对出行者的路径选择、方式选择、目的地选择甚至是否出行的选择，都会产生不同的影响，更不用说多种交通需求管理政策组合起来实施。要将这些交通行为影响同时考虑，分析交通政策实施的效果，是传统四阶段模型难以实现的。

因此，交通建模者一直在致力于面向一致的，将交通行为集成化的交通模型构建，并尽可能多地引入交通行为的影响因素，以适交通需求管理政策对交通系统不同服务要素的影响分析。四阶段模型的发展的一个重要方向，就是在吸取其他模型优点的基础上，形成一个具有一致行为理论的组合模型。

5.1.1　面向一致的交通需求预测组合模型及交通政策分析应用

自从 Beckmann 等[143]提出固定和弹性需求下的交通分配模型后，很多学者开始研究组合模型。所谓组合模型，就是将四阶段模型在的多个步骤通过一致的交通行为理论，构建相应的数学模型，从而反映不同出行阶段之间的相互影响，改变传统四阶段模型单一步骤孤立分析的缺点。在构建方式分担和交通分配组合模型的同时，也引发了不同交通方式即不同车种的交通分配问题，也就是前文所述的多模式交通分配问题，这也是交通分配模型产生以来的一大研究热点。

1. 早期面向一致的组合模型及多模式交通分配模型的发展

Evans[232]首先提出了分布分配组合模型，并提出了著名的部分线性化算法(Partial Linearization，简称 PL 算法)，该算法认为求解凸规划问题可以对目标函数的一部分进行线性化近似表示。L. J. Leblanc 等[233]对部分线性化算法和 Frank - Wolfe 算法在弹性需求下的交通分配、交通方式划分等模型进行了计算比较，发现部分线性化算法能够更快地收敛。

Florian 和 Nguyen[234]在分布分配组合模型的基础上，将单一的交通方式扩展为两种方式(小汽车和公交车)，即“分布—分担—分配”组合模型。该模型的最大缺点是公交车和小汽车在同一路段上的行驶时间是相互独立的。作为凸规划最优化模型，仍可以用 Frank - Wolfe 算法或 Evans[232]的部分线性化方法求解。

Florian[235]提出的两种交通方式(小汽车和公交)网络均衡模型,首次将乘客和车辆的均衡区分开来,并考虑了小汽车和公交车在同一路段上的拥挤影响,即引出了路段阻抗函数不可分离(Non-separable)的问题,但公交客流分配使用的是最短路径分配。Aashtiani[236]第一个提出了考虑需求方不同交通方式(或用户类)直接均衡的不可分离成本的供需均衡最优化模型。这是对 Dafermos[237,238]的非对称多用户交通分配问题的扩展。到目前为止,凸规划最优化问题只能表述交通方式之间相互影响对称的情形,事实上 Florian 是较早考虑用变分不等式表示非对称交通分配问题的学者,他 1977 年的文章可以说是对 Smith[239]的交通分配变分不等式问题的扩展。

Florian[240]和 Dafermos[241]也独立地将变分不等式应用到交通分配问题,对路段费用函数非对称(任意两个路段的流量对对方费用的影响是不对称相等的)的网络均衡模型作了研究,这类模型被认为是变分不等式的一种特殊情形。随后,Dafermos[242]还提出了多模式混合交通分布、方式划分和分配的优化模型。又有 Fisk 和 Nguyen[243],Florian 和 Spiess[244]利用非线性 Jacobian 方法进行了改进。Dafermos[161],Pang 和 Chan[245]提出了算法收敛的充分条件。另外 Aashtiani[246],Aashtiani 和 Magnanti[247]等人还提出一般非对称均衡模型还可以表述为非线性互补问题以及不动点问题。Fisk 和 Boyce[248]则利用变分不等式表达组合模型,其中模式之间的出行费用是不相关的,交通方式选择通过一个多项 Logit 函数给出。

早期的这些研究推动了四阶段模型朝两个方面发展:一是基于一致反馈理论的组合模型,将四阶段模型的若干个步骤建立在一个模型中,并提出了适合组合模型的部分线性化算法;二是注重多模式交通直接的相互影响,将变分不等式引入交通分配模型,跳出了凸规划模型难以描述多模式交通分配问题的限制。应该说,这两个方面给四阶段交通模型的发展提供了活力,直到今天,建模者们还在不断地进行改进。

美国犹他州大学的 Harvey J. Miller[249]受美国运输部的委托,研究总结了面向一致的交通需求经典模型。报告重点从模型的基本理论,数学的优雅性,算法的效率以及实际应用的数据采集和参数估计要求四个方面,对这些模型进行了对比。在这些模型的扩展中,关注的基本主题是一致的,即路段阻抗函数是否分离、交通分配是随机还是确定性的、四阶段模型各步骤的相互影响的组合情况等。不同模型都有其优点和缺点,表 5-1 总结了各模型的构成要素,表 5-2 则从四个方面对这些模型进行了对比。构建的模型能够进行实际应用是十分关键的，下列模型中除了 Y. Sheffi[145] 的基本模型外，唯有 STEM 模型在作者提出之时就得到了实际应用。其他模型要么是后来得到了实际应用，要么是成为理论研究的一个里程碑，并没有得到实际应用，但它们为后来其他交通模型的发展提供了坚实的基础。

表 5-1　面向一致的网络均衡模型构成要素

模　　型	交通分配	方式划分	交通分布	交通产生
Sheffi(1985)[145]	确定性 可分离路段阻抗	—	—	—
T2(Dial 1996)[175]	确定性，可分离 时间价值区分	—	—	—
Dafermos(1980)[241]	确定 不可分离	—	—	—
Janson (1991)[250,251]	动态、离散时间段 可分离	—	—	—
Fisk(1980)[150]	随机(Logit) 可分离	—	—	—
Evans(1976)[232]	确定性 可分离	—	双约束空间影响模型	—
Florian 和 Nguyen (1978)[234]	确定性 可分离	两种方式(一种固定，另一种变化) 二项 Logit	双约束空间影响模型	—
STEM (Safwat 和 Magnanti，1988)[262]	确定性 可分离	和路径选择同时进行	Logit	基于 Logit 可达性函数
Dafermos(1982)[161]	确定性 不可分离	通用化(VI 形式)	通用化(VI 形式)	通用化(VI 形式)
超级网络(Sheffi 和 Daganzo，1980)[252]	确定性 可分离	Logit 或 Probit	Logit 或 Probit	Logit 或 Probit
消费者行为方法 (Oppenheim，1995)[255]	确定性或随机分配 可分离或两种模式的对称影响	Nested Logit	Nested Logit	Nested Logit

表 5 - 2　面向一致的网络均衡模型对比

模　　型	理论基础	数学的优雅性	算法效率	数据采集 参数估计
Sheffi (1985)[145]	确定性(—) 可分离路段阻抗(—)	可变路段阻抗函数(+)	凸组合方法(+)	标准路段阻抗函数(+)
T2(Dial 1996)[175]	确定性广义成本(+) 可分离(—) 时间价值区分(+)	可变路段阻抗函数(+)	T2 - RSD 算法(+)	没有参数标定的原理和方法(—)
Dafermos (1980)[241]	确定性广义成本(+) 不可分离(+)	可变路段阻抗函数(+)	算法局限于小规模路网(—)	没有参数标定的原理和方法(—)
Janson (1991)[250,251]	动态,离散时间段(+/—) 可分离(—)	固定路段阻抗函数(—)	动态用户均衡算法(+)	标准路段阻抗函数(+)
Fisk(1980)[150]	随机(Logit)(+) 可分离(—)	可变路段阻抗函数(+) 用户均衡可以作为它的特例(+)	Chen 和 Alfa (1991)改进 logit 路径算法(+)	参数估计困难(—)
Evans (1976)[232]	确定性(—) 可分离(—)	固定的分布函数(—)	部分线性化方法(+)	没有参数标定的原理和方法(—)
Florian 和 Nguyen (1978)[234]	确定性(—) 可分离(—)	可变路段阻抗函数(+) 固定方式分担和分布函数(—)	部分线性化相关方法(+)	基于平均出行距离的参数估计(+)
STEM(Safwat 和 Magnanti, 1988)[262]	确定性(—) 可分离(—)	可变路段阻抗函数(+) 可变交通产生和分布函数(+)	凸组合方法(+)	没有参数标定的原理和方法(—)
Dafermos (1982)[161]	确定性(—) 不可分离(+)	可变路段阻抗函数(+) 可变交通产生和分布和分担函数(+)	算法局限于小规模路网(—)	没有参数标定的原理和方法(—)

续　表

模　　型	理论基础	数学的优雅性	算法效率	数据采集 参数估计
超级网络(Sheffi和Daganzo，1980)[252]	确定性(－) 可分离路段阻抗(－) 可分离需求函数(－)	可变路段阻抗函数(＋) 可变交通产生和分布和分担函数(＋)	MSA算法收敛慢(－) Chen和Alfa(1991)改进logit路径算法(＋)	没有特定问题的参数标定的原理和方法(－) 标准的随机效用理论可以标定参数(＋)
消费者行为方法(Oppenheim，1995)[255]	可分离路段阻抗(－) Nested Logit将个体和集计联系起来(＋)	可变路段阻抗函数(＋) 可变交通产生和分布和分担函数(＋) 其他模型可以作为其特例(＋)	凸组合方法(＋) 部分线性化方法(＋)	没有特定问题的参数标定的原理和方法(－) Nested Logit模型可以标定参数(＋)

注：＋表示模型的优点，－表示模型的缺点。

2. 组合模型的进一步扩展及在交通政策分析中的应用

在前人的基础上，建模者们一方面从理论层面对模型继续完善，另一方面则从不同的角度对模型进行扩展，并设法应用到交通政策评价、基础设施投资评价等不同方面。

Femandez等[253]首次提出了考虑组合交通方式的多层(Hierarchical)Logit网络供需均衡模型，这一模型可以用等价的凸规划问题模型表达，算法可以采用部分线性化方法。模型还考虑了不同交通方式直接的换乘，如小汽车和轨道交通之间的换乘选择。随后，Femandez等[254]又提出了多种方式联运的城际货物运输模型。Oppenheim[255]则将个体均衡和一般化均衡结合起来，应用消费者行为方法，将四阶段模型用分层Logit模型组合起来，形成了完全用效用最大化理论的一致模型。组合模型的实际应用也开始得到了尝试，如河上等[256,257]建立了“分担—分配”组合模型，包括轨道交通、小汽车和公交三种方式，其中小汽车和公交车为非对称影响，并对名古屋进行了实证分析。杉野学等[258,259]建立了“分布—分担—分配”组合模型，也对名古屋进行了实证分析，但小汽车和公交的阻抗函数是可分离的。

学者们也研究了组合模型的不同建模方法，并进行了实证分析。Abrahamsson 和 Lundqvist[260]针对多层混合交通分布、模式选择和分配模型提出了凸费用优化模型，并提出了三种处理方法：传统的分层方法（分布—分担—分配），逆向分层法（分担—分布—分配）和同时决策模型（分布、分担和分配同时进行）。模型假设公交网络和道路网相互独立，小汽车网络的拥挤对公交运行时间不产生影响。模型在瑞典首都斯德哥尔摩进行了实际应用。

K. N. A. Safwat [261]建立了四阶段同时组合模型，数学手法为凸规划最优化模型，并首次应用于埃及的城际交通预测（Cairo - Banha - Tanta 城际通道），发现该模型能体现出行者对交通政策变化反映。随后，K. N. A. Safwat 和 T. L. Magnanti[262]，K. N. A. Safwat 和 Walton，C. M[263]对德克萨州（Texas）首府奥斯汀（Austin）的城市交通预测进行了实际的应用，其中交通小区数为 520，路段数为 7 096，节点数为 2 137。在 IBM 4381 大型机上计算一次迭代为 430 秒，达到一个相对理想的结果大概不到 10 次迭代，用时 4 734 秒（约 79 分钟）。K. N. A. Safwat 和 B. D. Brademeyer[264]还在数学上证明了同时均衡组合模型在大规模路网中的全局收敛性。M. K. Hasan 等[265]使用沙特阿拉伯首都利雅得（Riyadh）实际案例，对比了传统四阶段模型和同时均衡组合模型，发现同时均衡组合模型预测交通量更加准确。M. K. Hasan 和 K. N. A. Safwat[266]还在德克萨州（Texas）的泰勒城（Tyler）进行了实证对比研究，发现同时均衡组合模型的预测精度要比传统四阶段方法提高 25%。另外，K. N. A. Safwat 和 M. K. Hasan[267]又将多模式均衡模型应用到国际货物运输。Mohamad K. Hasan 和 Hussain M. Dashti[268]又将 K. N. A. Safwat 等[262]的同时均衡模型扩展到多用户模式，并用变分不等式构建，反映不同交通方式的非对称影响，但模型没有实际应用和算例。

Boyce[269,270]系统分析了传统四阶段模型的缺点，并建议使用组合模型来预测交通需求，Boyce 和 Bar - Gera[271]将“分布—分担—分配”凸规划组合模型应用到了芝加哥的大型网络，模型分为两个子模型：一个是分布和分担同时决策的同时性模型（Simultaneous），另外一个是完全采用分层结构的模型（Nested 或 Hierarchical）。他们将芝加哥分为 1 790 个小区，并利用上层为极大似然形式的双层规划模型，进行了参数标定和结果校验工作，标定参数总计 7 160 个。模型中卡车和公交车都是通过折算成标准车计算的，公交分配模块是基于路段的模型，为最短路径分配。

随着组合模型的不断发展，其优越性也越来越明显。Justin D. Siegel

等[272]对传统四阶段模型及其简单反馈机制和 ESTRAUS 组合模型进行了对比。实证研究的是智利城市康塞普西翁(Concepcion)，219 个小区，573 个节点和 2 217 个路段(包括形心连接线)，分三种出行目的和六种交通方式。试验结果表明，没有反馈机制的传统四阶段模型具有明显的不一致性，有些反馈机制的解具有很大的不稳定性，有些反馈机制可以减少误差，达到和组合模型类似的结果。他们建议使用 Boyce[270]提出的基于一致的新预测方法。在这个新的框架中，交通分配作为整个预测框架的核心，交通方式和目的地选择作为松弛的约束条件，一层套一层，通过组合模型的参数自身达到一致性(图 5-1)。

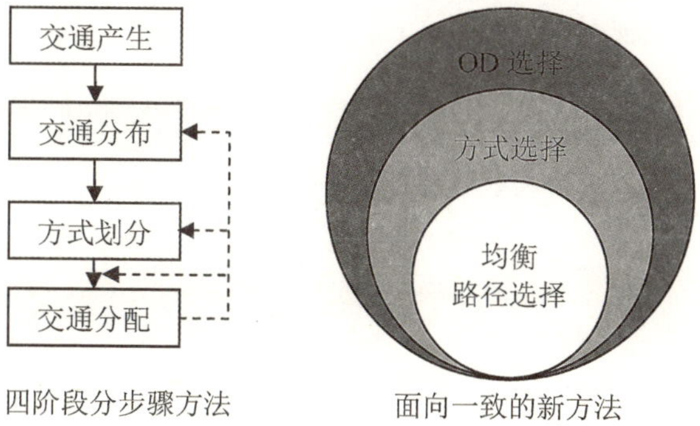

图 5-1　传统四阶段模型和面向一致的交通需求模型对比

虽然组合模型如此受到交通模型师的青睐，遗憾的是在现有流行的交通规划软件中，尚未有成熟的组合模型应用模块开发。ESTRAUS 软件是目前唯一能够应用组合模型进行交通需求预测和政策评价的商业软件。其组合模型可以是灵活多变的，除了分布、分担、分配等模型的组合外，还包括出发时刻选择的组合。圣地亚哥的实际应用中，包含了 13 类用户，3 个出行方式和 11 种交通方式(包括换乘组合方式)，共 450 个小区，路网规模为 2 500 个节点，8 000 个路段。公交线路 740 条(单向)，400 条共享出租车线路(是定线路的，和国内出租车不同)，轨道线路 3 条。在 Linux 环境下，用 1.5 GHz 奔腾四处理器，512 M 内存的个人电脑，计算一次迭代的时间约 12 min。对一个典型的高峰小时，交通分布误差达到小于 0.5%，路段流量误差小于 1%时，大概需要 20～25 次迭代。而任意一个相对误差都小于 0.1%时，大概需要 100～120 次迭代[273,274]。另外，ESTRAUS 还在华盛顿进行了应用，道路网的节点数为 8 102，路段数为 21 832，轨道交通分为通勤铁路和地铁两种，公交车分为 7 种。说明该软件在大规模的多模式城市综合交通网络中的应用已经基本成熟。

Florian 等[275]受到了 ESTRAUS 软件的鼓舞，建立了 STGO(Santiago)模型(图 5-2)，模型为“分布—分担—分配”分层 Logit 结构组合模型，构建数学工具为变分不等式。模型假设公交车的流量是固定的，公交车和小汽车相互影响，步行则采用最短路径分配，采用 Block - Gauss - Seidel 算法求解，在 EMME/2 上开发实现。通过对圣地亚哥(Santiago)的综合交通网络进行实际应用，计算得到的结果和早期的 ESTRAUS 软件版本计算结果基本一致。

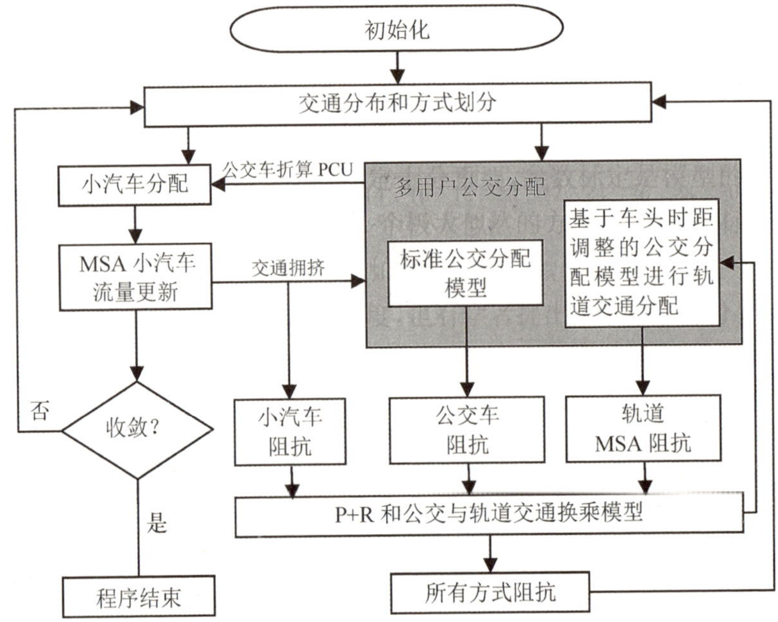

图 5-2 STGO(Santiago)模型计算框架

需要指出的是两者运行的结果虽然相近，但它们的公交分配模型是有本质区别的，STGO 模型采用的是超级路径概念的公交分配模型，ESTRAUS 软件的早期版本使用吸引线路概念，没有公交载客能力的限制。基于超级路径的公交分配模型必须是使用变分不等式形式[329]，并从路段和路径两方面来考虑，且必须列举路径[326]，不过 ESTRAUS 软件后来的公交分配模块也是基于超级路径概念的。

为了反映不同出行者的交通行为差异性，基于多用户的组合模型研究也成为近年来的热点。上述 ESTRAUS 软件和 STGO 模型都属于多用户组合模型范畴。其他研究如 Lam 和 Huang[276]给出了一个多用户的出行分布和分配组合模型，其中交通分布采用重力模型，通过将非对称的路段阻抗函数正规化为对称情形，将模型表示为凸规划问题，并利用 Frank－Wolfe 算法和部分线性化方法求解，得出的结论是部分线性化方法的计算效率较高。

K. I. Wong 等[277]用凸规划模型，建立了一个多用户多模式“分布—分担—分配”分层 Logit 组合模型。根据香港第三次综合交通研究模型(CTS－3)，他们将路网简化为 20 个小区，77 个节点和 216 条路段(包括 78 条形心连接线)，给出了不同交通需求量下的算例。算例中包括 18 个用户类，如拥有 2 辆以上的小汽车者，拥有 1 辆小汽车者，无小汽车者等；6 个出行目的：基家出行高收入通勤出行(HBWH)，基家出行低收入通勤出行(HBWL)，基家上学出行(HBS)，基家其他出行(HBO)，非基家出行(NHB)和商务出行(EB)。并将货车按大小分为 6 类，加上小汽车、出租车和公共交通共 9 种交通方式。交通分配模型中路段阻抗函数为简单的 BPR 函数，没有体现不同车种的速度差。和 CTS－3 模型一样，假设公交车使用者不考虑道路交通拥挤，公交的出行广义成本是固定的。

Frederik Nöth 等[278]对 Boyce[271]的多用户多模式组合模型与 Lohse 等[279]使用德国 PTV 公司 VISUM/VISEVA 组合使用模型进行了对比。两个模型都对大型网络进行了测试，其中芝加哥模型小区数1 790、节点数 12 982、路段数 39 018(其中 3 560 条为形心连接线)；以德累斯顿(Dresden)为中心的德国萨克森地区小区数 688，节点数 8 794 个，路段数 21 477(其中 1 376 条为形心连接线)。萨克森地区网络先用 PTV 的学习算法计算出结果，再用 Boyce[271]的芝加哥模型进行参数标定和运算，对芝加哥网络则进行反过来的操作。经比较发现两者具有明显的结果差异。PTV 的学习算法在不同参数设置下还存在不收敛现象。

组合模型的发展，除了能够更加准确地预测交通需求外，更重要的是它评价交通政策的能力越来越强，并得到了广泛地应用。

M. R. Tatineni 等[280]专门针对公交票价调整、燃油价格以及土地利用变化等交通政策分析建立了组合模型，并和传统分阶段模型进行了比较。

金子雄一郎[281]对曼谷都市圈的通勤交通应用“分担—分配”、“分布—分担—分配”多用户组合模型，分析了不同收费情况下交通拥挤状况和环境改善的效果。同时也通过建立货车和小汽车的非对称影响模型，分析了物流交通政策，但模型中路段阻抗函数不能保证多车种分配解的唯一性。Kaneko 等[282]还对曼谷都市圈的区域通行证制度用多用户均衡模型进行了评价。

Maruyama 等[283-285]建立一个“分担—分配”组合模型，同时考虑了道路和轨道交通的拥挤，考察东京都市圈内拥挤收费的效果。研究结果是拥挤收费虽然使得道路交通拥挤和环境污染得到有效缓解，但是轨道交通产生了更严重的拥挤。道路拥挤收费减少了大多数人的出行效用，只有小部分人的效用有所提升。作者认为需要考虑拥挤收费收入对出行效用的减低进行适当补偿。Maruyama[286]等还建立了逆向层次化四阶段组合模型（交通方式划分在交通分布之上），分阶段标定了组合模型需要的东京都市圈出行特征参数。在考虑诱增交通（新的交通产生、方式转移、车辆的空间转移等）的基础上，分析了出行者的消费者剩余。

三村健太郎[287]建立了层次“分担—分配”组合模型，其中公交分配是类似道路交通的最短路径分配，该模型的特色之处是考虑了轨道末端的交通方式，即与轨道交通的换乘方式。但该换乘方式不是直接和轨道构成一个交通方式，而是方式分担的下一层次选择，即交通方式分担里面本身就是用了 Nested Logit 模型，是在组合模型中使用广义极值模型（GEV）的典型代表，其层次结构如图 5-3 所示。模型设定 K+R（Kiss and Ride 即驾车送人到车站然后返回的交通方法）、P+R 方式的小汽车路段阻抗影响和直接使用小汽车的阻抗是对称性影响，并证明了解的唯一性。模型结合名古屋都市圈 1991 年的 RP 调查，1998 年的 SP 调查（分别进行参数标定和 RP/SP 融合数据标定），对 TDM 政策进行了交通拥挤缓解的实证分析。评价的政策主要有两部分：一是 P+R 不同停车价格的方式选择行为影响，包括名古屋南部 JR 大高站、北西部 JR 稻沢站、北东部名铁新濑户站、JR 高藏寺站、南西部近铁弥富站 5 个大规模 P+R 站点；二是名古屋二环线以内的拥挤收费政策。模型计算规模如下：小区 428 个，路段 5 942 个，节点 1 713 个。

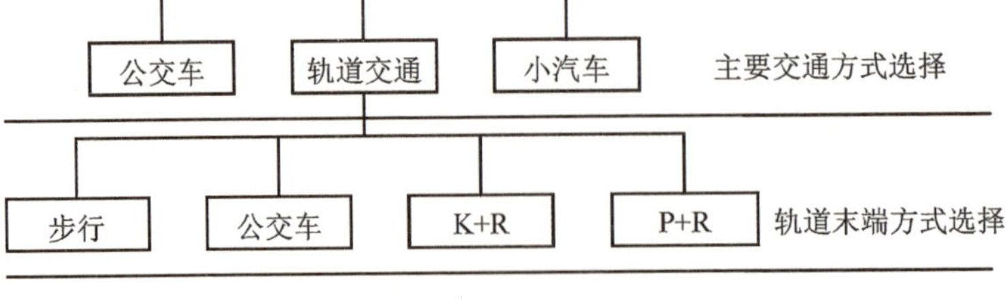

图 5-3　考虑轨道交通末端接驳的交通方式选择层次模型

由于传统四阶段法很难衡量交通服务水平对诱增交通交通的影响，Yao Enjian 等[288]构建了日本高速铁路的潜在市场和组合的城间出行产生、目的地选择、方式选择和路径选择模型。在理论上反映了出行产生模型中出行方式转变、路径转变、出行再分布的出行行为一致性。可在一个比较准确的水平上估算出可达性的提高而诱发的出行需求。

Guido Gentile 等[289,290]结合 G. Bellei 等[291]的多用户多模式网络定价优化模型，构建了基于分层 Logit 模型的多模式交通拥挤收费政策的不动点模型，其中交通分布模型没有包含在内(只考虑罗马中心区的出行者)。模型适合基于警戒线的拥挤收费，公交分配模型采用超级路径概念，公交车受到道路交通拥挤的影响，公交车内拥挤、换乘以及上车受到公交车能力的影响。并在罗马的交通限制区得到实际应用。模型的计算规模如下：有向路段数 16 878，节点数 5 902(其中 854 个为形心节点)，在道路网的基础上，共有 680 条公交线路和 19 626 条公交路段。按照出行目的、个人特征等分为 20 类出行者。结合公交和助动车，从社会福利和最优化收费的角度，对三种小汽车进行了不同定价政策的试验。交通方式采用了 Nested Logit 模型，不同类别的车辆路径选择采用 RP/SP 融合数据进行 Probit 参数标定。作者的研究结论是警戒线收费方法不但在技术上容易实现，而且能够达到和边际成本定价类似的效果。

Wichiensin 等[292]构建了拥挤收费下小汽车和公交车出行均衡模型。模型考虑决策者对拥挤收费进行社会剩余最大化的定价，而公交票价则按照商业运作的利润最大化定价。模型采用双层规划构建，上层为拥挤收费定价，下层为私人运营商的公交票价定价，并采用弹性需求下的交通分配模型，公交运营商分为垄断和寡头垄断两种情况考虑。在寡头垄断情况下，运用 Bertrand - Nash 均衡定价。通过以上模型，作者分析了爱丁堡政府拥挤收费和公交运营商市场竞争之间的关系。正如本书的观点，拥挤收费政策的影响只考虑小汽车交通，而忽视其他交通方式影响的研究是不全面的，这是一个很大的问题。当拥挤收费使得道路拥挤程度缓解后，公交车的服务水平有所提高，进而使交通方式产生一定的转移。考虑更复杂的情况是如果公交运营公司掌握了票价制定权，他们还会以自身利润最大化的原则提高票价，产生新的多方式之间的均衡。从决策者的角度来说，在拥挤收费的同时，考虑到市场对公共交通的需求和公交比例发展的需要，应针对公交公司希望提价的做法作出反应，如提供补贴。否则，拥挤收费的最优定价必须考虑到公交服务水平的变化和票价的变化，因在新的多方式交通均衡条件下寻求最优定价。当然，如果决策者完全控制了拥挤收费和公交票价，这个问题不是很突出。其他交通方式，如出租车、地铁等交通方式的运营商因拥挤收费而导致的价格策略反应，拥挤收费的效果会造成很大的影响。因此，要完全分析拥挤收费效果，必须在多模式交通框架下进行分析。Wichiensin 等[292]指出了常规公交和轨道交通在拥挤收费下的不同，常规公交的旅行时间和可靠度等情况一般来说得到了提高，而轨道交通的服务水平是没有变化的。在拥挤收费情况下，轨道交通和常规公交的需求比例也会产生相应的变化。由此他们还证明了不同市场竞争体制下(垄断或寡头垄断)公交公司对拥挤收费定价的反应还取决于不同公共交通方式的竞争关系。在公交票价没有得到政府的干涉下，Wichiensin 等[292]的研究发现拥挤收费的费率越高，消费者剩余就越小。产生这个结果的原因是公交运营商提高了公交票价，榨取了消费者剩余。

随着组合模型对算法要求的提高，学者们也开始在组合模型中使用新算法的尝试。如 Hillel Bar - Gera 和 David Boyce[293]，Meng Xu，Hillel Bar - Gera 和 Ziyou Gao[294]等都对基于起点的交通分配算法在组合模型中的应用进行了试验。前者的试验结果表明能够提高算法的效率，后者尚未做实际的算法测试，作者表示将在北京的实际路网进行测试。Hillel Bar - Gera 和 David Boyce[295]进一步研究指出，前后两次迭代的步长更新不一定要使用 MSA 算法($1/n$)和 FW 算法(求最优步长)，相反，使用固定的步长(例如固定步长 0.25)，反而能使凸或者非凸的组合模型收敛更快。Dail[296]提出了基于路径的但又可以避免路径存储和列举的交通分配算法，在不考虑计算机内存消耗因素下，它的收敛速度甚至比基于起点的交通分配算法还要快。根据笔者查阅的文献，此算法在组合模型上尚未有研究。

更有从其他角度对组合模型方面进行研究的。如关于出发时间选择方面，已有文献对此研究很多，但除了 ESTRAUS 软件外，集成到均衡模型中并不多见。Dekock[297]，Dekock 等[298]则给出了交通分布，方式划分和出发时刻选择的同时均衡模型。模型的基本思想是，在给定的交通小区，即使是固定的产生量(或吸引量)，人们的出发时刻可以通过 Logit 的形式给出选择。Bhat[299]则给出了一个包含出发时刻的 MNL - OGEV(Multinominal Logit - Ordered Generalized Extreme Value)模型。Wu Z. X. 和 Lam[300]应用变分不等式构建了公交和步行的“分担—分配”组合模型，其中公交分配是采用路径段的概念进行的，并给出了简单的算例。作者根据香港出行的实际情况，乘坐公交需要步行一段距离，和完全步行到达目的地构成竞争关系。Ho H. W. 等[301]通过有限元分析与多用户交通分布和分配组合模型的结合，从二维空间的角度模拟了城市交通拥挤的空间尺度模型。

国内学者对组合模型、多模式交通下的政策评价也做了不少研究，但多是理论上的探讨，很少有实际的网络应用。陈森发等[302]建立了一个多模式的城市交通均衡分配模型，并给出了算法，但是没有考虑交通需求量在不同交通方式之间的分担关系。黄海军[303]针对城市跨河桥梁收费问题，考虑了桥梁长度、收费水平、通行能力与拥挤程度等因素对驾驶员择路行为的影响，建立了多车种的网络均衡收费模型，但没有考虑不同车种别的行程时间。刘安[215]建立了混合交通均衡分配方法，提出了对应的交通分配阻抗函数，并建立了组合模型，对多方式交通网络拓扑作了初探。四兵锋和高自友[304]针对我国城市交通的实际情况，考虑了三种交通方式(一般机动车、自行车和公交车)以及方式分担关系，分析了三者的均衡配流原则，建立了一个多模式的城市混合交通均衡配流模型，其中三种交通方式互相不影响。周溪召和阴志强[305]针对各种车辆(机动与非机动车)混合作用机制和交通的随机特性提出了基于对称阻抗的交通网络出行、讫点、方式和路径随机选择的综合模型。喻翔等[306]给出了基于熵最大化原理的交通分布与交通分配组合模型的求解算例，提出了基于广义出行费用和多路径概率分配的交通方式划分和交通分配组合模型。陈征[307]分析了组合模型对交通需求预测的重要性，提出了基于出行距离和总量平衡法的交通方式划分——交通分布组合模型，并对国内 9 个中小城市的数据进行了实证分析。王健等[308]研究了执行道路拥挤定价政策的前提下制定公共交通的收费标准，在两层规划技术基础上建立了道路拥挤定价下的公交收费模型，上层规划为交通系统优化，下层规划为路网随机均衡问题。以广州市为研究对象，计算了拥挤定价下广州市公交线网的最优价格体系。四兵锋等[309]考虑了影响出行者交通选择行为的主要因素(时间和费用)，分析了多种交通方式(私家车、出租车、公交车、轨道交通及自行车等)存在条件下城市交通网络中出行者交通选择行为，包括交通方式选择和路径选择，并基于随机用户均衡理论构造了城市混合交通网络的流量分离和分配组合模型及求解算法。任刚和王炜[310]综合考虑多模式和转向延误因素以及不同模式、路段和转向之间的非对称作用，利用变分不等式理论建立了带转向延误的非对称多模式用户平衡模型，并在精简对角化算法的框架内设计了求解算法。

5.1.2　公共交通分配模型及其在组合模型中的应用

从 20 世纪 60 年代开始，国外学者就开始研究公交分配问题。作为一个专门性的问题，公交分配建模者试图能够建立一个尽量符合实际的模型。另外，也被作为一个子问题，集成到其他模型中去，如基于双层规划的公交网络设计模型，基于最优化理论、互补问题、变分不等式或不动点理论的多模式交通均衡模型等。

公交客流分配最早的研究成果对公交乘客出行行为研究较少，尹瑞[311]，汪洋[312]等对此作了总结。早期研究的公交网络采用节点弧段的表示方法，公交分配模型通常是小汽车分配模型的简单变化，并考虑公交网的候车时间，算法一般是启发式的，没有严格的均衡模型。从算法而言，总体上来说是最短路径（全有全无）分配和多路径概率分配等非均衡分配。IGTDs、TRANSCOM、TRANSEPT、NOPTS、VOLVO 等很多软件包，都是基于这些方法的。

Dial[313]的公交网络模型和小汽车网络类似，网络的组成要素是节点和路段，将线路的发车频率转化为弧段的发车频率，共线弧段的发车频率则为包含线路发车频率之和，他还在 1971 年提出了 Logit 公交分配模型[314]。Leclercq[315]则采用节点线路来表示公交网络，初步将线路的特性在模型中反映出来。芦群，刘灿齐[316]用节点以及节点相连而成的边共同构成公交网络，这种公交网络表示方法和 Dial[313]的方法类似。钱臻，陆化普[317]利用站点线路来表示公交网络，属于节点线路的公交网络模型。

随后，很多学者提出了出行策略理论。Chriqui 和 Robilard[318]首先提出了吸引线路集（起讫点之间的可选公交线路）的概念，并制定了公交线路吸引集选择规则，假设公交乘客会选择可选线路中第一辆到达的公交车辆。但模型没有解决后续点的换乘问题，给出的解不能保证是全局最优的。而且其仅能适用于道路网络很通畅、公交线路间运营车速相差不大的情形。Daganzo 和 Sheffi[319]提出了一种概率分配模型，模型需要枚举所有的超级路径，不适合规模网络的实际应用。Marguier 和 Ceder[320]更为细致地研究了乘客的出行策略通其在站点等车时间长短的关系。Nguyen 和 Pallottino[321]，Patrice 和 Nguyen[322]以及 Nguyen 和 Pallottino[323]引入了超级路径的概念，超级路径能有效抓住重叠公交线路现象，并建立一个策略的唯一非循环变分不等式模型，推动了公交客流分配技术的发展。Nguyen 和 Pallottino[323]的模型以 Dial[313]的 Logit 分配模型为基础，出行策略优化理论和超级路径理论的引入，大大提高了模型的精度和效率。该模型在非均衡分配模型中，能最好表现乘客出行选择行为，而且适于计算机实现，不足之处是候车时间是常数，与客流量无关。Spiess 和 Florian[324,325]进一步将 Chriqui 和 Robilard[318]关于吸引线路集的概念发展为出行策略，模型以进站时间、候车时间和车内时间之和最小为目标。模型中车内时间是乘客流量的单调增加函数（不舒适函数），站点候车时间不受拥挤的影响，对拥挤网络有一定的局限性。吴家豪[326]等以超级路径表示公交网络，将公交均衡分配模型转变为变分不等式问题，并给出两种求解的算法。该模型可以认为是 Spiess 和 Florian[324,325]的非线性模型的推广。公交路段非线性函数假设是无界单调增加凸函数，如同模拟路段拥挤，并将候车费用和车内费用都模拟为公交流量的函数。但是超级路径的全部费用不能转换为只包括弧段费用的表达式。这种性质和路径流量的路网均衡模型不同。其候车时间由两部分组成，一部分是非拥挤情况下的候车时间，只与线路的发车间隔有关；另一部分是候车弧段的费用，与流量有关。

鉴于非拥挤网络的局限性，学者们也针对拥挤公交网络展开了研究。Gendreau[327]将车内出行费用和候车时间作为拥挤影响因素，提出了没有共线的模型，对于共线问题，提出了基于排队方法的均衡模型。Cea 和 Fernandez[328]用路径段来表示公交路网，假设乘客只会在同时停靠目的地车站的公交线路中选择车辆，构建了基于变分不等式的用户平衡模型，并考虑了公交车站和公交车内的拥挤，缺点是计算量较大。De Cea 等[329]认为线路容量不足造成的拥挤主要表现在站点上，乘客的等车时间同站点客流量大小相关。由此提出拥挤公交系统分配问题的用户均衡分配模型，引进“公交路径”和“有效频率”概念。每条公交路段载客能力受到限制，但路段的不舒适费用函数假设是一个无界单调递增凸函数。Lam 等[330]提出了一种适用于拥挤公交网络的 SUE 分配数学规划模型，并给出了相应算法。根据拥挤公交路网的均衡特征，内生确定站点的乘客超载延误。当线路流量达到容量限制时，证明得到该规划模型的拉格朗日乘子同乘客在网络过载下产生的延误是等价的。Cominetti，Correa[331]等人认为公交线路拥挤在增加候车时间的同时，也影响到吸引线路集中各线路客流分担的比例。他们认为只考虑前者的模型称为半拥挤公交网络，而同时又能后者的模型称为全拥挤公交网络。Kurauchi[332]等也考虑了拥挤车站内乘客的不舒适感，并规定公交乘客成功乘车的可能性由公交车辆剩余通行能力决定。

从多模式交通的角度看，有两个层次，首先是多种交通方式之间的换乘关系（包括私人小汽车），其次是多种公共交通方式之间的换乘关系。公交分配模型对前者来说，扮演的是子问题的角色，对后者来说，经过适当的改进，可以继续承担交通行为分析的任务。关于这方面的研究，近年来也受到很多学者的重视。

Feng Xie 和 Soi－Hoi Lam[333]基于新加坡居民出行调查和意愿调查数据，对轨道交通、常规地面公交构成的多模式公交网络乘客出行选择行为进行了研究。Hong K. Lo 等[334]则利用香港公交网络的相关数据，对多模式公交网络乘客的换乘行为进行了研究，提出公交乘客不会选择所有理论意义上的可能换乘，明确了建立多模式公交网络客流分配模型时，必须剔除一定的无效换乘路径。Fernandez[335]构建了多通模式公交网络的均衡问题，将公交分配模型集成到组合模型中，不但考虑交通方式之间的换乘，也考虑了公交线路之间的换乘。Lozano[336]等首次研究了换乘行为的模拟，提出了找到多模式网络可行最短路的方法，并研究了换乘量与路径阻抗之间的关系。东京工业大学的 Kov Monyrath[337]建立了方式分担和交通分配组合模型，并和出行总时耗目标函数最小化的公交线路频率设置模型集合在一起，用以研究公交线路的最优频率设置。该模型中，公交网络的处理方法和 Dial[313]一样是基于路段和节点的，车站等待时间则和车站所有出发的公交线频率之和相关(乘坐公交到达目的地具有方向性，将所有方向的发车频率计入，减少了乘客等待时间，并不合理，笔者注)，车内成本则包括了行驶时间和不舒适度两部分。模型随机产生初始的发车频率，通过启发式算法将组合模型和公交频率模型迭代求解。作者还通过算例测试了小汽车载客率、出行需求量变化、公交车容量等参数变化下的公交最优频率解。不过这些参数都不是模型的内生变量，是通过外生设定的变化来完成测试工作的。Ricardo Garcia[338]等用变分不等式构建了集成公交分配和非对称交通分配的固定 OD 需求“分担—分配”组合模型，并给出了列生成/单纯形分解(Column Generation/Simplicial Decomposition)算法。该模型的公共交通分配也使用超级路径和有效频率的概念，并且提出了更加广义的超级路径概念，即交通方式直接的换乘，如停车换乘，地铁和公交之间的换乘。虽然 ESTRAUS 软件也考虑了这些换乘，但没有提出多模式交通间的超级路径概念，笔者认为这是对多模式交通网络拓扑结构表达的概念推广。另外，模型算例考虑了两种公交分配方式：一种是基于超级路径概念的，公交车车速受到小汽车的影响；另外一种则假设公交车车速与小汽车无关。模型还对弹性需求以及随机用户均衡分配的扩展作了探讨，并且公交分配模型可以是多样性的，具有较好的融合性，可惜的是模型没有实际应用。Krunoslav Peric 和 Maria Boilé[339]建立了一个“分担—分配”组合模型，交通方式为轨道交通、公交和小汽车三种。公交车和小汽车为非对称性影响，模型的特色之处是公交线路的频率不是固定的，而是作为一个变量放到模型当中，公交线路的发车频率由于受到道路交通拥挤和上下客人数两方面的影响。这种做法更符合实际，但作者只给出了 1 个 OD 对、22 条路段、12 个节点、1 条公交线路和 1 条轨道交通的简单算例，在处理器为 Xeon 3.2 GHz，内存为 2 GB 的个人电脑上运行，当需求量为 5 000 人次时，相对误差达到 0.000 1,需要运行 177 秒,离实际应用还有较大的距离。有关其他组合模型中公交的处理方式在组合模型文献综述中介绍。

20 世纪 90 年代后期,我国学者开始研究公交分配。四兵锋,高自友[340]探讨了城市公交网络的 Wardrop 均衡原则,在较为简单的公交网络模型的基础上,提出了公交客流分配问题的均衡模型及求解算法。宋一凡等[341]建立了公交分析的广义网络,它仅由节点(车站和地区中心)和路段(公交线路、等车路段、步行路段及换乘或下车路段)组成。车内出行费用由两部分组成:一部分是与乘客数量无关的公交车在路段上的运行时间;另一部分是与乘客数量有关的乘客感觉到的不舒适程度。乘客在车站的等车时间也分为两个部分:一部分是由公交车间隔决定的等车时间;另一部分是由于能力所限和拥挤导致一部分乘客上不了车而不得不等下一辆或换乘另一条公交线路从而造成的在车站的延误时间。模型没有考虑公交线路之间的换乘,作者认为比较适用于“城市地铁和轻轨中的公交配流”。宋一凡等[342]利用双层规划模型分析公交网络连续平衡配流模型及算法,设计了基于灵敏度分析的启发式算法。安梅等[343]对三种交通方式(公交车,一般机动车,自行车)的城市混合交通均衡配流模型进行了灵敏度分析,建立各交通模式的需求及路段流量与公共交通各项特性指标的线性近似关系式。姜虹等[344]用超级路径的描述公交网络,分析了拥挤条件下乘客选择路线的原则和不确定因素的影响,提出阻抗函数,给出一个 SUE 模型,并用遗传算法求解。周晶等[345]考虑了多用户情况下的公交网络 SUE 数学规划模型,并提出了有效的迭代算法。王炜等[346]提出了多路径概率分配与容量限制分配相结合的公交客流分配算法,该算法在鞍山、无锡、南京等公交规划研究项目中得到了运用。葛亮等[347]建立了基于站点多路径一容量限制的公交网络分配模型,采用分级分配方法对多路径一容量限制的非平衡模型算法进行了分析和探讨,并将模型应用到扬州市公交网络配流的实际项目中。东南大学顾志康等[348]利用 GIS 技术建立公交网络模型,表现出公交线路与公交站点、公交站点与公交站台之间的关系,这种公交网络模型能反映现实公交网络更多的信息。蒋涛等[349]在有容量限制的情况下,建立了公交网络系统的随机均衡配流模型。

公交分配的关键问题是公交网络表达和出行策略理论的假设。模型是否符合真实情况以及是否实用,主要可以从模型能否考虑以下因素来评价:发车频率和车辆类型;同一站点不同公交线路的选择行为;公交票价及公交线路之间的换乘时间;公交载客能力的限制;等车时间和客流量的关系;车内时间和不舒适度与客流量之间的关系;算法的复杂度和计算量是否太大。对于以上因素,各种模型都不能兼顾,尤其是当它作为其他模型的子问题时,更加受到限制,如公交网络设计集成,组合模型集成等等。因此,在集成到交通需求组合模型时,应在借鉴已有组合模型集成的基础上,注重交通需求管理政策分析的要求,抓住以上考虑因素中的主要因素,尽可能多地将不同因素考虑在模型中。限于精力,本书组合模型中的公交模型是基于 Dial[313] 的适当改进,基于公交线路的分配方法有待今后进一步扩展。

5.1.3 组合模型在大规模城市综合交通网络的实际应用

2007 年 11 月 15 日—16 日,在中国建筑学会城市规划分会和上海市城市综合交通规划研究所的组织下,“大城市及区域交通模型研讨会”在上海成功举办。会议讨论的主要内容是交通模型的理论、技术和方法,模型的结构框架和应用。来自北京、上海、广州、南京、深圳、杭州、宁波、昆明等地的专家都详细介绍了各地的交通模型发展情况,充分体现了不同城市的模型特色。这是代表我国交通规划模型水平的一次会议,不少城市也开始研究交通模型的政策评价功能,表明我国交通模型研究在广度、深度、精度、亮度方面都取得了长足的进步,交通模型已经发挥而且将更加充分发挥其巨大的支撑作用,包括影响政府决策、交通工程设计和规划、交通管理等城市交通的每一个细节[350]。陆锡明[351]指出:“国内的交通模型尽管在城市交通规划和建设中已经发挥了重要的技术支撑作用,但总体上与国际先进水平相比还有较大差距……”笔者认为我国交通模型水平之所以没有达到世界先进水平的一个重要原因是交通模型的理论研究和实际应用结合太少。不可否认,近年来我国在交通模型理论研究方面人才济济,但是理论研究往往和实际应用脱节,理论研究很少在实际工作中得到应用。大多数城市的交通模型是通过国外交通规划软件来实现的,或者进行一些简单的二次开发。商业软件开发的交通模块一般来说要落后于理论研究和试探性应用模型,这就增加了我国城市交通模型的应用走上国际先进行列的门槛。除了“分布—分配”组合模型,其他组合模型在流行的商业软件如 VISUM、TransCAD、EMME/3 和 Cube 等都没有得到开发的重视,因此很多国内交通规划者只能将四阶段模型采取简单反馈迭代的机制,这种方法没有理论依据,模型结果存在不确定性和不稳定性,并有可能导致迭代不收敛。

在前文介绍的国内外组合模型研究中,很多都是在理论上的探讨,离实际应用可能存在一些差距。这些问题主要表现在以下两个方面：

一是模型在大规模城市综合交通网络中计算所需的时间是否能够为交通模型师们接受。不论是在做远期的交通需求预测还是近期交通需求管理政策的实施评估，模型总是要经过不断地调试才能得出比较合理的结果，对不同交通基础设施规划方案测试和不同交通政策的测试，都要多次运行模型。如果运行一次交通模型的时间太长，其实际的应用价值就不大。多用户、多准则、多模式组合模型的计算量相比传统的四阶段交通规划模型要大得多，特别是考虑多种交通方式之间的换乘时，情况就变得更加复杂。模型的计算量依赖于交通小区、路段和节点的数目，交通方式种类的数目，交通需求量的大小（拥挤程度的不同），出行者分类数目的多少等。精细化和多功能的模型，其计算量往往也是比较高的。因此，很多试图完全准确地描述现实的模型没有实际应用价值。

二是模型需要的数据和参数的标定方法。不同的交通模型，对收集数据的要求也有所不同。例如基于活动的交通需求模型，调查就相当困难。在国内的交通规划中，非集计模型要求的数据一般也只是小规模的调查。数据的完整性能否满足模型的需要，能否用于模型的参数标定，数据能够通过可行的方法调查获取，都直接影响到模型的实用性。

为了考察国际上多用户多模式组合模型的实际应用发展水平，笔者对已有先进模型的实际应用从各种要素进行了比较，应该说，这些模型代表了其应用时的国际先进水平，如表 5-3—表 5-5 所示。

表 5-3　交通需求预测组合模型应用实例比较(1)

著者/年份	河上，石(1993，1995)[256,257]	W. H. K. Lam 和 Huang (1992)[276]	Marshal 和 Boyce (RSG，1997)[352]	Abrahamsson 和 Lundqvist (1999)[260]	杉野，河上 (2000)[258,259]
模型	方式划分和交通分配组合模型	交通分布和交通分配组合模型	环境与政策模型	交通分布、方式划分和交通分配组合模型	交通分布、方式划分和交通分配组合模型
研究区域	名古屋市	九龙，香港	芝加哥(Chicago)	斯德哥尔摩(Stockholm，瑞典首都)	名古屋市
基年	1981	1986	1996	1986	1991

续　表

著者/年份	河上，石(1993，1995)[256,257]	W. H. K. Lam 和 Huang (1992)[276]	Marshal 和 Boyce (RSG，1997)[352]	Abrahamsson 和 Lundqvist (1999)[260]	杉野，河上 (2000)[258,259]
预测年限			2020	2020	
分类别	单一	私家车、特许经营公交、卡车	工作地——家，其　他——家，家——目的地，卡车	单一	单一
交通方式	轨道、公交、小汽车	私家车、特许经营公交	小汽车和公交(transit)	小汽车和公交(transit)	轨道、公交、小汽车
路网	小汽车和公交车相互影响	道路上有限的交通方式相互影响	公交网络与道路网络分离	公交网络与道路网络分离	公交网络与道路网络分离
数学模型	基于最优化的启发式解法	带约束的最优化问题	基于最优化的启发式解法	带约束的最优化问题	带约束的最优化问题
OD 分布	固定	二重制约、负指数函数	二重制约、负指数函数、乘数函数	二重制约、负指数函数	二重制约、修正的重力模型
实现手段	Logit	不明	Nested Logit	Logit	Logit
时段	不明	不明	高峰期、峰侧	不明	不明
路径	最短路径	小汽车：最短路径 公交：路径固定	小汽车：最短路径 卡车：最短路径	最短路径	Logit
是否出行	不明	不明	不明	不明	不明
交通小区数	16	60	1 790	46	221
路网节点数	2 162	324	13 000		1 230
路段数	441	880	40 000	964	4 276
轨道路段数					

续　表

著者/年份	河上，石(1993，1995)[256,257]	W. H. K. Lam 和 Huang (1992)[276]	Marshal 和 Boyce (RSG，1997)[352]	Abrahamsson 和 Lundqvist (1999)[260]	杉野，河上 (2000)[258,259]
求解方法	对角化法	部分线性化法 Evans(1976)	以 Evans(1976) 为基础的 MSA 法	部分线性化法 Evans(1976)	部分线性化法 Evans(1976)
数据	PT 调查	MicroTRIPS 合成	社会(家庭)交通调查		PT 调查
参数标定	基于残差最小化的两阶段最优化问题	不明	回归分析	最优推定法	基于残差最小化的两阶段最优化问题
模型验证	有	查核线数据检验	社会(家庭)交通调查	有	有

表 5－4　交通需求预测组合模型应用实例比较(2)

著者/年份	Hasan 和 Safwat (2000)[266]	金子(2001)[281]，Kaneko 等(2001)[282]	De Cea 和 Fernandez (2001)[353] De Cea 等(2003)[273]	Boyce 和 Bar－Gera (2001，2003)[354][271]	园山(2002)[355]
模型	发生、分布、方式划分、分配同时均衡(STEM)	多用户方式划分和交通分配组合模型	ESTRAUS	多用户、多方式选择组合模型	多用户逆向分层四阶段组合模型
研究区域	德克萨斯州泰勒城	曼谷都市圈	圣地亚哥(智利)	芝加哥(Chicago)	东京都市圈
基年	不明	1997	1991	1990	1998
预测年限	2000	不明	1995/2010	不明	不明
分类别		高收入者，低收入者	13 个级别，3 种出行目的	家——工作地，家——其他目的地，卡车	通勤，通学，私事，回家，货车
交通方式		小汽车，公交	11 种组合方式(4 种组合模式，7 种单一模式)	小汽车，公交	小汽车，轨道
路网		小汽车和公交车相互影响	道路：小汽车、出租车、公交 公共交通：地铁，公交专用道	公交网络与道路网络分离	道路网与轨道网分离，考虑轨道拥挤

续 表

著者/年份	Hasan 和 Safwat (2000)[266]	金子(2001)[281], Kaneko 等(2001)[282]	De Cea 和 Fernandez (2001)[353] De Cea 等(2003)[273]	Boyce 和 Bar-Gera (2001, 2003)[354][271]	园山(2002)[355]
数学模型	带约束的最优化问题	变分不等式问题	变分不等式问题	带约束的最优化问题	制带约束的最优化问题
OD 分布	二重制约、负指数函数	不明	二重制约、负指数函数	二重制约、负指数函数	Logit (单侧制约)
实现手段	Logit	Logit	Nested Logit	Nested Logit	Logit
时段	不明	不明	3 个出发时刻	不明	不明
路径	最短路径	最短路径	小汽车：最短路径 公交(Transit)：最短路径 步行：最短路径	小汽车：最短路径 卡车：最短路径	小汽车：Logit 轨道：Logit
是否出行	回归式	不明		不明	Logit
交通小区数	252	57	450	1 790	149
路网节点数	998	1 583	2 500	12 982	10 692
路段数	3 078	2 122	8 000	39 018	22 911
轨道路段数					4 620
求解方法		对角化法	基于 Evans (1976) 的对角化法	部分线性化法 Evans(1976)	部分线性化法 Evans(1976)
数据		PT 调查	社会(家庭)交通调查	社会(家庭)交通调查	PT 调查
参数标定		外生设定	不明	最优推定法	最优推定法，回归分析
模型验证		有	不明	通勤交通调查 (Travel to work census)	道路交通感应线圈设备，大都市交通感应线圈设备

表5-5　交通需求预测组合模型应用实例比较(3)

著者/年份	K. N. A. Safwat 和 Walton C. M. (1988)[263]	M. Florian, Wu J. H. 和 He S. (1999, 2002)[275][356]	G. Gentile, N. Papola, L. Persia(2004, 2006)[289,290]	K. I. Wong, S. C. Wong 等(2003)[277]	三村健太郎(2002)[287]
模型	发生、分布、方式划分、分配同时均衡(STEM)	分布、方式划分、分配层次组合模型	发生、分担、分配层次组合模型	分布、方式划分、分配层次组合模型	方式划分、分配层次组合模型
研究区域	德克萨斯州奥斯汀	圣地亚哥(智利)	罗马	香港	名古屋
基年	不明	1991/2001	不明	1999	不明
预测年限	不明	1995 & 2010	不明	不明	不明
分类别		13个用户类，3种出行目的	20类出行者	18个用户类，6种出行目的	
交通方式		有驾照者11种方式，无驾照者9种方式	小汽车，公交车和助动车	9种交通方式(包括货车)	3种主要方式和4种轨道末端方式
路网		道路：小汽车、出租车、公交 公共交通：地铁，公交专用道	公交和小汽车相互影响	公交网络与道路网络分离	公交网络与道路网络分离
数学模型	带约束的最优化问题	变分不等式问题	不动点问题	带约束的最优化问题	带约束的最优化问题
OD分布	二重制约、负指数函数	二重制约、负指数函数	无	二重制约、负指数函数	无
实现手段	Logit	Nested Logit	Nested Logit	Nested Logit	Nested Logit
时段	不明				
路径	最短路径	小汽车：最短路径 公交(Transit)：最短路径 步行：最短路径	小汽车：最短路径 公交：最短路径	小汽车：最短路径 公交：最短路径	小汽车：最短路径 公交：最短路径
是否出行	回归式	无	Logit	无	无
交通小区数	520	264/409(49个为停车点)	854	20	428

续 表

著者/年份	K. N. A. Safwat 和 C. M. Walton (1988)[263]	M. Florian, Wu J. H. 和 He S. (1999, 2002)[275][356]	G. Gentile, N. Papola, L. Persia (2004, 2006)[289,290]	K. I. Wong, S. C. Wong 等 (2003)[277]	三村健太郎 (2002)[287]
路网节点数	2 137	1 091/1 808	5 902(含形心节点)	77	1 713
路段数	7 096	5 606/11 331	16 878	216	5 942
轨道路段数	不明	公交线路：1 273 轨道路段：96	公交线路 680 条，含轨道 19 626个路段	不明	不明
求解方法	不明	Block - Gauss - Seidel 算法	MSA	部分线性化方法 Evans (1976)	不明
数据	不明	社会(家庭)交通调查	不明	香港综合交通研究CTS-3PT 调查	1991 年 RP 调查，1998 年 SP 调查
参数标定	不明	不明	不明	有	有
模型验证	不明	不明	不明	不明	有

资料来源：根据 David Boyce 的文献[357]以及其他大量文献整理。

5.2 多用户多准则多模式组合模型建立及等价性证明

5.2.1 多用户交通行为描述

1. 路径选择行为

i 类出行者在 OD 对(r,s)之间交通方式为 m 的路径 k 选择概率为：

$$\Pr(k \mid i, r, s, m) = \frac{\exp(-\theta_1 C_{rs,k}^{i,m})}{\sum_k \exp(-\theta_1 C_{rs,k}^{i,m})} \tag{5-1}$$

其中 $C_{rs,k}^{i,m} = t_{k,rs}^{i,m} + p_{k,rs}^{m}/v_i$，为 OD 对$(r,s)$之间 k 交通方式为 m 路径的广义成本，θ_1 为路径选择离散系数(特殊情况下可以分不同交通方式和出行者)。

2. 交通方式选择行为

i 类出行者在 OD 对(r,s)之间的交通方式选择概率为：

$$\Pr(m \mid i, r, s) = \frac{\exp[-\theta_2(V_{rs}^{i,m} + S_{rs}^{i,m})]}{\sum_m \exp[-\theta_2(V_{rs}^{i,m} + S_{rs}^{i,m})]} \tag{5-2}$$

其中 $S_{rs}^{i,m} = -\frac{1}{\theta_1}\ln\sum_k \exp(-\theta_1 C_{rs,k}^{i,m})$，为 OD 对$(r,s)$之间 i 类出行者使用交通方式 m 的路径期望最小费用，$V_{rs}^{i,m}$ 为 OD 对(r,s)之间交通方式 m 对 i 类出行者的吸引度，也可以理解为效用函数的固定项，θ_2 为交通方式选择离散系数(可按出行者类别区分)。

3. 目的地选择行为

i 类出行者，出发地为 r，使用交通方式 m 的条件下目的地选择概率为：

$$\Pr(s \mid i, r) = \frac{\exp[-\theta_3(V_{rs}^{i} + S_{rs}^{i})]}{\sum_s \exp[-\theta_3(V_{rs}^{i} + S_{rs}^{i})]} \tag{5-3}$$

其中 $S_{rs}^{i} = -\frac{1}{\theta_2}\ln\sum_m \exp[-\theta_2(V_{rs}^{i,m} + S_{rs}^{i,m})]$，为 i 类出行者到达目的地 s 的交通方式期望最小广义费用，V_{rs}^{i} 为目的地选择的吸引度，θ_3 为 i 类出行者的目的地选择离散系数(可按出行者类别区分)。

4. 出行产生的选择行为

i 类出行者的出行产生概率为：

$$\Pr(i, r) = \frac{\exp[-\theta_4(V_{r}^{i} + V^{i}(t) + S_{r}^{i})]}{1 + \exp[-\theta_4(V_{r}^{i} + V^{i}(t) + S_{r}^{i})]} \tag{5-4}$$

其中 $S_{r}^{i} = -\frac{1}{\theta_3}\ln\sum_s \exp[-\theta_3(V_{rs}^{i} + S_{rs}^{i})]$，为 i 类出行者出行产生的目的地期望最小费用，V_{r}^{i} 为 i 类出行者以出发地 r 出行的固定非效用，与当地的社会经济属性相关，$V^{i}(t)$ 则是 i 类出行者在不同时间段固定非效用，例如购物交通受到营业时间的影响，θ_4 为 i 类出行者出行发生的离散系数(可以按出行者类别区分)。

5.2.2　模型的构建和交通行为等价性证明

假设交通小区 r 内的 i 类人口数为 N_{r}^{i}，在一定时段内不出行的人数为 O_{r0}^{i}，出行的人口数为 O_{r}^{i}，且满足关系式 $O_{r}^{i}+O_{r0}^{i}=N_{r}^{i}$。OD 对$(r, s)$间 i 类出行人数

为 q_{rs}^{i}，且选择交通方式 m 的出行人数为 $q_{rs}^{i,m}$，其中选择路径 k 的出行人数为 $f_{rs,k}^{i,m}$。设路段阻抗函数是可分离的，构建基于Nested Logit 的多用户四阶段组合模型，如图 5－4 所示。

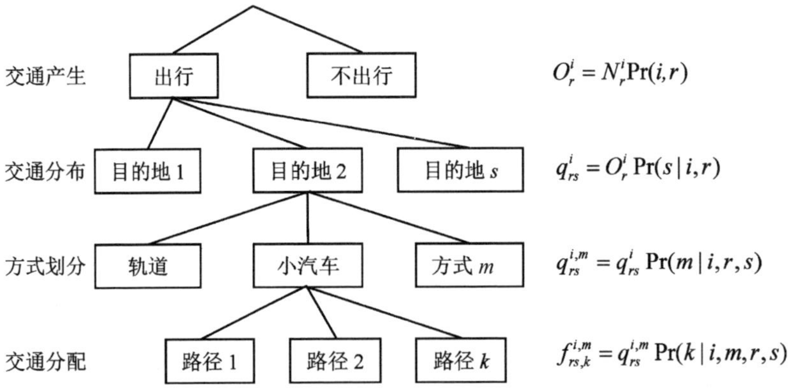

图 5－4　基于 Nested Logit 的多用户四阶段组合模型

该四阶段组合模型具有流程再造特性，即根据模型的需要，可以对不同阶段进行选择组合。为了体现其应用的灵活性，这里将模型的目标函数和约束条件按照四阶段模型的不同步骤进行了分拆。根据不同的数据条件，可以构建完全的四阶段组合模型或部分步骤的组合模型，目标函数项可以根据需要，按照式(5－5a)/式(5－5b)—式(5－5e)的顺序选取，前者为可选，后者为必选，交通分配模型也具有灵活性。如果需要构建其他层次顺序的四阶段模型，如方式划分在交通分布之前完成，则需要重新构建目标函数式。模型的目标函数和约束条件解析如下：

目标函数：

SUE 交通分配：

$$\sum_{m,a}\alpha_m\int_0^{x_a^m} t_a^m(w)\,\mathrm{d}w + \sum_{i,m,a} p_a^m x_a^{i,m}/v_i + \frac{1}{\theta_1}\sum_{r,s,i,m,k} f_{rs,k}^{i,m}\ln\frac{f_{rs,k}^{i,m}}{q_{rs}^{i,m}} \quad (5-5a)$$

UE 交通分配：

$$\sum_{m,a}\alpha_m\int_0^{x_a^m} t_a^m(w)\,\mathrm{d}w + \sum_{i,m,a} p_a^m x_a^{i,m}/v_i\text{，即 SUE } \theta_1 \to \infty \text{ 情形} \quad (5-5b)$$

方式划分：

$$\frac{1}{\theta_2}\sum_{i,m,r,s} q_{rs}^{i,m}\ln\frac{q_{rs}^{i,m}}{q_{rs}^{i}} + \sum_{i,m,r,s} q_{rs}^{i,m} V_{rs}^{i,m} \quad (5-5c)$$

交通分布：
$$\frac{1}{\theta_3}\sum_{i,r,s}q_{rs}^i\ln\frac{q_{rs}^i}{O_r^i}+\sum_{i,r,s}q_{rs}^iV_{rs}^i \tag{5-5d}$$

交通产生：
$$\sum_{i,r}\frac{1}{\theta_4}\left(O_r^i\ln\frac{O_r^i}{N_r^i}+O_{r0}^i\ln\frac{O_{r0}^i}{N_r^i}\right)+\sum_{i,r}O_r^i[V_r^i+V^i(t)] \tag{5-5e}$$

约束条件：

模型组成	约束条件表达式	对偶变量	
交通产生：	$O_r^i+O_{r0}^i=N_r^i,\ \forall i,r$	η_r^i	(5 - 6a)
交通分布：	$\sum_s q_{rs}^i=O_r^i,\ \forall i,r$	γ_r^i	(5 - 6b)
方式划分：	$\sum_m q_{rs}^{i,m}=q_{rs}^i,\ \forall i,r,s$	λ_{rs}^i	(5 - 6c)
交通分配：	$\sum_k f_{rs,k}^{i,m}=q_{rs}^{i,m},\ \forall r,s,i,m$	$\varphi_{rs}^{i,m}$	(5 - 6d)
流量约束：	$x_a^{i,m}=\frac{1}{\alpha_m}\sum_{rs,k}f_{rs,k}^{i,m}\delta_{a,k}^{i,m,rs},\ \forall i,m,a$		(5 - 6e)
描述性约束：	$x_a^m=\sum_i x_a^{i,m},\ \forall m,a$		(5 - 6f)

非负约束：

$$O_{r0}^i\geqslant 0,\ q_{rs}^{i,m}\geqslant 0,\ f_{rs,k}^{i,m}\geqslant 0,\ x_a^{i,m}\geqslant 0,\ t_a^m(x_a^m)>0,$$
$$\frac{\partial t_a^m(x_a^m)}{\partial x_a^m}>0,\ \theta_1>\theta_2>\theta_3>\theta_4>0,\ \forall i,m,r,s,k,a \tag{5-6g}$$

这里 p_a^m 是指交通方式 m 在路段 a 上单位车辆的出行成本，如路段对小汽车的收费。单位乘客分摊到的成本应该除以载客率。v_i 为单位乘客的时间价值，α_m 为交通方式 m 的载客率。注意式(5 - 5a)和式(5 - 5b)为 $\sum_{i,m,a}p_a^m x_a^{i,m}/v_i$，而不是 $\sum_{i,m,a}\alpha_m p_a^m x_a^{i,m}/v_i$，它的意义是所有乘客的折算出行时间之和。理论上的解释可以见模型的模型等价性推导，在这里先打个比方便于理解。例如某路段收费 10 元，每个乘客的时间价值为 2 元/min，小汽车上有 3 个乘客，则小汽车的时间价值为 2×3=6 元/min，小汽车的折算时间为 10/6=5/3 min，车上一共 3 个人，合计消耗的折算时间为 3×(5/3)=5 min。另外，可以这样考虑，收费 10 元，3 个人均摊，每人付出 10/3 元，所以每人付出的折算时间为(10/3)/2=5/3 min，3 人总消耗的折算时间也为 3×5/3=5 min。现在假设车上有 4

人，则小汽车的时间价值为 8 元/min，小汽车的折算时间为 5/4 min，车上一共 4 人，合计消耗的折算时间还是 5 min。从每人分摊 5/2 元的角度出发，每人消耗的折算时间为 5/4 min，合计消耗的折算时间也是 5 min。可见，载客率的变化，不会引起在收费路段的乘客合计折算时间变化，但由于载客量提高使得小汽车的时间价值提高，会改变小汽车的路径选择。

下面证明上述多用户四阶段组合模型式(5－5a)—式(5－5e)，式(5－6a)—式(5－6g)符合式(5－1)—式(5－4)的交通行为描述。完整的多用户四阶段组合模型目标函数为：

$$\begin{aligned}\min Z[\mathbf{x}(\mathbf{f}), \mathbf{q}, \mathbf{O}] = & \sum_{m, a}\alpha_m \int_0^{x_a^m} t_a^m(w)\mathrm{d}w + \sum_{i, m, a} p_a^m x_a^{i, m}/v_i \\ & + \frac{1}{\theta_1}\sum_{r, s, i, m, k} f_{rs, k}^{i, m}\ln\frac{f_{rs, k}^{i, m}}{q_{rs}^{i, m}} \\ & + \frac{1}{\theta_2}\sum_{i, m, r, s} q_{rs}^{i, m}\ln\frac{q_{rs}^{i, m}}{q_{rs}^{i}} + \sum_{i, m, r, s} q_{rs}^{i, m}V_{rs}^{i, m} \\ & + \frac{1}{\theta_3}\sum_{i, r, s} q_{rs}^{i}\ln\frac{q_{rs}^{i}}{O_r^i} + \sum_{i, r, s} q_{rs}^{i}V_{rs}^{i} \\ & + \sum_{i, r}\frac{1}{\theta_4}\left(O_r^i\ln\frac{O_r^i}{N_r^i} + O_{r0}^i\ln\frac{O_{r0}^i}{N_r^i}\right) \\ & + \sum_{i, r} O_r^i[V_i^r + V_i(t)]\end{aligned} \tag{5－7a}$$

构造如下增广的拉格朗日函数：

$$\begin{aligned}L(\mathbf{f}, \mathbf{q}, \boldsymbol{\lambda}, \boldsymbol{\varphi}) = & Z[\mathbf{x}(\mathbf{f}), \mathbf{q}, \mathbf{O}] + \sum_{rs, i, m}\varphi_{rs}^{i, m}\left(q_{rs}^{i, m} - \sum_i f_{rs, k}^{i, m}\right) \\ & + \sum_{rs, i}\lambda_{rs}^i\left(q_{rs}^i - \sum_m q_{rs}^{i, m}\right) + \sum_{r, i}\gamma_r^i\left(O_r^i - \sum_s q_{rs}^i\right) \\ & + \sum_{r, i}\eta_r^i\left(N_r^i - O_r^i - O_{r0}^i\right)\end{aligned} \tag{5－7b}$$

由于分类用户路段流量解的不唯一性，目标函数为凸而非严格凸，最优化问题的“库恩-塔克”条件即 KKT 条件为：

$$f_{rs, k}^{i, m}\frac{\partial L}{\partial f_{rs, k}^{i, m}} = 0 \text{ 且 } \frac{\partial L}{\partial f_{rs, k}^{i, m}} \geqslant 0 \tag{5－8a}$$

$$q_{rs}^{i, m}\frac{\partial L}{\partial q_{rs}^{i, m}} = 0 \text{ 且 } \frac{\partial L}{\partial q_{rs}^{i, m}} \geqslant 0 \tag{5－8b}$$

$$q_{rs}^{i}\frac{\partial L}{\partial q_{rs}^{i}}=0\text{ 且 }\frac{\partial L}{\partial q_{rs}^{i}}\geqslant 0 \tag{5-8c}$$

$$O_{r}^{i}\frac{\partial L}{\partial O_{r}^{i}}=0\text{ 且 }\frac{\partial L}{\partial O_{r}^{i}}\geqslant 0 \tag{5-8d}$$

$$O_{r0}^{i}\frac{\partial L}{\partial O_{r0}^{i}}=0\text{ 且 }\frac{\partial L}{\partial O_{r0}^{i}}\geqslant 0 \tag{5-8e}$$

$$\frac{\partial L}{\partial \lambda_{rs}^{i}}=0,\ \frac{\partial L}{\partial \varphi_{rs}^{i,m}}=0,\ \frac{\partial L}{\partial \gamma_{r}^{i}}=0,\ \frac{\partial L}{\partial \eta_{r}^{i}}=0 \tag{5-8f}$$

1. 路径选择行为推导

当 $f_{rs,k}^{i,m}>0$ 时，

$$\begin{aligned}\frac{\partial L}{\partial f_{rs,k}^{i,m}}&=\sum_{a}\left[t_{a}^{m}(x_{a}^{m})+p_{a}^{m}/(\alpha_{m}v_{i})\right]\delta_{a,k}^{i,m,rs}+\frac{1}{\theta_{1}}\left(1+\ln\frac{f_{rs,k}^{i,m}}{q_{rs}^{i,m}}\right)-\varphi_{rs}^{i,m}\\&=C_{rs,k}^{i,m}+\frac{1}{\theta_{1}}\left(1+\ln\frac{f_{rs,k}^{i,m}}{q_{rs}^{i,m}}\right)-\varphi_{rs}^{i,m}=0\end{aligned} \tag{5-9}$$

这里可以看出 $\sum_{a}\left[t_{a}^{m}(x_{a}^{m})+p_{a}^{m}/(\alpha_{m}v_{i})\right]\delta_{a,k}^{i,m,rs}$ 为个人的路径出行时间加上折算时间，可以这样理解：p_{a}^{m}/α_{m} 为个人承担的费用，再除以个人的时间价值 v_{i} 就得到折算时间，从而说明了目标函数部分为 $\sum_{i,m,a}p_{a}^{m}x_{a}^{i,m}/v_{i}$，而不是 $\sum_{i,m,a}\alpha_{m}p_{a}^{m}x_{a}^{i,m}/v_{i}$ 的道理。由式(5-9)得到：

$$f_{rs,k}^{i,m}=q_{rs}^{i,m}\exp\left[\theta_{1}(\varphi_{rs}^{i,m}-C_{rs,k}^{i,m})-1\right] \tag{5-10}$$

两边关于路径的流量求和，得到：

$$1=\sum_{k}\exp\left[\theta_{1}(\varphi_{rs}^{i,m}-C_{rs,k}^{i,m})-1\right]=\exp(\theta_{1}\varphi_{rs}^{i,m}-1)\sum_{k}\exp(-\theta_{1}C_{rs,k}^{i,m}) \tag{5-11}$$

将两式相除，即式(5-10)/式(5-11)，便完成了 Logit 形式的路径选择行为证明：

$$f_{rs,k}^{i,m}=q_{rs}^{i,m}\frac{\exp(-\theta_{1}C_{rs,k}^{i,m})}{\sum_{k}\exp(-\theta_{1}C_{rs,k}^{i,m})}=q_{rs}^{i,m}\frac{\exp\left[-\theta_{1}(t_{rs,k}^{i,m}+p_{rs,k}^{i,m}/v_{i})\right]}{\sum_{k}\exp\left[-\theta_{1}(t_{rs,k}^{i,m}+p_{rs,k}^{i,m}/v_{i})\right]} \tag{5-12}$$

由式(5-11)还可以得到一个辅助性的结果：

$$\varphi_{rs}^{i,m} = -\frac{1}{\theta_1}\ln\sum_{k}\exp(-\theta_1 C_{rs,k}^{i,m}) + \frac{1}{\theta_1} = S_{rs}^{i,m} + \frac{1}{\theta_1} \tag{5-13}$$

2. 交通方式选择行为推导

当 $q_{rs}^{i,m} > 0$ 时，

$$\frac{\partial L}{\partial q_{rs}^{i,m}} = -\frac{1}{\theta_1} + \frac{1}{\theta_2}\left(1 + \ln\frac{q_{rs}^{i,m}}{q_{rs}^{i}}\right) + V_{rs}^{i,m} - \lambda_{rs}^{i} + \varphi_{rs}^{i,m} = 0 \tag{5-14}$$

结合式(5-13)，得到：

$$\frac{q_{rs}^{i,m}}{q_{rs}^{i}} = \exp\{\theta_2[\lambda_{rs}^{i} - (V_{rs}^{i,m} + S_{rs}^{i,m})] - 1\} \tag{5-15}$$

两边关于交通方式 m 求和，得到：

$$\begin{aligned}1 &= \sum_{m}\exp\{\theta_2[\lambda_{rs}^{i} - (V_{rs}^{i,m} + S_{rs}^{i,m})] - 1\} \\ &= \exp(\theta_2\lambda_{rs}^{i} - 1)\sum_{m}\exp[-\theta_2(V_{rs}^{i,m} + S_{rs}^{i,m})]\end{aligned} \tag{5-16}$$

将两式相除，即式(5-15)/式(5-16)，便完成了 Logit 形式的交通方式选择行为证明：

$$\frac{q_{rs}^{i,m}}{q_{rs}^{i}} = \frac{\exp[-\theta_2(V_{rs}^{i,m} + S_{rs}^{i,m})]}{\sum_{m}\exp[-\theta_2(V_{rs}^{i,m} + S_{rs}^{i,m})]} \tag{5-17}$$

由式(5-16)还可以得到一个辅助性的结果：

$$\lambda_{rs}^{i} = -\frac{1}{\theta_2}\ln\sum_{m}\exp[-\theta_2(V_{rs}^{i,m} + S_{rs}^{i,m})] + \frac{1}{\theta_2} = S_{rs}^{i} + \frac{1}{\theta_2} \tag{5-18}$$

3. 目的地选择行为推导

当 $q_{rs}^{i} > 0$ 时，

$$\frac{\partial L}{\partial q_{rs}^{i}} = -\frac{1}{\theta_2} + \frac{1}{\theta_3}\left(1 + \ln\frac{q_{rs}^{i}}{O_r^{i}}\right) + V_{rs}^{i} + \lambda_{rs}^{i} - \gamma_r^{i} = 0 \tag{5-19}$$

结合式(5-18)，得到：

$$\frac{q_{rs}^{i}}{O_r^{i}} = \exp\{\theta_3[\gamma_r^{i} - (V_{rs}^{i} + S_{rs}^{i})] - 1\} = \exp(\theta_3\gamma_r^{i} - 1)\exp[-\theta_3(V_{rs}^{i} + S_{rs}^{i})] \tag{5-20}$$

两边关于目的地 s 求和，得到：

$$1 = \exp(\theta_3 \gamma_r^i - 1) \sum_s \exp[-\theta_3 (V_{rs}^i + S_{rs}^i)] \tag{5-21}$$

将两式相除，即式(5-20)/式(5-21)，便完成了 Logit 单侧制约的目的地选择行为证明：

$$\frac{q_{rs}^i}{O_r^i} = \frac{\exp[-\theta_3 (V_{rs}^i + S_{rs}^i)]}{\sum_s \exp[-\theta_3 (V_{rs}^i + S_{rs}^i)]} \tag{5-22}$$

由式(5-21)还可以得到一个辅助性的结果：

$$\gamma_r^i = -\frac{1}{\theta_3} \ln \sum_s \exp[-\theta_3 (V_{rs}^i + S_{rs}^i)] + \frac{1}{\theta_3} = S_r^i + \frac{1}{\theta_3} \tag{5-23}$$

4. 出行产生的行为推导

当 $O_r^i > 0$ 时，

$$\frac{\partial L}{O_r^i} = -\frac{1}{\theta_3} + \frac{1}{\theta_4}\left(1 + \ln \frac{O_r^i}{N_r^i}\right) + V_r^i + V^i(t) + \gamma_r^i - \eta_r^i = 0 \tag{5-24}$$

结合式(5-23)，得到：

$$\begin{aligned} O_r^i &= N_r^i \exp\{-\theta_4 [V_r^i + V^i(t) + S_r^i] + \theta_4 \eta_r^i - 1\} \\ &= N_r^i \exp\{-\theta_4 [V_r^i + V^i(t) + S_r^i]\} \exp(\theta_4 \eta_r^i - 1) \end{aligned} \tag{5-25}$$

当 $O_{r0}^i > 0$ 时，

$$\frac{\partial L}{\partial O_{r0}^i} = \frac{1}{\theta_4}\left(1 + \ln \frac{O_{r0}^i}{N_r^i}\right) - \eta_r^i = 0 \tag{5-26}$$

从而

$$O_{r0}^i = N_r^i \exp(\theta_4 \eta_r^i - 1) \tag{5-27}$$

将式(5-25)和式(5-27)两式相加得到：

$$1 = N_r^i \exp(\theta_4 \eta_r^i - 1) \{1 + \exp[-\theta_4 (V_r^i + V^i(t) + S_r^i)]\} \tag{5-28}$$

再将两式相除，即式(5-25)/式(5-28)得到：

$$O_r^i = \frac{\exp[-\theta_4 (V_r^i + V^i(t) + S_r^i)]}{1 + \exp[-\theta_4 (V_r^i + V^i(t) + S_r^i)]} \tag{5-29}$$

证明完毕！

上述多用户四阶段组合模型可以写成等价的变分不等式问题：

$$\begin{aligned}
&\sum_{r,s,k,i,m}\left[C_{rs,k}^{i,m}\left(\sum_{i}f_{rs,k}^{i,m^*}\right)+\frac{1}{\theta_1}f_{rs,k}^{i,m^*}\ln\frac{f_{rs,k}^{i,m^*}}{q_{rs}^{i,m^*}}\right](f_{rs,k}^{i,m}-f_{rs,k}^{i,m^*})\\
&+\sum_{r,s,i,m}\left[\frac{1}{\theta_2}q_{rs}^{i,m^*}\ln\frac{q_{rs}^{i,m^*}}{q_{rs}^{i^*}}+q_{rs}^{i,m^*}V_{rs}^{i,m}\right](q_{rs}^{i,m}-q_{rs}^{i,m^*})\\
&+\sum_{r,s,i}\left[\frac{1}{\theta_3}q_{rs}^{i^*}\ln\frac{q_{rs}^{i^*}}{O_r^{i^*}}+q_{rs}^{i^*}V_{rs}^{i}\right](q_{rs}^{i}-q_{rs}^{i^*})\\
&+\sum_{i,r}\left\{\frac{1}{\theta_4}\left[O_r^{i^*}\ln\frac{O_r^{i^*}}{N_r^i}\right]+O_r^{i^*}[V_r^i+V^i(t)]\right\}(O_r^i-O_r^{i^*})\\
&+\sum_{i,r}\frac{1}{\theta_4}O_{r0}^{i^*}\ln\frac{O_{r0}^{i^*}}{N_r^i}(O_{r0}^i-O_{r0}^{i^*})\geqslant 0
\end{aligned}\tag{5-30}$$

s. t. 式(5－6a)—式(5－6g)

应当说明，上述模型的一个基本假设条件是各种交通方式路段阻抗函数互不影响，即每种交通方式的阻抗只和自身的流量相关，从而可以同时构建最优化问题和变分不等式问题。在实际交通系统中，路段阻抗函数是不可分离的，此时只能用变分不等式表示，将式(5－30)改写为如下形式即可：

$$\begin{aligned}
&\sum_{r,s,k,i,m}\left[C_{rs,k}^{i,m}(\mathbf{f}^*)+\frac{1}{\theta_1}f_{rs,k}^{i,m^*}\ln\frac{f_{rs,k}^{i,m^*}}{q_{rs}^{i,m^*}}\right](f_{rs,k}^{i,m}-f_{rs,k}^{i,m^*})\\
&+\sum_{r,s,i,m}\left[\frac{1}{\theta_2}q_{rs}^{i,m^*}\ln\frac{q_{rs}^{i,m^*}}{q_{rs}^{i^*}}+q_{rs}^{i,m^*}V_{rs}^{i,m}\right](q_{rs}^{i,m}-q_{rs}^{i,m^*})\\
&+\sum_{r,s,i}\left[\frac{1}{\theta_3}q_{rs}^{i^*}\ln\frac{q_{rs}^{i^*}}{O_r^{i^*}}+q_{rs}^{i^*}V_{rs}^{i}\right](q_{rs}^{i}-q_{rs}^{i^*})\\
&+\sum_{i,r}\left\{\frac{1}{\theta_4}\left[O_r^{i^*}\ln\frac{O_r^{i^*}}{N_r^i}\right]+O_r^{i^*}[V_r^i+V^i(t)]\right\}(O_r^i-O_r^{i^*})\\
&+\sum_{i,r}\frac{1}{\theta_4}O_{r0}^{i^*}\ln\frac{O_{r0}^{i^*}}{N_r^i}(O_{r0}^i-O_{r0}^{i^*})\geqslant 0
\end{aligned}\tag{5-31}$$

式(5－30)和式(5－31)的差别是后者的路段阻抗函数是不可分离的，其与交通行为描述的等价性证明和最优化问题类似，不再给出。其中 f 是关于用户类 i 和交通方式 m 二维向量，即 $f=[f_{rs,k}^{i,m}]$。这个变分不等式问题应该采用部分线性化方法和对角化方法结合的算法求解。

为了说明模型各公式的含义，借鉴 Oppenheim[255] 的出行者消费行为理论，出行者间接效用和期望成本的数学公式对应如下：

交通产生：

间接效用 $$-\theta_4[V_r^i+V^i(t)+S_r^i] \tag{5-32a}$$

期望成本 $$S_r^i=-\frac{1}{\theta_4}\ln\{1+\exp[-\theta_4(V_r^i+V^i(t)+S_r^i)]\} \tag{5-32b}$$

交通分布：

间接效用 $$-\theta_3(V_{rs}^i+S_{rs}^i) \tag{5-33a}$$

期望成本 $$S_r^i=-\frac{1}{\theta_3}\ln\sum_s\exp[-\theta_3(V_{rs}^i+S_{rs}^i)] \tag{5-33b}$$

方式划分：

间接效用 $$-\theta_2(V_{rs}^{i,m}+S_{rs}^{i,m}) \tag{5-34a}$$

期望成本 $$S_{rs}^i=-\frac{1}{\theta_2}\ln\sum_m\exp[-\theta_2(V_{rs}^{i,m}+S_{rs}^{i,m})] \tag{5-34b}$$

UE 交通分配：

间接效用 $$-C_{rs,k}^{i,m}=-(t_{k,rs}^{i,m}+p_{k,rs}^m/v_i) \tag{5-35a}$$

期望成本 $$C_{rs,k}^{i,m^*}=\min_{\{k\}}C_{rs,k}^{i,m} \tag{5-35b}$$

SUE 交通分配：

间接效用 $$-\theta_1C_{rs,k}^{i,m} \tag{5-36a}$$

期望成本 $$S_{rs}^{i,m}=-\frac{1}{\theta_1}\ln\sum_k\exp(-\theta_1C_{rs,k}^{i,m}) \tag{5-36b}$$

5.3　组合模型的算法和参数标定

5.3.1　模型的算法

路段阻抗为可分离的多用户四阶段组合模型，属于凸规划问题，可以用部分线性化方法(Partial Linearization)求解，即目标函数只对难以解析的交通分配项目进行线性化。限于数据收集的困难和笔者的精力，在本书中所作算例为多用户多准则交通方式分担和交通分配组合模型。在四阶段组合模型的部分线性化算法中，交通方式分担、交通分布(目的地选择)以及交通产生的目标函数项都不需要进行线性化。因此,笔者只给出交通方式分担和交通分配组合模型的算法,并且交通分配为 UE 均衡。算法如果要满足包含交通分布和交通产生的多用户四阶段组合模型,其目标函数项和交通方式分担的目标函数项的处理方法完全相同,在此不再赘述,其计算流程可以参考图 5－5。

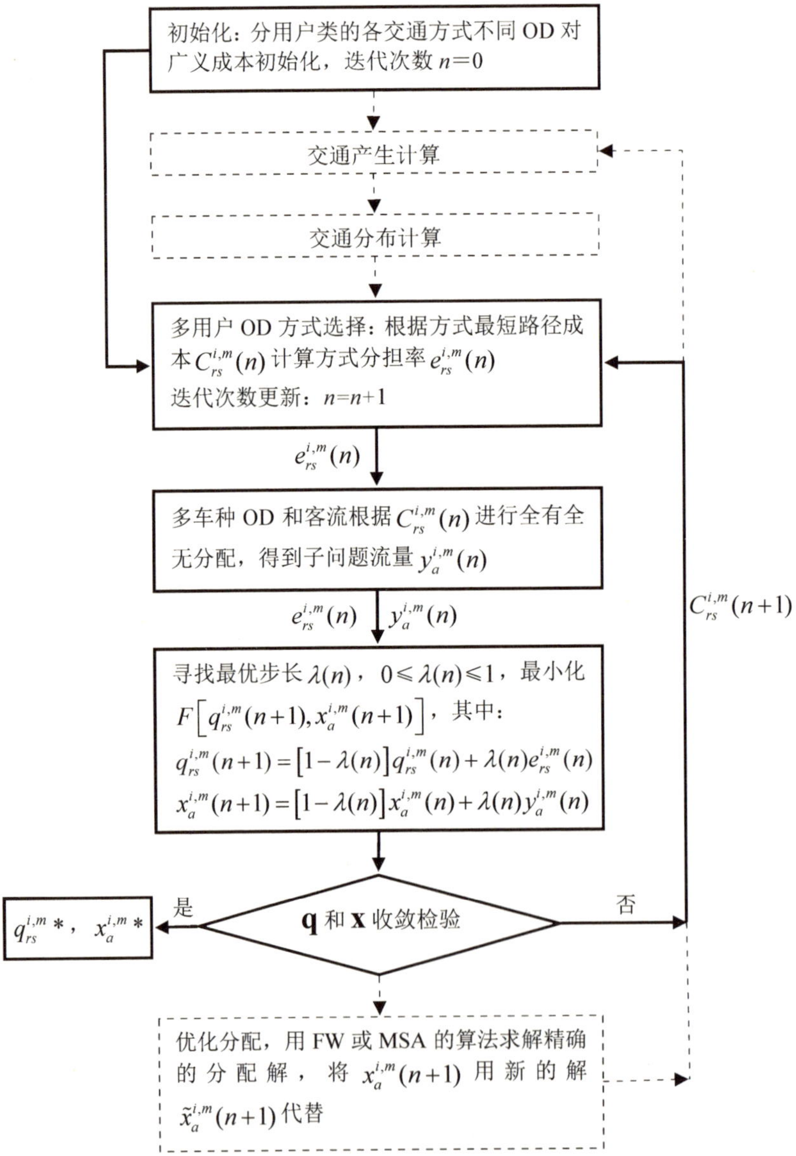

图 5－5　路段阻抗可分离的多用户方式分担和交通分配组合模型广义部分线性化算法

1. 路段阻抗可分离的多用户方式分担和交通分配组合模型算法

图 5－5 给出了路段阻抗可分离的组合模型算法流程，其中交通产生、交通分布两项和交通方式划分的计算原理是一样的，故没有从数学公式上进行详细描述。

图中，$x_a^m(n)=\sum_i x_a^{i,m}(n)$，$x_a^m(n+1)=\sum_i x_a^{i,m}(n)+\lambda(n)\sum_i[y_a^{i,m}(n)-x_a^{i,m}(n)]$，$q_{rs}^{i,m}(n+1)=q_{rs}^{i,m}(n)+\lambda(n)[e_{rs}^{i,m}(n)-q_{rs}^{i,m}(n)]$，路段 a 上 i 类用户采用交通方式 m 的广义成本为 $C_a^{i,m}(x_a^m)=t_a^m(x_a^m)+p_a/v_i$。寻找最优步长 $\lambda(n)$ 的一维搜索目标函数 $F[q_{rs}^{i,m}(n+1),\ x_a^{i,m}(n+1)]$ 为：

$$\begin{aligned}&\sum_{m,a}\alpha_m\int_0^{x_a^m(n+1)}t_a^m(w)\mathrm{d}w+\sum_{i,m,a}x_a^{i,m}(n+1)\frac{p_a^m}{v_i}\\&+\frac{1}{\theta_2}\sum_{i,m,rs}q_{rs}^{i,m}(n+1)\ln\frac{q_{rs}^{i,m}(n+1)}{q_{rs}^i}+\sum_{i,m,rs}q_{rs}^{i,m}(n+1)V_{rs}^{i,m}\end{aligned}\tag{5-37}$$

上述一维搜索问题可以用二分法计算求得 $\lambda(n)$。在凸规划问题中，由于存在目标函数的最小值，相对误差的计算比较容易理解，设部分线性化函数和目标函数之间的差值为：

$$\begin{aligned}Gap^n=&\sum_m\alpha_m\sum_{i,a}C_a^{i,m}[x_a^m(n)](y_a^{i,m}(n)-x_a^{i,m}(n))+\frac{1}{\theta_2}\sum_{i,m,r,s}e_{rs}^{i,m}(n)\ln\frac{e_{rs}^{i,m}(n)}{q_{rs}^i}\\&+\sum_{i,m,r,s}e_{rs}^{i,m}(n)V_{rs}^{i,m}-\frac{1}{\theta_2}\sum_{i,m,r,s}q_{rs}^{i,m}(n)\ln\frac{q_{rs}^{i,m}(n)}{q_{rs}^i}-\sum_{i,m,r,s}q_{rs}^{i,m}(n)V_{rs}^{i,m}\end{aligned}\tag{5-38}$$

部分线性化函数的值称为 Lower Bound，为：

$$\begin{aligned}LB^n=&\sum_{i,m,a}\alpha_m\int_0^{x_a^m(n)}C_a^{i,m}(w)\mathrm{d}w+\frac{1}{\theta_2}\sum_{i,m,r,s}q_{rs}^{i,m}(n)\ln\frac{q_{rs}^{i,m}(n)}{q_{rs}^i}\\&+\sum_{i,m,r,s}q_{rs}^{i,m}(n)V_{rs}^{i,m}+Gap^n\\=&\sum_{m,a}\alpha_m\int_0^{x_a^m(n)}t_a^m(w)\mathrm{d}w+\sum_m\alpha_m\sum_{i,a}C_a^{i,m}[x_a^m(n)][y_a^{i,m}(n)-x_a^{i,m}(n)]\\&+\frac{1}{\theta_2}\sum_{i,m,r,s}e_{rs}^{i,m}(n)\ln\frac{e_{rs}^{i,m}(n)}{q_{rs}^i}+\sum_{i,m,r,s}e_{rs}^{i,m}(n)V_{rs}^{i,m}\end{aligned}\tag{5-39}$$

收敛判别指标为：相对误差(Relative Gap，简称 $RGap$)为：$RGap = |Gap^n / BLB| < \varepsilon$，其中 ε 为误差设定值，$BLB = \max_n(LB^n)$。

上述广义部分线性化算法(Generalized Partial Linearization，简称 GPL 算法)中，每次迭代对交通分配计算并不是求解精确解，而是只计算最短路分配，和多模式交通分配的精简对角化问题一样，每次迭代的交通分配问题求解只是子问题，无需十分精确地求解。当然也可以在每次迭代中求解交通分配问题的精确解，而交通分配本身也需要迭代，形成了嵌套的迭代计算，需要较长的时间才能得到收敛。实践已经证明，每次迭代中不求解精确的交通分配问题解可以加快计算速度，并达到问题最终解的相同效果。

2. 路段阻抗不可分离的多用户方式分担和交通分配组合模型算法

这里给出前文具有流程再造性的四阶段模型的路段阻抗不可分离的多用户方式分担和交通分配组合模型的变分不等式问题：

$$\sum_{r,s,k,i,m} C_{rs,k}^{i,m}(\mathbf{f}^*)(f_{rs,k}^{i,m} - f_{rs,k}^{i,m^*}) + \sum_{r,s,i,m}\left[\frac{1}{\theta_2} q_{rs}^{i,m^*} \ln \frac{q_{rs}^{i,m^*}}{q_{rs}^{i^*}} + q_{rs}^{i,m^*} V_{rs}^{i,m}\right] (q_{rs}^{i,m} - q_{rs}^{i,m^*}) \geqslant 0 \tag{5-40}$$

s. t. 式(5-6c)—式(5-6f)

在第 6 章大规模城市综合交通网络的交通需求管理政策应用中，求解的是这个变分不等式问题。它描述了不同交通方式之间对交通系统拥挤的相互影响，从而可以反映不同均衡状态下不同交通方式之间的服务水平差异。同时，交通方式可以扩展为多种单一方式进行组合换乘的多模式交通体系。组合换乘的交通方式同样也对交通系统的拥挤产生影响，因此它的交通流量可以看成是不同单一交通方式以外的交通方式流量，但它的拥挤贡献和对应的单一交通方式是相同的。

路段阻抗函数不可分离和可分离的组合模型计算流程大体相同，它们最大的区别是前者某种交通方式的路段阻抗不但受到本身流量的影响，也受到其他交通方式流量的影响。不可分离的路段阻抗函数是一个多元函数，即多种交通方式的流量，并且影响一般来说是非对称性的。非对称性交通分配方法一般用对角化方法求解，或者更快的精简对角化方法求解。在路段阻抗函数可分离的凸规划组合模型中，每次迭代的交通分配子问题无需求解精确的解，这个方法应用到路段阻抗函数不可分离的变分不等式模型中，则正好构成了类似精简对角化方法的交通分配算法，只不过在搜索方向的同时，还包含了交通方式选择的项目。因此，算法的不同之处主要在于方向搜索的计算方法。

类似地，图 5 - 5 中寻找最优步长 $\lambda(n)$ 的一维搜索目标函数 $F[q_{rs}^{i,m}(n+1), x_a^{i,m}(n+1)]$ 在计算一种交通方式时，需要固定其他交通方式的流量(前一次迭代计算所得的流量)：

$$\begin{aligned}
&F[q_{rs}^{i,m}(n+1),\ x_a^{i,m}(n+1)] \\
&= \sum_{m,a}\alpha_m \int_0^{x_a^m(n+1)} t_a^m(x_a^1(n),\ \cdots,\ x_a^{m-1}(n),\ w,\ x_a^{m+1}(n),\ \cdots,\ x_a^{|M|}(n))\mathrm{d}w \\
&\quad + \sum_{i,m,a} x_a^{i,m}(n+1)p_a^m/v_i + \frac{1}{\theta_2}\sum_{i,m,r,s} q_{rs}^{i,m}(n+1)\ln\frac{q_{rs}^{i,m}(n+1)}{q_{rs}^i} \\
&\quad + \sum_{i,m,r,s} q_{rs}^{i,m}(n+1)V_{rs}^{i,m}
\end{aligned} \tag{5-41}$$

目标函数对 λ 求导后便可用二分法计算步长：

$$\begin{aligned}
&\frac{\mathrm{d}}{\mathrm{d}\lambda}F[q_{rs}^{i,m}(n+1),\ x_a^{i,m}(n+1)] = 0 \\
&= \sum_m \alpha_m \times \sum_{i,a}[y_a^{i,m}(n) - x_a^{i,m}(n)] \times t_a^m\{x_a^1(n),\ \cdots,\ x_a^{m-1}(n), \\
&\quad x_a^m(n+1),\ x_a^{m+1}(n),\ \cdots,\ x_a^{|M|}(n)\} \\
&\quad + \sum_{i,m,a}[y_a^{i,m}(n) - x_a^{i,m}(n)] \times p_a^m/v_i \\
&\quad + \frac{1}{\theta_2}\sum_{i,m,r,s}\Bigg\{[e_{rs}^{i,m}(n) - q_{rs}^{i,m}(n)] \times \ln\frac{q_{rs}^{i,m}(n) + \lambda(n)[e_{rs}^{i,m}(n) - q_{rs}^{i,m}(n)]}{q_{rs}^i} \\
&\quad + [e_{rs}^{i,m}(n) - q_{rs}^{i,m}(n)]\Bigg\} + \sum_{i,m,r,s}[e_{rs}^{i,m}(n) - q_{rs}^{i,m}(n)]V_{rs}^{i,m}
\end{aligned} \tag{5-42}$$

式(5 - 42)前面两项也可以写成路段广义成本的梯度值：

$$\begin{aligned}
&\sum_m \alpha_m \times \sum_{i,a}[y_a^{i,m}(n) - x_a^{i,m}(n)] \times \{t_a^m[x_a^1(n),\ \cdots,\ x_a^{m-1}(n), \\
&\quad x_a^m(n+1),\ x_a^{m+1}(n),\ \cdots,\ x_a^{|M|}(n)] + p_a^m/(\alpha_m v_i)\}
\end{aligned} \tag{5-43}$$

由于变分不等式问题不能用极值的形式来表示，因此它的收敛条件不能像路段阻抗函数可分离的模型那样用线性化函数和目标函数差值的相对误差来表示。此时，模型计算的相对误差可以用前后两次迭代的相对误差来表示：

$$RGap = \frac{\sqrt{\sum_{i,m,a}(x_a^{i,m(n+1)} - x_a^{i,m(n)})^2}}{\sum_{i,m,a} x_a^{i,m(n)}} + \frac{\sum_{r,s}\sum_{i,m} q_{rs}^{i,m(n+1)} \mid q_{rs}^{i,m(n+1)} - q_{rs}^{i,m(n)} \mid}{\sum_{r,s}\sum_{i,m} q_{rs}^{i,m(n)}} \tag{5-44a}$$

根据分类用户的路段流量解不唯一的特点，上式可改写为如下形式更好理解，但计算的值是一样的：

$$RGap = \frac{\sqrt{\sum_{m,a}\left(\sum_i x_{a,i}^{i,m(n+1)} - \sum_i x_a^{i,m(n)}\right)^2}}{\sum_{m,a}\sum_i x_a^{i,m(n)}} + \frac{\sum_{r,s}\sum_{i,m} q_{rs}^{i,m(n+1)} \mid q_{rs}^{i,m(n+1)} - q_{rs}^{i,m(n)} \mid}{\sum_{r,s}\sum_{i,m} q_{rs}^{i,m(n)}} \tag{5-44b}$$

上面讲到的收敛方法适用于 GPL 算法，每次迭代需要寻找步长，所花时间也是可观的。基于 MSA 的算法相对而言比较简单，每次迭代不用求解搜索的方向，而是事先给定，例如以 $\lambda_n = 1/n$ 为迭代步长的上述算法，当 n 足够大时是收敛的[358]。但 MSA 的收敛指标使用式(5-44)不是太妥当，Y. Sheffi[145]认为一般来说要以最近三次迭代的平均值指标来计算，这在实际的计算中要花大量的内存临时记载迭代的流量。借鉴 Yolanda Noriega 等[223]交通分配的 MSA 算法的修正指标，组合模型的 MSA 算法收敛检验修正指标为：

$$RGap = \frac{\sum_a \sum_{i,m} x_a^{i,m(n+1)} \times C_a^{i,m}(x_a^m) - \sum_{r,s}\sum_{i,m} MRC_{r,s}^{i,m(n+1)} \times q_{rs}^{i,m(n+1)}}{\sum_{r,s}\sum_{i,m} MRC_{r,s}^{i,m(n+1)} \times q_{rs}^{i,m(n+1)}} + \frac{\sum_{r,s}\sum_{i,m} q_{rs}^{i,m(n+1)} \mid q_{rs}^{i,m(n+1)} - q_{rs}^{i,m(n)} \mid}{\sum_{r,s}\sum_{i,m} q_{rs}^{i,m(n)}} \tag{5-45}$$

其中 $MRC_{r,s}^{i,m}$ 为当前迭代中 OD 对 (r, s) 之间用户类 i 使用交通方式 m 的最小广义成本。显然公式中第一项检验的是系统总广义成本和以最短路广义成本计算所有出行的总广义成本的差异，如果两者相同，说明达到了均衡状态。

除了 MSA 算法，还有一种是每次迭代设定固定的步长，称为 Constant Weight 算法(简称 C-W 算法)，如预先设定每次迭代的步长 $\lambda_n = 1/4$，这种算法不一定适用于所有模型，但在有的时候比 MSA 算法更为有效，将在第 6 章的大规模网络中得到测试。

5.3.2　模型的参数标定

Oppenheim[255]，Hicks 和 Abdel-aal[359]，Boyce 和 Zhang[360]，Abrahamsson 和 Lundqvist[260] 等人都对组合模型的参数估计做了研究。根据他们的研究，参数估计问题可以表述为一个双层规划问题。例如对路段阻抗可分离的多用户的方式划分和交通分配（SUE）组合模型的参数标定可以表述为以下双层规划问题：

$$[\text{上层问题}]\quad \max_{\theta} \ln L = \sum_{r,s,i,m,k} \hat{f}_{rs,k}^{i,m} \ln P(m, k \mid i, r, s) \tag{5-46a}$$

[下层问题]

$$\min Z[\mathbf{x}(\mathbf{f}), \mathbf{q}] = \sum_{m,a} \alpha_m \int_0^{x_a^m} t_a^m(w)\mathrm{d}w + \sum_{i,m,a} p_a^m x_a^{i,m}/v_i + \frac{1}{\theta_1}\sum_{r,s,i,m,k} f_{rs,k}^{i,m} \ln \frac{f_{rs,k}^{i,m}}{q_{rs}^{i,m}} + \frac{1}{\theta_2}\sum_{i,m,r,s} q_{rs}^{i,m} \ln \frac{q_{rs}^{i,m}}{q_{rs}^{i}} + q_{rs}^{i,m} V_{rs}^{i,m}$$

$$\text{s. t. 式}(5-6\text{c})\text{—式}(5-6\text{f}) \tag{5-46b}$$

其中 $\hat{f}_{rs,k}^{i,m}$ 为观察的路径流量，$P(m, k \mid i, r, s) = P(k \mid i, r, s, m)P(m \mid i, r, s)$ 为下层问题的解。下层问题是交通方式划分和交通分配（SUE）组合模型。上层问题是决定下层未知参数的极大似然估计。模型需要估计的参数有 θ_1、θ_2 和 $V_{rs}^{i,m}$。这个双层规划问题由于可行解的集是非凸的，求解比较困难。已有的研究一般采用启发式算法对上层和下层问题进行不断迭代求解。由于在现实中很难观测到路径流量和选择行为，通常我们可以假定路径选择参数 θ_1 是已知的。那么就只需要估计方式选择参数，上层问题变为：

$$[\text{上层问题}]\quad \max_{\theta} \ln L = \sum_{r,s,i,m,k} \hat{q}_{rs}^{i,m} \ln P(m \mid i, r, s) \tag{5-46c}$$

其中 $\hat{q}_{rs}^{i,m}$ 为观测到的各用户类采用各种交通方式 OD 流量。需要指出的是使用启发式算法难以保证全局最优。

在多用户组合模型中，出行者的分类规则也对参数估计参数一定的影响。例如观测变量 $\hat{q}_{rs}^{i,m}$，假如按照出行目的进行分类，在传统的居民出行调查中是可行的。这时，多用户的时间价值 v_i 分类，就要根据不同出行目的进行分类标定。

因此非集计模型调查的数据量要求比较大，给调查带来一定的困难。应用 Mixed Logit 模型对整个样本标定(所有出行目的出行者数据同时标定)不同出行者的时间价值分布，并进行离散化处理，参数标定时调查个体的时间价值要和离散化分类的类别相对应。因为实际调查中就很难判别单独的个体究竟时间价值是多少，即属于时间价值 v_i 的哪一档次的。此时应采用适当的补充调查方法测试出行者的时间价值。在本文的大规模综合交通网络测试中，时间价值分类是通过 Mixed Logit 模型标定时间价值分布后再进行离散化分类处理(模型计算也可以按照不同出行目的进行分类)，其方法已经在第 3 章给出，并有了实例分析证明其可行性。但由于对应测试网络的调查数据缺失，组合模型测试计算的参数是假设的。

这里要强调的一点是模型参数标定十分重要，参数标定是模型的一种智能化自适应系统，上述双层规划实际是一个极大似然的方法，使得模型标定参数和现实系统更加接近，从而提高模型预测的可靠性。

基于双层规划参数标定的计算难度，也有学者提出可以各阶段分开标定，如以极大似然为原理的离散选择模型等。不过这些参数标定后，应满足组合模型分层参数从上到下逐步增大的条件[即式(5-6g)中的 $\theta_1 > \theta_2 > \theta_3 > \theta_4 > 0$]，如果上下层大小不满足条件，应对组合模型的层次结构作相应的调整。Takuya Maruyama 等[361]构建的四阶段组合模型，交通方式划分在交通分布的上一层，参数标定是各层分开标定的。

5.4　交通需求管理政策对不同出行者利益影响的简单算例

1. 不同出行者利益影响的定性分析

这里先用定性描述的方法来解释不同时间价值的出行者在需求管理政策下的利益影响。假设小汽车有两条车道可以行驶，另有公交专用车道一条。假设小汽车的行驶速度随着车流量的增加而降低。对于公交车来说，票价费用是低的，但是旅行时间较长；小汽车则正好相反。假如管理者对一个小汽车车道收费，另外一个不收费。图 5-6 中依费用度量的广义成本为 $C_a(x_a) = p_a + v \cdot t_a(x_a)$，直线的斜率代表了旅行时间 t_a，小汽车旅行时间随着车流量的增加而增加，出行者的时间价值服从一定的分布。另外，假定出行者选择交通方式和路径都是理性决策的，即都会选择依费用度量的广义成本最小的方式。收费前，均衡点为 A 点。

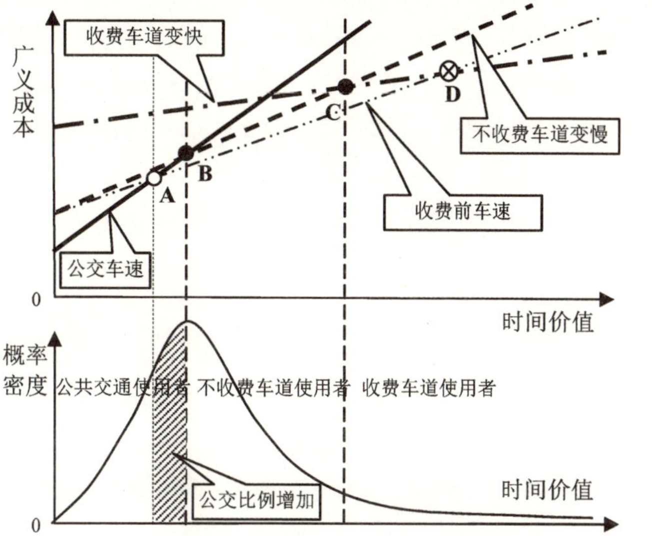

(a) 情形一：收费后不同出行者有得有失

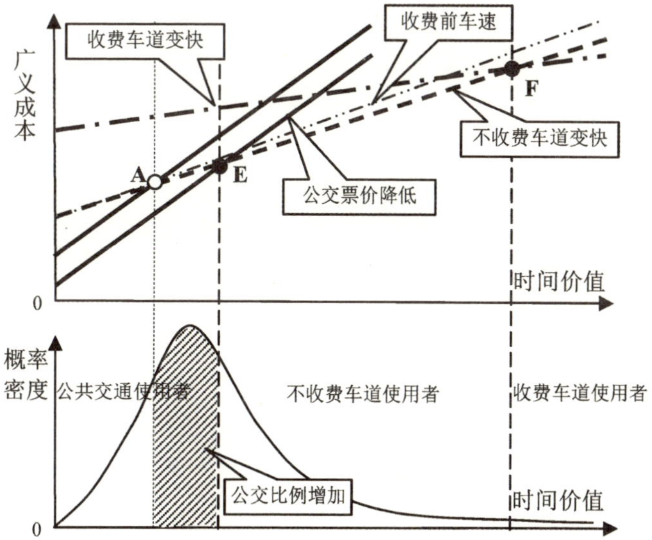

(b) 情形二：收费作为公交补贴后出行者都受益

图 5－6　收费对交通方式和不同用户利益的影响

如图 5－6 所示，情形一：收费后均衡点转至 B 点，并增加一个收费和不收费均衡点 D。在收费车道，流量和旅行时间随着收费而减少，时间价值较高的出行者广义成本将降低,时间价值稍低的出行者广义成本相对于不收费情况增加,以D点的时间价值大小为分界。在不收费车道,流量和旅行时间随着收费车道的转移而增加。在此情形下所有不收费车道出行者的广义成本增加。如果由很多出行者转移到公共交通,不收费车道的一些出行者有可能获益(即不收费车道的车流量也减少,旅行时间减少,斜率小于不收费情况)。对公共交通使用者而言,客流量增加,旅行时间基本不变,但有可能增加车内的拥挤。公共交通比例的增加为图5-6中情形一的阴影部分。

根据上述分析可知,不同时间价值分布的人在收费下的利益得失会产生不同的情况。高时间价值的出行者通过货币支出来获得时间的节约,如果相对一部分时间价值较低的出行者能转向使用公共交通,且公共交通的旅行时间基本不变,这样的话系统的总成本就可能减少。为了鼓励公共交通的发展,或者说对公交车上乘客的拥挤作出相应的补偿,可以将拥挤收费的收入用来公交补贴,降低公共交通票价。可以看到用户的获益情况也会产生不同。

情形二:均衡点变为E和F,收费车道的流量和旅行时间随着收费而减少,时间价值高的出行者的广义成本都降低。在不收费车道,流量随着收费车道的转移而增加,但也随着由于公交票价的转移到公共交通而减少,最终转移到公交方式的量要比收费车道转移过来的多,即情形一收费与不收费车道均衡点C至情形二的均衡点F的时间价值分布函数密度很小。这样,不收费车道流量总体得到减少,不收费车道的出行者都受益。公共交通的流量增加,旅行时间基本不变。由于补贴降低了票价,广义成本降低,出行者获益。

以上分析充分体现了在多模式交通体系下交通需求管理政策对不同出行者的利益影响。不同出行者的时间价值分布形态对政策实施的影响十分巨大,如情形二中,换一种时间价值分布形态,完全可能导致不收费车道的流量增加。忽视出行者的时间价值异质性及其精确的差异情况,会对交通需求管理政策的实施效果带来巨大的偏差。因此,考虑出行者异质性的交通需求管理政策定量分析显得十分重要。

2. 不同出行者利益影响的定量分析

以下是求解路段阻抗函数可分离情况下,多用户交通方式划分和交通分配组合模型,其中交通分配为UE模型,即图5-5所求解的模型。假设在一个小时内从郊区到中心区(CBD)的总交通需求量为30 000人次。出行者的时间价值服从对数正态分布,均值为10.2元,方差为9.6,将出行者以5

元为区段分为 8 个用户类，实现离散化分类，各用户类的平均时间价值计算方法如下：

$$\bar{v}_i = \int_{v_{i-1}}^{v_i} v f(v) \mathrm{d}v \Big/ \int_{v_{i-1}}^{v_i} f(v) \mathrm{d}v \quad \forall i = 1, 2, \cdots, I \qquad (5-47)$$

其中 $f(v) = \dfrac{1}{\sigma v \sqrt{2\pi}} \exp\left[-\dfrac{(\ln v - \mu)^2}{2\sigma^2}\right]$ 为对数正态分布密度函数 ($\mu = 2.0$，$\sigma = 0.8$)。该 OD 对通道上具有轨道交通、一般道路和收费道路(小汽车)三种交通方式，并适当考虑轨道交通的拥挤效应。假设 $V_{rs}^{i,m} = 0$，交通方式选择离散系数 $\theta_2 = 0.1$；一般道路和收费道路的载客率分别为 2.6 和 2.0。

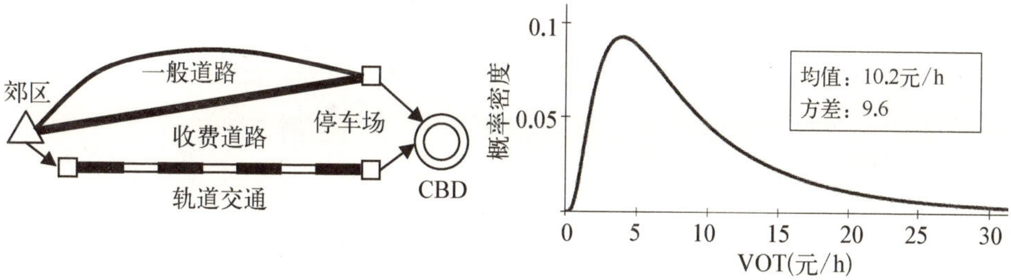

图 5-7　假设的交通系统和出行者的时间价值分布

表 5-6 给出了交通系统的初始状态。在初始状态的基础上，考虑四种交通定价政策：① 收费道路的拥挤费用为 10 元；② 提高停车费至 10 元；③ 轨道交通票价提高到 6 元，收费道路的拥挤费用为 10 元；④ 收费道路的拥挤费用为 10 元，同时投资建设新的车道将收费道路的能力扩建到4 000 pcu/h。初始状态以及四种交通定价政策下交通系统的均衡状态解如表 5-7 所示，三种交通方式的分担比如图 5-8 所示。

表 5-6　通道内交通设施的参数和初始状态设定

方　式	自由走行时间	走行时间阻抗函数	能力 (pcu/h)	收费/票价 (元)	停车费 (元)
轨道交通	30 min	$t_a^{\mathrm{rail}} = t_a^0[1 + 0.019\,(x_a^{\mathrm{rail}}/Q_a^{\mathrm{rail}})^{4.52}]$	20 000 (人/h)	5	0
一般道路	35 min	$t_a^{\mathrm{Froad}} = t_a^0[1 + 0.15\,(x_a^{\mathrm{Froad}}/C_a^{\mathrm{Froad}})^4]$	4 000	0	5
收费道路	25 min	$t_a^{\mathrm{Troad}} = t_a^0[1 + 0.15\,(x_a^{\mathrm{Troad}}/C_a^{\mathrm{Troad}})^4]$	2 000	0	5

表 5－7　不同定价政策下的交通系统均衡状态

定价政策	轨道用户	一般道路用户	收费道路用户	一般道路车辆 (pcu)	收费道路车辆 (pcu)	轨道时间 (min)	一般道路时间 (min)	收费道路时间 (min)	拥挤收费收入 (元)	停车费收入 (元)	系统时间总消耗 (人×min)
初始	9 580	13 853	6 567	5 328	3 284	30.02	51.53	52.25	0	43 060	1 344 562
①	11 391	14 821	3 788	5 700	1 894	30.04	56.65	28.02	18 940	37 970	1 287 935
②	12 901	11 582	5 517	4 455	2 759	30.08	43.08	38.57	0	72 140	1 099 805
③	10 013	15 590	4 397	5 996	2 198	30.02	61.51	30.47	21 980	40 970	1 393 508
④	10 703	14 759	4 538	5 677	2 269	30.03	56.29	25.39	22 690	39 730	1 267 415

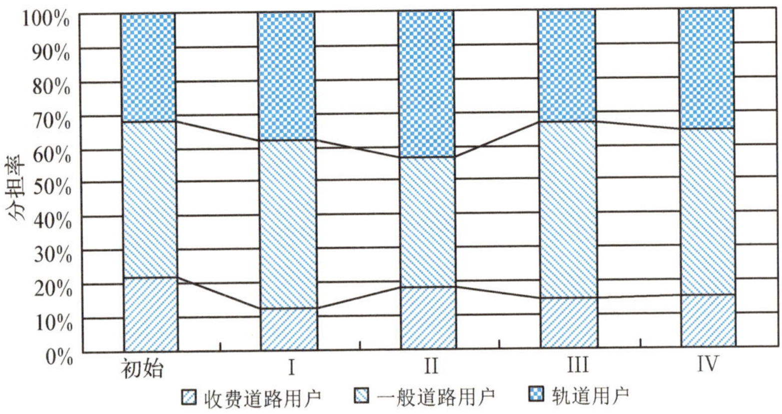

图 5－8　不同定价政策下的交通方式总体分担率对比

图 5－9 是初始条件的交通方式选择情况，收费道路的使用者比例没有随着 VOT 的增加而增加。由于道路的拥挤效应和费用等因素，即使是 VOT 较高的人也大多愿意选择轨道交通，由于初始情况没有对收费道路收费，其费用和轨道交通一样，VOT 较低的用户也有相当一部分选择收费道路。图 5－10 是在定价政策①下的交通方式选择情况，很大比例 VOT 较高用户愿意支付货币费用，选择收费道路以节约旅行时间。由于 VOT 较高的用户所占比例很小，图 5－10 和图 5－9 的比较并不说明拥挤收费增加了道路使用者，如图 5－8 所示，轨道交通的分担比增加。

由表 5－7 可以明显看出定价政策①和初始状态相比轨道的用户是增加的。比较定价政策①和③可以得出的结论是，VOT 低的用户对出行的货币成本十分敏感（提高 1 元的票价减少了 1 378 个轨道使用者）。因此政策制定者如果想要

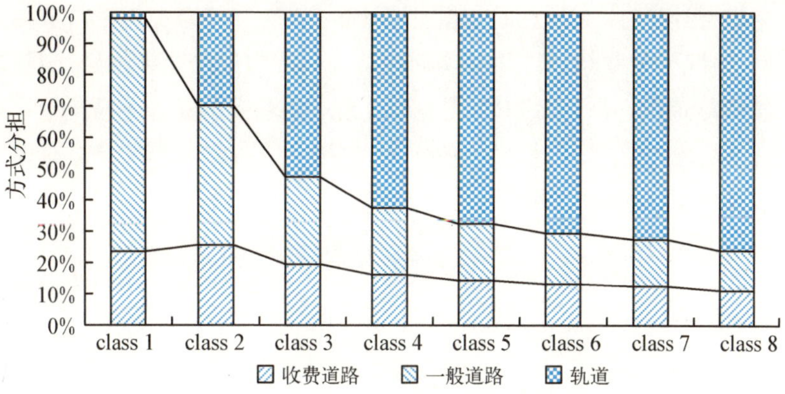

图5-9　初始条件下不同VOT用户类的交通方式选择

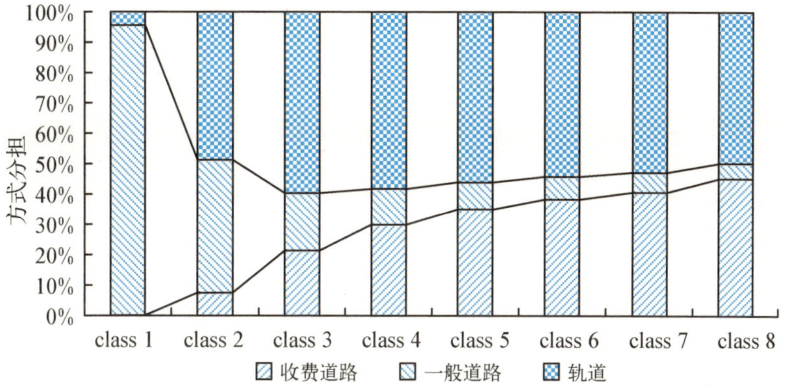

图5-10　定价政策①下不同VOT用户类的交通方式选择

提高公共交通的票价，必须十分谨慎并进行有效评价。将拥挤收费的收益变为公共交通的补贴可能是发展公共交通的一个好办法。定价政策②则显示了提高道路使用者成本对公共交通转移量的具体影响。本例中该政策条件下轨道交通的使用者是最多的，提高道路使用者成本是一种有效的发展公共交通手段。同时整个交通系统的时间总消耗也是最小的。当然，哪种定价政策最优还需要考虑用户的货币成本支出，并从社会福利最大方面进行分析，这涉及系统最优问题，这里不再深入讨论。比较定价政策①和④，本例中提高交通基础设施的供给(扩建收费道路)是低效率的，收费道路的通行能力增加一倍，整个交通系统的时间总消耗才减少了1.6%，可见在不同需求特征下，交通基础设施的投资效益大有差异。VOT分布函数的数字特征是该结果的重要影响因素。分析本例，应是VOT高的用户所占比例较小造成的。

根据模型的特性，交通总需求量是固定的，如果使用考虑弹性需求的四阶段组合模型，情况更加复杂。以缓和交通拥挤为目的的道路交通投资，必然诱发一定的交通量，当道路得到维修和新建时，就有一些人从轨道交通等交通方式转移到道路交通上来，或者是出行目的地变化、出行次数变化，表 5-8 是对诱增交通发生因素及交通行为变化情况的总结。

表 5-8　诱增交通要因及交通行为变化情况

诱增交通要因	具体的交通行为变化举例
路径变更	改善交通条件的道路被选用
方式变更	轨道交通向小汽车转移
目的地变更	到更远距离商业区购物娱乐
交通发生	出行率增加，新的出行产生
出发时间变更	拥挤缓解导致出行时间选择变化
载客率下降	合乘减少

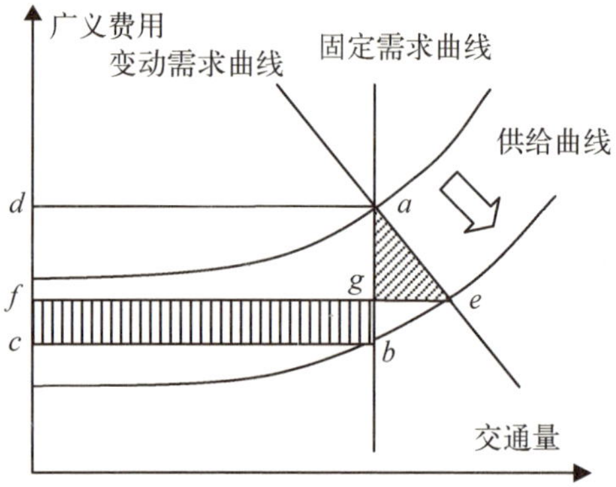

图 5-11　诱发交通与交通投资社会福利分析

图 5-11 是诱增交通与交通投资社会福利分析，消费者剩余损失为梯形 *daef*，广义费用减少引起的成本节约为矩形 *abcd*，因此社会净福利为矩形面积 *fgbc* 和三角形面积 *aeg* 之差。这个差值可能很小，有时甚至是负的。Martin J. H. Mogridge[362] 的研究指出，道路基础设施投资可能导致公交方式向小汽车转移，由于市场运作的原因，进而导致公交服务水平下降，造成恶性循环，使得整个交通系统的效率反而下降，作者在伦敦的实证分析中得到了证实。

图 5-12 反映了在不同政策下 8 个用户类的期望最小广义成本（期望最大

效用的负值)。期望最小广义成本根据式(5-34b)按照时间度量计算。有趣的是期望最小广义成本随着用户 VOT 增大而减小,这可以解释为 VOT 高的人在考虑道路拥挤的情况下,比 VOT 低的人能够更加灵活地选择各种交通方式。将初始条件和定价政策①进行比较可以看出,在道路拥挤收费下 VOT 低的用户将增加他们的期望最小广义成本,这是因为一些 VOT 不大高的人会从收费道路转移到一般道路和轨道交通上来,从而增加一般道路和轨道交通的拥挤度。然而 VOT 很高的人却减少了他们的期望最小广义成本。这是因为道路拥挤收费使部分原本使用收费道路的用户退出收费道路,减少了收费道路的拥挤度。而 VOT 较高的人所支付的拥挤收费费用不及他们在时间节约上获得的收益,从而减少了他们的期望最小广义成本。图 5-13 清楚地表示了各种鼓励发展公

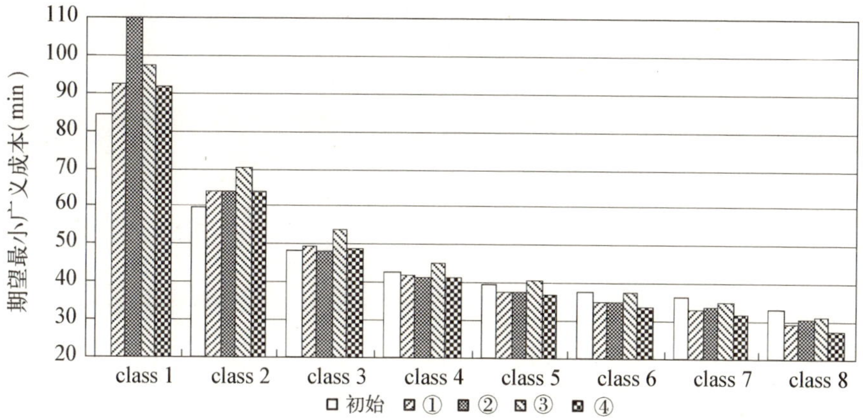

图 5-12 不同定价政策下用户的期望最小广义成本

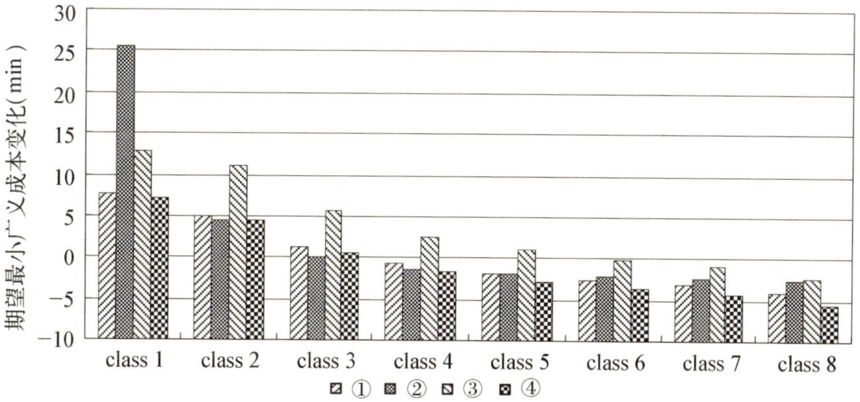

图 5-13 不同定价政策下用户期望最小广义成本的变化

共交通的定价政策下，VOT 较低的人将增加他们的期望最小广义成本（为正值），VOT 较高的人将减少他们的期望最小广义成本（为负值）。理论上应该有部分用户的期望最小广义成本是不变的，即图 5－13 中变化为 0 的用户。这种定价引导政策使公共交通使用者增加，拥挤效应减少了原本公共交通使用者的出行期望效用。这可以通过降低公交票价、补贴公交运营商来弥补公交使用者的期望效用损失。

5.5 本章小结

在考虑换乘的多模式交通系统中，交通方式之间的相互影响不仅包括路径选择，也包括交通方式选择、目的地选择及交通产生等多种行为的影响。因此需要构建具有一致行为理论的组合模型来分析这种相互关联、具有系统性的交通行为，从而更好地反映 TDM 政策对出行需求的调控作用。

本章通过查阅大量国内外文献，系统全面地介绍了国内外面向一致的交通需求组合模型的理论研究和实际应用发展水平。笔者分别从建模方法，模型特征、算法、交通政策评价应用等方面，对组合模型进行了研究和对比分析。多用户、多准则、多模式交通需求组合模型，已经成为交通需求管理政策研究的重要工具，也是基于活动的交通需求预测模型难以替代的。公共交通分配理论在组合模型中的集成基本上还处于理论研究阶段，只有极少数模型能够得到实际应用。进而笔者总结了组合模型在国际范围内前沿的应用水平。我国城市交通模型的发展不能仅仅使用成熟理论的国外交通规划软件，而应该以先进理论为基础、独立开发适合城市特色的交通需求模型，同时满足越来越紧迫的交通需求管理政策评价的需要。

在此基础上，建立了适用于交通需求管理政策评价的、具有流程再造性的、基于个体交通选择行为和一般均衡理论相结合的多用户、多准则、多模式凸规划组合模型，并完成了模型的等价性证明。同时给出了凸规划问题的等价的变分不等式问题，又扩展到路段阻抗函数不可分离的多用户、多准则、多模式变分不等式组合模型。详细分析了多用户多准则交通方式划分和交通分配组合模型的算法流程，给出了路段阻抗函数可分离的凸规划问题的广义部分线性化算法和收敛指标，路段阻抗函数不可分离的变分不等式问题的广义部分线性化和精简对角化方法结合的算法和收敛指标。为第 6 章中组合模型在大规模城市综合交通网络中的应用奠定了基础。

组合模型的参数标定是模型实际应用的重要工作，本章还讨论了基于极大似然估计的双层规划方法和分开估计两种办法，实际调查数据的参数估计方法有待今后的实证工作。

最后，定性分析了多模式交通体系下交通需求管理政策实施对不同时间价值出行者的利益分配问题，他们有的获益，有的则增加了出行成本。进一步分析发现，通过适当的交通需求管理政策，可以使具有差异性的出行者在政策实施下都减少出行成本，达到多模式交通系统的优化。接着，用一个简单的多用户交通方式划分和交通分配凸规划算例，定量分析了不同定价政策下交通方式引导的效果，定价政策对不同时间价值出行者具有不同的交通行为影响作用，政策实施后不同出行者的利益得失也大不相同，可以支撑交通需求管理政策实施的公平性研究。

第6章 政策评价模型在大规模城市综合交通网络中的应用

6.1 综合交通网络拓扑结构表述

1. 双向路段数据的分散和集中模式

交通网络在本质上是有向图，例如道路网，除了部分具有单向交通组织的路段外，大多数路段都是双向成对出现的。路段的存储模式可以分为两种：分散模式和集中模式。如 TransCAD 是两种模式兼有，它对路段表（包括 GIS 图形对象）的处理按集中模式进行（表 6－1），而在计算网络模型时则经过编译成二进制文件，用分散模式数据库管理（表 6－2）。

表 6－1　TransCAD 的 GIS 图形对象数据的集中模式

Link ID	Direction	From Node	To Node	Length	AB_flow	BA_flow
1	0	1	2	0.5	1 500	1 430
2	0	1	3	0.2	800	850
3	1	4	1	0.3	500	Null

表 6－2　TransCAD 的网络数据表的分散模式

Link ID	From Node	To Node	Length	Flow
1	1	2	0.5	1 500
2	1	3	0.2	800
3	2	1	0.5	1 430
4	3	1	0.2	850
5	4	1	0.3	500

分散模式的优势是在网络计算时容易实现，采用最短路径算法时，在路段依起始节点编号排序后，无需进行额外的对向路段插入工作，计算相对简单。不过这种方法也增加了数据冗余度和数据维护的难度，例如路段长度、路段起始节点编号等具有共性的数据。集中模式可以减少数据冗余，适合 GIS 的图形对象管理。

2. 综合交通网络数据的分散和集中模式

综合交通网络在逻辑上分为不同交通方式的图层，如轨道交通层，小汽车网络层，公交网络层，货车网络层等。而在物理上，轨道交通和道路网是彼此分离的，公交车、小汽车和货车可能使用的是同一对象路段，彼此相互影响。同时，存在一些货车禁止通行等管制措施，使得有些路段货车和其他车辆无法共用。在考虑不同交通方式换乘时，逻辑网络的图层之间需要用各种虚拟的换乘连接线产生联系。逻辑网络中某一交通方式的路段旅行时间不但受到本图层的交通量影响，也受到物理图层中实际为同一路段对象的其他交通方式（或车种）的交通量影响（图 6-1）。

基于综合交通网络中逻辑网络与物理网络的以上关系，它们既存在着网络的共享数据，如节点的编号，路段的长度等；又存在着不同属性的数据，如小汽车网络存在路段阻抗函数的参数和轨道交通有所不同。同样道理，综合交通网络的逻辑图层数据管理也存在分散和集中两种模式。

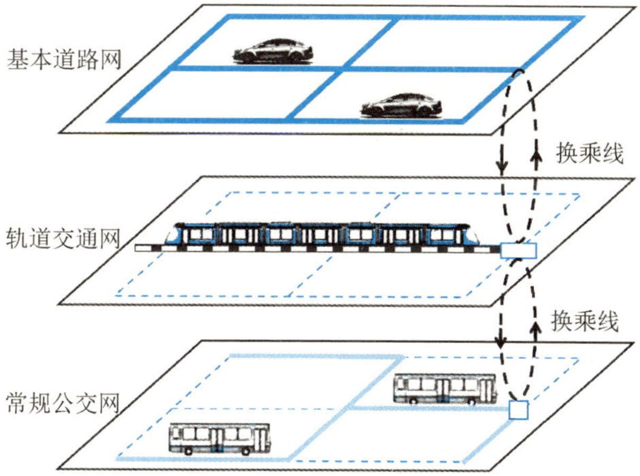

图 6-1　综合交通的逻辑网络

所谓分散模式，即按照各种交通方式的网络进行分层，采用不同的数据文件进行管理。对于换乘交通方式，另外再创建多种交通方式网络以及换乘线的数据管理文件。分散模式显然会产生较多的共享数据的冗余，结合道路网不同交通方式（或不同车种）之间的相互影响，在逻辑上形成了“虚拟路段间相互影响”的交通分配问题，而物理上是同一路段的不同交通方式的影响。这从一定程度上也反映了考虑路段间相互影响和考虑路段不同车种相互影响的非对称交通分配问题的相互关系。因此，分散模式的管理对物理路段的不同交通方式流量管理需要额外的对应关系，给交通模型计算产生额外的计算量，并造成大量共享路段和节点的数据冗余。

所谓集中模式即将综合交通网络采用一个数据文件管理，不同交通方式的路段类型采用一个数据字段进行标识。寻找某一交通方式的最短路径时，只在给定的网络中进行。这种管理方式克服了共享数据的冗余问题，但同时也存在各种交通方式独有的数据冗余问题。如公交车的发车频率字段对小汽车网络来说是不需要的。可以采用字段共用的方法来减少这种冗余问题，例如路段的小汽车通行能力字段可以为轨道交通运输能力共用。此外，该模式在方式最短路径计算中需要额外的路段类型判别，其优化方法将在下文讨论。

结合大规模城市交通综合交通网络的多用户多模式交通分配算法的复杂性，本书对交通方式路段采用集中模式管理，而对路段的方向性采用分散模式管理。另外必须指出的是公交网络在本书的简化工作，一般来说它是一个路径系统，而不是一个路段系统。限于笔者的精力，模型中采用早期的类似 Dial(1967)公交分配方法，没有考虑公交线路之间的换乘关系。公交线路的站点在模型中也简化到交叉口节点，在实际工作中，可以根据公交车站的实际位置进行设置。如将不同公交线路处理为不同的方式图层，彼此间用换乘线衔接就可，这样对大规模网络的数据准备增加了很多工作量，具体的实现方法还涉及超级网络理论。采用 GIS 的动态分段（Dynamic Section）技术，建立公交路线（Route）、路径段（Section）、站台和线路站点表，并将它们和道路网的路段和节点表对应构成公交网络拓扑，进而将公交分配模型集成到不同交通方式相互影响的组合模型中是今后需要重点研究的问题。

综上，对综合交通网络拓扑的数据管理方式如图 6－2 所示。

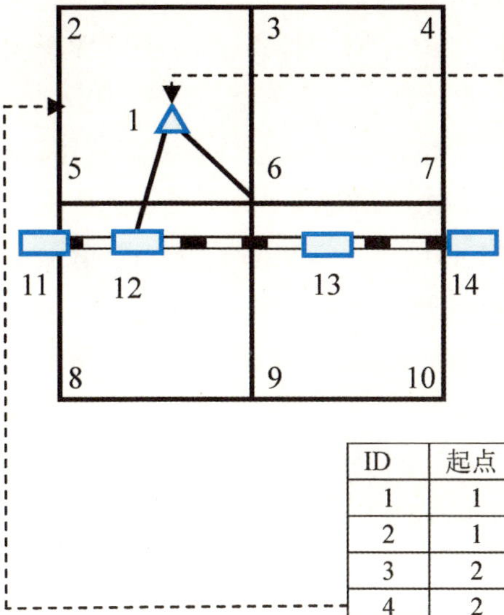

ID	出发边数	节点性质	其他字段
1	2	1	……
2	2	3	……
3	3	3	……
…	……	……	……
11	1	2	……
12	3	2	……
…	……	……	……

ID	起点	终点	长度	方式	其他字段
1	1	6	0.5	6	……
2	1	12	0.2	7	……
3	2	3	0.5	1	……
4	2	5	0.5	1	……
…	……	……	……	……	……
k	11	12	0.3	5	……
k+1	12	1	0.2	7	……
k+2	12	11	0.3	5	……
k+3	12	13	0.6	5	……
…	……	……	……	……	……

图 6-2　综合交通网络拓扑的表示方法

6.2　综合交通网络的最短路径算法

Michelle R. Hriba[363]的试验指出：在单处理器的 Intel Paragon 机上计算含有 9 701 个节点的交通网络均衡分配问题时，至少有 95%的计算时间用于求解最短路径，可见最短路径算法在求解模型中的重要性。最短路径算法的路径搜索技术主要有组合方法和代数方法两大类：一是组合方法，采用网络遍历技术或最短路径树方法，主要指标号算法（labeling algorithms），它是绝大多数最短路径算法的核心。二是代数方法，通过线性规划形式化和矩阵乘法等方法来求解[364]。

标号算法又可以分为两大类：标号设定（Label-Setting，简称 LS）和标号修正（Label-Correcting，简称 LC）。LS 算法是一种基于贪婪的最短路径算法，它要求在路径选择中的每一步所选择的路径都是目前为止最好的，在“局部最优而导致总体最优”的假设下，寻求最佳路径。LS的第一种算法由荷兰数学家Dijkstra于1959年提出[365]，在随后的几十年中产生了各种各样的实现方法，陆锋[364]，任刚[366]等作了较为完整的介绍。LC算法又称为列表搜索算法，根据一定规则从节点队列Q中选取候选节点，和LS算法不同，不一定选中标号值最小的节点，并且一个节点可能需要多次进出Q。算法的关键在于Q的数据结构、操作效率以及Q中节点的选取策略，另外还在于生成树的更新技术，因为标号更新可以不只是局限于当前的扫描节点，还可扩展到相应子树中的所有节点。

Pape[367]给出了基于Deque结构的L－deque算法，Deque可以看成是栈和队列的结合体。当一个节点第一次被扫描时，放到队列的尾上，再次被扫描到时，则被放到栈的头上。要从Deque删除一个节点，若栈非空则删除它的头元素，若栈为空则删除队列的头元素。尽管L－deque算法的最坏时间复杂度是$O(n2^n)$（网络中弧段数为m，节点数为n，下同），但这种算法已被证实在近乎平面的稀疏图中是极其有效的，而交通网络一般为稀疏图。类似的L－2queue算法由Pallottino[368]提出，它与L－deque算法的不同之处仅在于将L－deque的栈变为队列，从它的尾部加入元素，同时建立队尾和另外一个队列的队头的联系，它的时间复杂度为$O(n^2m)$。Cherkassky等[369]对常见的几种LS和LC算法比较研究得出结论：各种算法的好坏取决于网络的形式和特点，没有一种算法针对各种网络形式均有较好的效率。对于矩形规则格网型网络，LC中的L－deque和L－2queue最好。Zhan等[370]又使用美国的21个规模大小不等的城市路网，对15种最短路径算法进行了比较。研究表明使用图增长理论的L－deque和L－2queue算法最好，其中L－deque算法略优于L－2queue算法（图6－3）。本书采用的最短路径基本算法为基于Deque结构的L－deque算法。

以上最短路径算法忽略了网络的空间分布特征，搜索过程缺乏方向性，造成了大量计算的冗余。由此学者们还提出了基于限制区域的算法。它的基本思想是在给定的起讫点，可以限定一个区域进行搜索最短路径。限制的区域形状可以是椭圆、矩形或三角形等，不过这种算法不完全搜索全部网络，属于有损算法。江斌[371]，Thomas Willhalm[372]等对此进行了研究，并比较了不同起讫点及不同形状的限制区域的搜索效率。另外，随着最短路径并行算法技术的不断成熟，对多模式多用户交通分配问题的应用将大大缩短模型计算时间，是需要进一步研

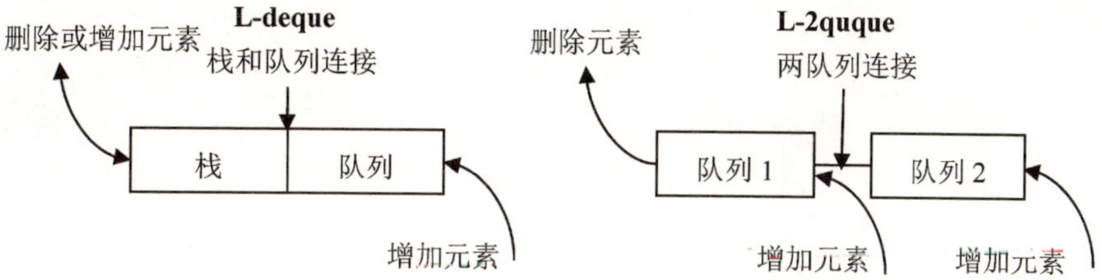

图 6－3　L－deque 和 L－2queue 算法的节点数据结构对比

究的问题。

6.2.1　多模式交通网络最短路径算法的改进

根据不同交通方式路段数据集中式管理的数据特性，计算一种交通方式的最短路径需要判断路段属性是否属于该交通方式。在计算路段时间时，不属于该网络的路段时间均为无穷大，从这个情况来说，最短路算法中不需要额外判断路段的属性直接计算就可以。不过，这样也增加了非该交通方式网络的路段的无效操作，如成本更新的无效计算，以及成本是否需要更新的判断。一般来说，综合交通网络中道路网的路段数明显要多于轨道的路段数，在计算轨道网络的最短路径时，判断少量属于轨道的路段比计算大量无效的道路网络成本更有效；反之，计算道路网络最短路径时，需要判断大量不同类型的道路路段，应该将是否属于道路网络的判断除去，以最短路径计算时扫描少量轨道交通网络的路段作为代价，达到耗时最小。

以下是根据圣地亚哥简化综合交通网络对不同改进算法的时间比较，各种计算的初始条件相同，并且不处理形心连接线直接构成路径的问题。经检验，运算交通模型的输出结果完全相同。“全部判断”即对最短路径和成本更新函数都进行了相应网络的路段类型判断，“全部不判断”则相反。“部分判断一”是指仅对小汽车和出租车纯模式取消判断，“部分判断二”是指仅对轨道交通和 BRT 网络进行判断。可见“部分判断二”的计算效率是最高的。当然这也依赖于轨道交通路段数目的多少，一般来说少于道路网路段，“部分判断二”的做法能够提高计算效率。依照上述结论，“部分判断二”具有最高效率，笔者在处理形心连接线直接构成路径的问题前提下又对“部分判断二”和全部判断的效率进行了比较，得出了相反的结论：全部判断的计算效率更高，如图 6－4 所示。

因此，笔者根据两种相反的效果，对非法路径处理和不处理两种情况的路段

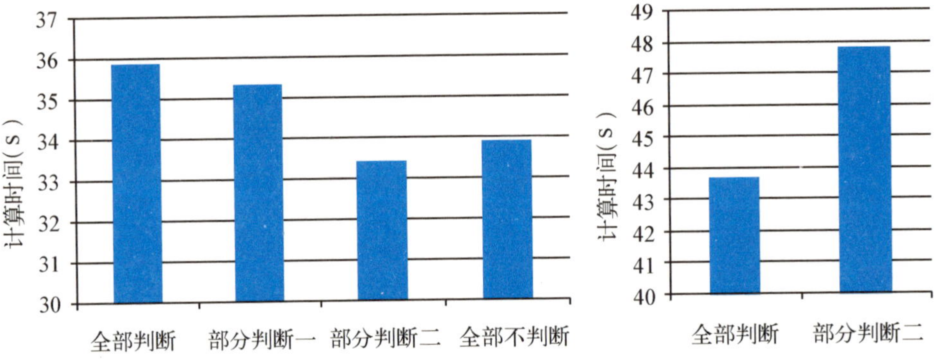

图 6-4　路段类型判断的最短路径计算效率对比(非法路径不处理和处理情形)

类型是否判断进行了区别对待。

假如没有单独设置轨道交通形心连接线，轨道交通网络的定义应该包括所有的道路网，不存在路段类型的判断问题(在道路网上人们使用步行到达轨道交通车站)。此时，所有方式计算最短路径的时候，都无需考虑路段类型判断。美国 Caliper 公司杨齐先生建议笔者不单独设置轨道形心连接线，他认为不单独设置轨道交通形心连接线，而利用道路网步行到达车站(目前 TransCAD 提供轨道交通和常规公交站点单独设置和不单独设置形心线连接两种方法)，具有如下优点：首先是可以模拟道路上的步行人流量，考虑了步行交通方式。其次是不用考虑相邻小区的形心连接线直连轨道车站处理问题，如果考虑模型给用户使用，形心连接线的设置较为简单。

笔者认为不设置轨道交通形心连接线则存在不少问题：一是步行人流量应用于微观层面的交通分析，一般对综合交通规划或者政策评价的参考价值不大。二是仍然需要增加很多道路网和轨道交通之间的换乘衔接线，并且需要额外设置轨道交通换乘线的走行时间(这个值一般来说比小汽车换乘轨道交通要小)。三是轨道交通最短路径的计算，纳入了所有道路网，计算量大大增加，更重要的是需要制定轨道站点选择规则(对公交网络而言，同样也要选择上车的车站)，相当于进行了多次换乘。本书中的一次换乘，就增加了大量的最短路径计算量，多次换乘会产生很大的计算量，需要有一个改进的最短路径算法来实现。

笔者认为单独设置轨道交通车站的形心连接线具有必要性：交通小区内的人群分布并不是理想地聚集于形心，如果不单独设置形心连接线，人们通过道路网弯曲走行到达地铁站的总时间是夸大的。通过单独的轨道交通形心连接线直连地铁站，可以适当缓解这个“夸大”作用。其主要缺点是增加了计算负担，轨道交通计算的路段数目增加了一些额外的形心连接线，还要处理更多的非法路径。

取消轨道交通专用形心线，各种交通方式网络的相对独立性变得差一些，使人感觉网络层次十分混杂。同时，涉及步行交通方式究竟有多少要从轨道交通方式里面分离出来也难以搞清，问题显得过于复杂。本书的定位是机动化出行研究，不予考虑步行方式，这样从思路上更为清晰。在大范围的规划或者政策评估层面，步行方式的人流多少，对交通拥挤的模拟效果影响不大(模型还不可能考虑人和车的冲突)，故即使分离出步行方式的人群多少，其参考价值也不是太大(除非是微观层面的规划)。结合以上分析，设置轨道交通形心连接线是必要的。如《深圳整体交通规划》的预测建模(不是组合模型)及 ESTRAUS 的圣地亚哥模型，也给出了轨道专用形心连接线。

6.2.2　多模式交通网络最短路径算法的非法路径处理

在实际的交通网络中，一般将交通小区的形心作为出行的起讫点，并通过虚拟的形心连接线和周边路网或车站连接起来。形心连接线除了增加最短路径算法的计算量外，还改变了实际交通网络的拓扑结构。因此，避免形心连接线对实际交通网络的车流量和客流量的影响是十分必要的。传统的交通分配中，一般将形心连接线的走行时间设置得较小，而通行能力设置得很大，以避免出行时间受到形心连接线的影响。除此以外，形心连接线的设置还造成了两种非法的路径。

第一类：交通流穿越小区形心的路径，如图 6-5 所示。这类路径是指交通小区有多个形心连接线时，由于形心连接线设置的时间较小，图中 A 到 C 的交通流可能通过形心 B 连接的两条形心连接线走近路，交通流量在真实路网上消失。这类非法路径，只要对最短路径算法稍加修改就可以避免，目前流行的交通规划软件如 TransCAD、VISUM、EMME/3 和 Cube 等都可以实现这一功能，其实现方法在此不作详细介绍。

第二类：相邻 OD 对直接有 2 条形心连接线连接，形成形心连接线虚拟路径，如图 6-5 所示。这类路径同样会造成交通流量在真实路网上消失。这是目前一些交通规划软件不能避免的问题，笔者曾对 TransCAD 进行试验，这样的路径仍然有交通量加载，从而减少了实际路网的部分交通量。当然，在形心连接线手动设置时，应尽量避免这种连接情况的发生。但对大型网络而言，一般形心

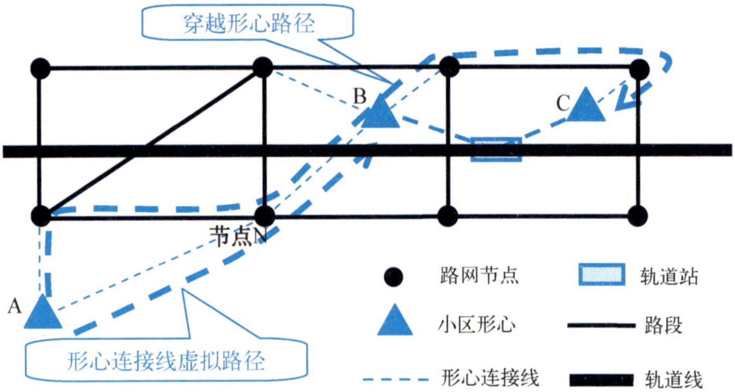

图 6-5　交通分配中的两种非法路径

连接线均为自动完成，如果交通小区的支路网不够密集，产生这样的路径是常有的事情。在多模式交通网络中，假如形心连接线连接了轨道交通车站，则由 B 到 C 的出行很有可能部分被误认为轨道交通方式出行，这更不切合实际。可见，在传统的交通分配中，这个问题被忽视了，在多模式交通网络中，这个问题就更加凸显出来，在本书中笔者着重讨论这一类非法路径的避免。

多模式交通中第二类非法路径存在又可以分为两种情形。

情形一：一种交通方式存在第二类非法路径，但存在其他方式的合理路径衔接这个 OD 对。根据笔者和 David Boyce、Hillel Bar-Gera 以及 TransCAD 软件开发人员张建、杨齐的讨论，最短路径无法通过条件的设置或者简单的修改达到避免此类路径的目的。David Boyce 给笔者的建议是这样的：将形心连接线的成本设成一个很大的值，计算每种交通方式的最短路径成本后，对一般的 OD 对，将最短路径成本减去形心连接线的值作为方式分担的要素（避免形心连接线成为方式分担的主要变量），而出行特殊情形一的 OD 对，最短路径为无穷大。

这种方法存在两个问题：一是忽视了不同交通方式的上车、上路的额外时间。如步行到公交车站以及等车时间，与小汽车的开车时间的差别都是通过形心连接线表示的，对正常的 OD 对而言，消除形心连接线的需要时间和费用就无法达到这一目的。二是假如某个 OD 对存在这样的交通方式非法路径，但该交通方式有多个形心连接线连接这个 OD 对时，并存在合理路径，那么这个合理路径将不会是最短路径，用最短路径算法将无法找到。

情形二：一种交通方式存在第二类非法路径，但不存在其他方式的路径衔接这个 OD 对。这个 OD 对没有其他路径连接，若还是按照情形一的处理方法，那么所有交通方式的最短路径成本都很大，计算方式分担会近似平均分摊，这显然是不合理的。因此出行这种特殊情况，笔者给定以下规则：将该交通方式的路径成本不设无穷大值，按照正常计算，那么在方式分担计算中，该 OD 对的出行将完全使用该交通方式。

距离很近的相邻小区，非机动车或步行出行的比重较大，但这里假设 OD 需求量属于机动化出行，不考虑步行、非机动车出行。如果确实存在相邻 OD 之间的机动化出行需求，且没有其他实际的交通方式连通，假设使用这种交通方式是合理的。

判断上述两种情形的方法如下：

Step 1：计算起点出发的边数目：如果边数目为 1，节点进入最短路径队列；如果边数目大于 1，转 Step 2。

Step 2：起点出发扫描新的节点，暂时不进行入队和成本更新等操作，对新一节点进行扫描，分析该节点是否直接和讫点相连。没有直接相连的，进行入队和成本更新、紧前路段更新操作；直接和讫点相连的节点暂不入队，记录临时更新成本和紧前路段（如果有多个这样的节点，记录多个），查找到达该讫点的边数目（等于 1 或者大于 1，需要对路段按照到达节点进行排序），队列中的节点继续扫描，如果扫描到上述节点，也同样更新节点成本和紧前路段，直至扫描到所有的讫点。

设两条形心连接线组成了一条非法路径，设 CLF 为起点出发的形心连接线，CLL 为到达讫点的形心连接线，定义两种形心连接线失效操作：

(1) 标准失效操作：节点暂不入队，记录临时更新成本和紧前路段（如果有多个这样的节点，记录多个）。

(2) 强制失效操作：节点入队，但将该路段的阻抗设一个很大的值用以更新成本。

那么第二类非法路径按照不同的形心线连接情况，可采取的失效操作如表 6 - 3 所示。考虑多用户多模式交通分配问题本身计算量很大，如果采用过于复杂的处理方法来解决这个细节问题，恐怕得不偿失。为此，笔者在具体处理非法路径时，采用了表 6 - 4 所示的方法。

如图 6 - 6 所示，假设各个路段的成本都为 1 个单位。OD 对 1→2 的形心都连接了两条最短路径。可以采取 3 种失效方法，相对部分失效则提供更多灵活的路径。一般的处理方法是强制失效 CLL 而 CLF 不失效。这种方法的不妥之

表 6－3　最短路径算法的形心连接线完整处理规则

<table>
<tr><th>起点形心线</th><th>讫点形心线</th><th>CLF</th><th>CLL</th><th>多模式交通设置</th></tr>
<tr><td>1 条</td><td>1 条</td><td>不失效</td><td>不失效或强制失效
多方式时强制失效</td><td rowspan="4">各种交通方式的 CLL 成本临时强制转换为无穷大。合理交通方式的无穷大数量等级小于其他方式</td></tr>
<tr><td>1 条</td><td>多条</td><td>不失效</td><td>标准失效
或强制失效</td></tr>
<tr><td>多条</td><td>1 条</td><td>理想方法：计算起点到具有 CLL 连接的讫点的最短路径时 CLF 失效
一般方法：CLF 强制失效</td><td>不失效</td></tr>
<tr><td>多条</td><td>多条</td><td colspan="2">理想方法：计算起点到具有 CLL 连接的讫点的最短路径时，对比 CLF 失效和 CLL 失效的路径成本，不是最短路径的那个 CLF 或 CLL 失效
一般方法：CLL 失效比较容易实现</td></tr>
</table>

表 6－4　最短路径算法的形心连接线一般处理规则

<table>
<tr><th>起点形心连接线</th><th>讫点形心连接线</th><th>CLF</th><th>CLL</th></tr>
<tr><td>1 条</td><td>1 条</td><td>不失效</td><td>强制失效</td></tr>
<tr><td>1 条</td><td>多条</td><td>不失效</td><td>强制失效</td></tr>
<tr><td>多条</td><td>1 条</td><td>强制失效</td><td>不失效</td></tr>
<tr><td rowspan="3">多条</td><td rowspan="3">多条</td><td>不失效</td><td>强制失效</td></tr>
<tr><td>强制失效</td><td>不失效</td></tr>
<tr><td>强制失效</td><td>强制失效</td></tr>
</table>

处是没有用表中所述的理想方法进行最短路比较，将路段 7→2 设为无穷大值后，导致 2 的紧前节点为 4，路径 1→6→7→2 难以起到作用，分配不到流量了，理想的方法是要对这条路径和 1→7→4→2、1→6→4→2 等路径作出比较求得最短路径，再进行分配，这样路径存储也是不可避免的，算法过于复杂。另外，如果同时又对 CLF 路段 1→7 强制失效，那么最短路为其他边组成，不包含路段 1→7 和路段 7→2。一般来说，对 CLL 强制失效就足够解决不符合实际的问题了。

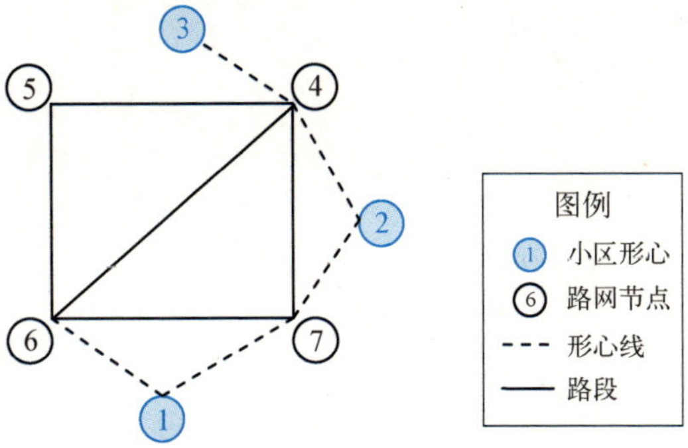

图 6-6　相邻小区的形心线连接及非法路径示例

当起点为多条、讫点为一条形心连接线时(如 OD 对 2→3)，应对 CLF 强制失效。可以通过对路段按照到达节点进行排序计算到达讫点的路段数来判断 CLL 是唯一一条到达讫点的形心连接线。又形心连接线一般成对出现，可以用讫点出发的形心连接线来代替，以减少网络处理的计算量。

笔者应用美国费城路网对处理第二类非法路径的效率进行了测试(图 6-7)。其中交通小区数为 1 525，节点数为 13 389，路段数为 40 003，分配 OD 总量为1 850.4 万 PCU。用 Frank-Wolf 算法计算标准交通分配问题，进行 10 次迭代，处理第二类非法路径需要额外时间为 19.8 s，平均每次迭代增加时间约 2.0 s。

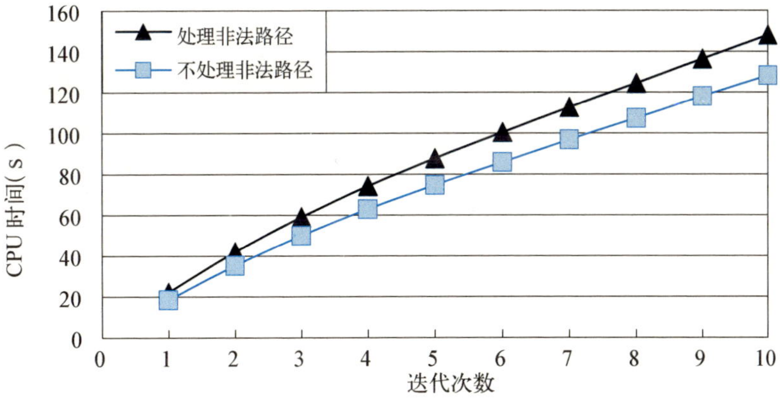

图 6-7　费城大型网络交通分配中的非法路径处理效率

笔者又对惠州多模式网络的非法路径处理效率进行了测试(图 6-8)，相对误差都达到 0.01，用 MSA 算法进行 36 次迭代，处理非法路径需额外时间

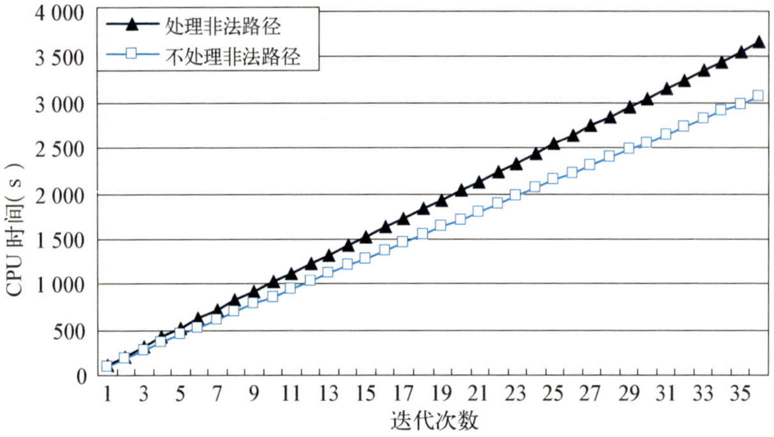

图 6-8　惠州大型综合交通网络多方式分配中的非法路径处理效率

580.8 s,平均每次迭代约增加 16.4 s。

当然,不同网络条件、OD 需求量以及出行者特性,都会对处理非法路径的额外需要时间产生很大的影响,上述算例说明处理非法路径的额外时间尚可以接受。

6.3　组合换乘交通方式行为分析

所谓组合换乘交通方式即一次出行中使用了不同的交通方式。本书考虑小汽车、出租、常规公共交通三种交通方式和轨道交通的换乘关系,但不考虑 2 次及以上的不同交通方式之间的换乘。换乘交通方式的最短路径寻找和纯交通方式是有区别的。下文以 P+R 模式为例,描述组合交通方式的路径选择行为。

基本行为假设:出行者选择"由轨道交通网络和道路网络共同组成的路径",并且路径广义成本是最小的。

如图 6-9 所示,以起点 A 为例,如果目的地是 B,可能会选择 P+R 换乘站 3,出行者首先寻找起点 A 到换乘站 3 的最短路径,然后再寻找换乘站 3 到目的地 B 的最短路径。如果起点 A 的目的地是 C,可能会选择换乘站 4,出行者首先寻找起点 A 到换乘站 4 的最短路径,然后再寻找换乘站 4 到目的地 C 的最短路径。由此可见,组合交通方式的路径选择包括了换乘站点选择,换乘站点选择行为需要满足组合路径的广义成本最小原则。因此必须比较不同OD对选择不同换乘站的方式链的广义成本。根据笔者查阅的文献，目前尚未有经过路网特定节点约束的最短路径有效算法，使用各换乘站点的组合路径广义成本需用枚举法比较。从而，换乘方式的组合最短路径寻找增加了模型的最短路径计算量。在给定的网络范围(如小汽车网络和P+R换乘连接线)，最短路径算法完成后，起点到所有节点(包括轨道站点)最短路径已经给出，需要增加最短路径计算量是寻找轨道站点到终点的最短路径。

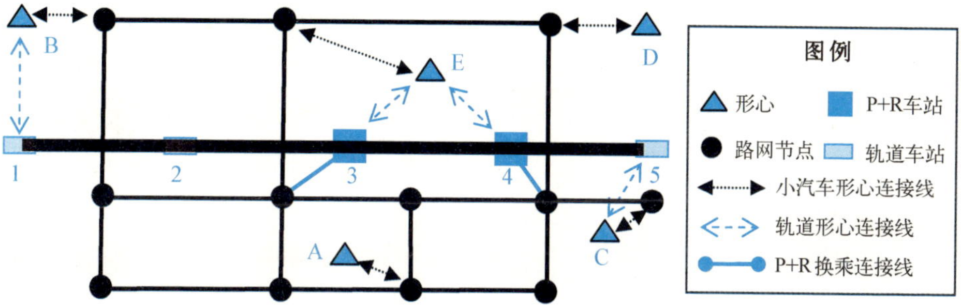

图6-9　P+R换乘方式的站点选择

笔者曾考虑将距离起点最近(或者广义成本最小)的轨道车站作为换乘站，这一做法不会增加最短路径的计算量。但在实际轨道交通网络中，有时离起点较近的轨道站点到目的地需要绕行，这种假设就不一定成立了。

轨道交通和其他交通方式直接的换乘路径选择，组合路径还存在哪一种方式先使用的问题。例如轨道交通和公共交通方式的换乘，对于起点接近轨道车站，目的地周边没有轨道站点而只有公交线路时，出行者可能会先使用轨道交通再换乘常规公交。如果情况相反，则一般先坐常规公交再换乘轨道交通到达目的地。对于P+R模式，也存在往返时组合路径前后方式对换的情形。为此，笔者按照组合路径使用的交通方式前后关系进行了分类处理。笔者还对非真实换乘路径也进行了处理。所谓非真实换乘路径即：出行者先乘坐轨道交通，和其他方式进行换乘时，从起点出发通过轨道交通形心连接线，到达轨道交通车站，然后通过换乘线，再使用其他交通方式。与此反方向的换乘路径同理。这样出行者实际上没有使用轨道交通方式，需要剔除。

另外，在模型中假设公交车、出租车可以和轨道交通在任意轨道站点换乘，而私人小汽车只能在有停车场的P+R站点换乘。

6.4 公交车、轨道交通和出租车票价在建模中的处理

模型中公交车的使用成本包括步行到车站的时间，基于公交路段发车频率的等待时间，车内时间，车内拥挤成本，下车后步行到目的地的时间，以及票价。公交车和轨道交通的票价在交通模型中遇到最大的困难是具有非可加性，例如坐一站的票价是 2 元，坐 2 站仍然可能是 2 元，这样使得基于路段的算法失效。列举路径的算法在大规模网络中尚未成熟，本书采用类似 Boyce 和 Bar - Gera[271]的做法，将其简化为 OD 间票价，作为 OD 对交通方式的固定费用，但以 OD 间相应交通方式网络的最短路径长度为依据进行定价。在这种情况下，如果交通小区分得足够小，和实际票价的误差是很小的。在没有采取票价优惠政策时，参考有关城市的定价方法，惠州市区的定价方案如表 6 - 5 所示。

表 6 - 5　常规公共交通和轨道交通票价

常规公共交通票价		轨道交通票价	
里程(km)	票价(元/人次)	里程(km)	票价(元/人次)
≤11	2	≤6	3
11～18	2.5	6～10	4
18～28	3	10～15	5
28～35	4	15～25	6
35～50	5	25～45	7
>50	5+(里程−50)×0.25	45～65	8
—	—	>65	8+(里程−65)×0.3

不同城市有不同的出租车计价方式，主要表现在起步价、超过起步里程后的单位里程价格以及返程附加等费用的不同。这种计价方式同样具有非可加性，需要列举路径才能算得最短路径。因此，模型中要采取精确的计价方法是很难的。考虑到出租车流量在城市交通中所占比例较小，笔者建议采用“替代起步价”方法建模。即将替代起步价作为出租车方式的固定费用，但它一般小于实际的起步价。替代起步价设定的原则是使模型票价和实际票价最接近。设 N 为

样本数，l 为出行距离(km)，L_0 为起步价里程，Tf 为单位里程费用(元/km)，BF' 和 BF 分别为替代起步价和真实起步价，则模型所得票价为 $F_m = BF' + l \times Tf$，实际的出租车票价为 $F_r = \begin{cases} BF & (0 < l \leqslant L_0) \\ BF + (l - L_0) \times Tf & (l > L_0) \end{cases}$。可以确定一个替代起步价，使 $\sqrt{\sum_N (F_r^n - F_m^n)^2 / N}$ 的值最小或者在一定的置信区间内。模型票价与实际票价的差值为：

$$F_r - F_m = \begin{cases} BF - BF' - l \times Tf & (0 < l \leqslant L_0) \\ BF - BF' - L_0 \times Tf & (l > L_0) \end{cases}$$

所有的样本的差值都越接近于 0 越好，设 l' 为需要起步价的平均出行距离，显然替代票价应该设置在 $BF - L_0 \times Tf$，$(l > L_0)$ 和 $BF - l' \times Tf$，$(0 < l \leqslant L_0)$ 之间，依赖于出租车乘客的出行距离分布，可以根据简单的线性搜索法求解该数值。笔者通过基于 GPS 的深圳市出租车载客数据，算得替代起步价为 8 元时模型的票价最接近实际票价(深圳的起步价为 12.5 元，里程为 3 km，超过 3 km 部分按照 2.4 元/km 计算)。

6.5　模型计算概述

模型要具有普适性，就要给用户提供参数设置的交互窗口，本模型可设定的参数如下：

交通需求和供给方面：出行者时间价值分布函数特征值，出行者分类数目，出行者交通方式选择的随机参数，小汽车拥有人数比例，小汽车和货车的单位里程燃油费用，小汽车和出租的平均载客率，出租车单位里程费用和替代起步价，出租车平均等待时间，货车时间价值。另外还包括居民出行 OD 矩阵，出行矩阵比例系数，货车 OD 矩阵，公交车轨道交通的票价 OD 矩阵，网络节点文件和网络文件。网络文件还包含了路段固定的公交车流量，定义公交通行的路段，形成公交网络。

交通模型算法方面：可以选择广义部分线性化方法(GPL)、连续相继平均法(MSA)和固定步长算法(C－W)，MSA 算法的收敛指标选择，C－W 算法步长设定以及非法路径处理设定。

关于模型的算法，已在第 5 章详细说明。多用户多模式组合模型算法的抽象流程如图 6 - 10 所示。

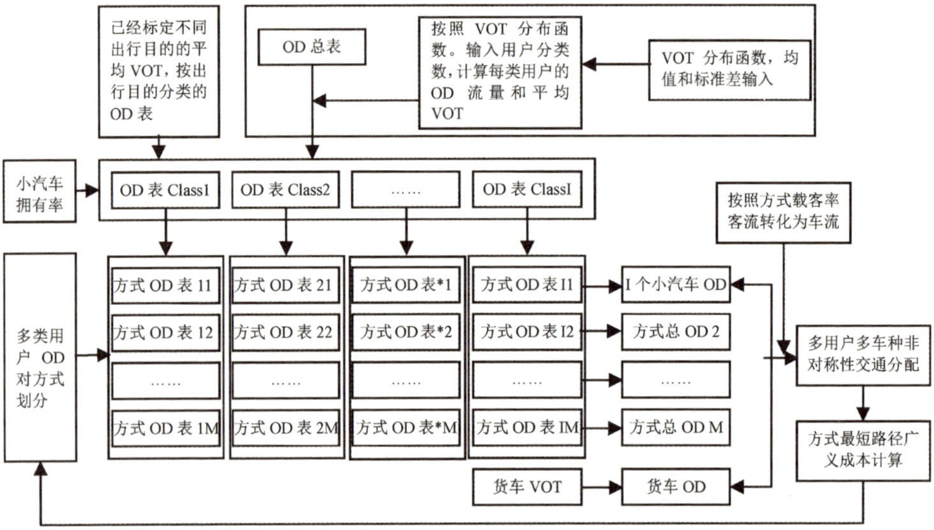

图 6 - 10　多用户多准则多模式组合模型算法的抽象流程

模型中的货车只有一类，但预留了分类的功能；客运交通主要为机动化出行的交通方式，包括 5 种纯模式和 6 种换乘组合模式（在今后的建模工作中，将考虑通勤的大客车交通）：

（1）纯模式：私人小汽车、出租车、公交车、轨道交通、公交专用道或 BRT；

（2）换乘组合模式：P＋R（或 R＋P，小汽车换乘轨道交通），T＋R（或 R＋T，出租车换乘轨道交通），B＋R（或 R＋B，常规公交换乘轨道交通）。

需要说明的是换乘组合模式表现为 3 种，实际上有 6 种。以常规公交和轨道交通的换乘为例，由于公交车或者轨道交通线网覆盖的限制因素，换乘的先后使用的交通方式是不同的。有些 OD 对的起点只能使用公交车，然后换乘轨道交通后到达讫点；而有些 OD 对的起点可以很方便地使用轨道交通，但到达讫点需要换乘公交车才能实现。由此，一种换乘组合模式又衍生出前后交通方式不同的两种模式。在停车换乘的模式中，还依赖于 OD 对的起讫点位置，例如从郊区到中心区上班，先使用小汽车后换乘轨道，下班回家则先使用轨道再在换乘点使用小汽车。这个问题已经是从基于出行链的角度考虑了，在本书基于出行的模型中，并没有除去下班时先使用小汽车再使用轨道交通到家的交通方式。好在对一般的城市，P＋R 模式主要针对没有轨道交通直接达到的郊区而言，所以上述下班后先使用小汽车，再用轨道交通到家的交通方式在网络搜索中并不存在。

模型经过计算后，可以输出如下结果：收敛分析报告和日志；路段小汽车、出租车、货车的流量和速度，公交车速度，路段饱和度；公交和轨道交通断面客流量；不同出行者的方式分担等。

在模型的计算中，小汽车的广义成本包括形心至道路的额外时间、道路行驶时间、燃油费用、停车收费和拥挤收费等；出租车的广义成本和小汽车类似，只是没有燃油费用和停车费用，并增加一项出租车费率；公交车（或 BRT）、轨道交通的广义成本包括形心至车站的步行时间、基于发车频率的等待时间、车内时间、车内拥挤及车票的费用；换乘组合方式的广义成本则在上述费用的基础上增加换乘的时间和货币成本（如 P+R 的停车费）。

6.6　模型在大规模综合交通网络的计算效果分析

笔者使用 VC++语言编程，并应用基于 GIS 的 TransCAD 软件进行网络编辑和数据准备，分别用中型和大型综合交通网络进行了测试。其中圣地亚哥模型的网络规模较小，惠州和深圳模型的网络规模较大，它们的基本情况如表 6-6 所示。前两个算例所用计算机为 CPU 为 Intel Pentuin(R)D 双核 2.8 GHz，内存为 1 GB 的台式个人电脑，运行操作系统为 Windows XP。深圳模型因小区数较多，需要较大的内存，在 Windows Server 2003 下使用 CPU 为 Intel(R) Core(TM)2 Duo CPU E4500 2.20 GHz，内存为 2 GB 的台式个人电脑上运行。

表 6-6　测试模型的基本情况

项目 网络模型	交通小区	道路网路段/节点	轨道网络路段/车站	形心连接线、各类换乘线	高峰小时机动化出行人次	高峰小时货车出行量	出行者分类
圣地亚哥	39	430/165	66/36	604	166 788	33 358	5
惠　州	269	13 006/4 122	102/49	2 600	735 774	65 650	5
深　圳	491	9 484/2 966	384/199	2 760	959 998	76 800	5

6.6.1 不同算法的收敛速度分析

David Boyce[373]对不考虑交通方式之间路段阻抗相互影响的组合模型用固定步长 Constant Weight(C－W)算法进行了研究,研究结果是这种固定步长只要取值合理,一般来说都要比 MSA 算法收敛得快。他建议在实际工作中,可以使用这个没有理论支持的算法,来代替步长寻找的算法。因此,笔者除了比较 GPL (广义部分线性化方法)和 MSA 算法外,也对步长为 0.25 的 C－W 算法进行了试验。在圣地亚哥模型中,C－W 算法的相对误差下降到 10%时,经过长时间的迭代,在这个值上下之间波动,不能得到收敛(图 6－11、图 6－12)。在惠州模型中,C－W 算法的相对误差在长时间迭代后,仍然在 15%～20%之间波动,无法收敛(图 6－13—图 6－15)。深圳模型中的相对误差也不能持续下降,在 1.4%～1.8%之间波动,误差范围尚可以接受(图 6－16、图 6－17)。可见 C－W 算法在考虑换乘和多模式交通相互影响的模型中根据网络的不同不一定适用,其相对误差会到达一个极限值,随后无法继续下降(笔者改变输入参数,发现都是收敛到某一个值后就不断波动)。

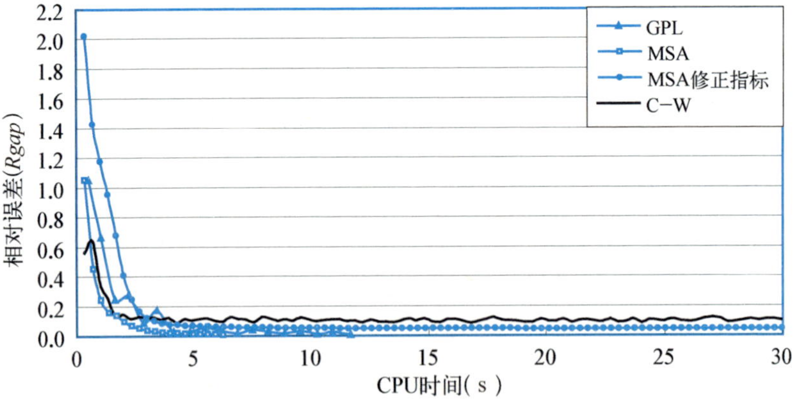

图 6－11 圣地亚哥简化网络模型算法收敛指标全局比较

模型的计算速度取决于网络的大小,交通小区的多少,出行量(包括货车)的大小。在综合交通网络中,更依赖于不同交通方式网络的构成以及他们的方式分担率,而分担率不但受到交通供给方面的影响,也受到需求特征的影响(如出行时间价值的大小)。另外,考虑轨道交通和其他交通方式换乘,轨道交通的站点的多少影响到最短路径计算量。

模型为了适用于多种交通方式,也计算了 BRT 的最短路,但由于算例没有

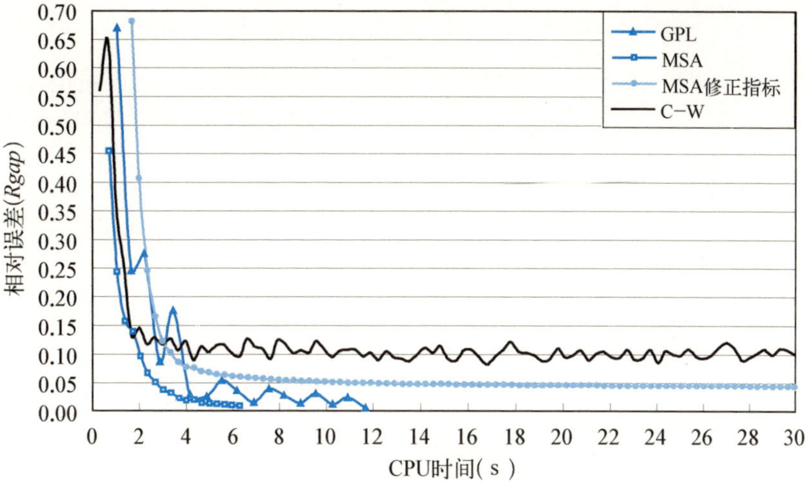

图 6-12　圣地亚哥简化网络模型算法收敛指标后期比较

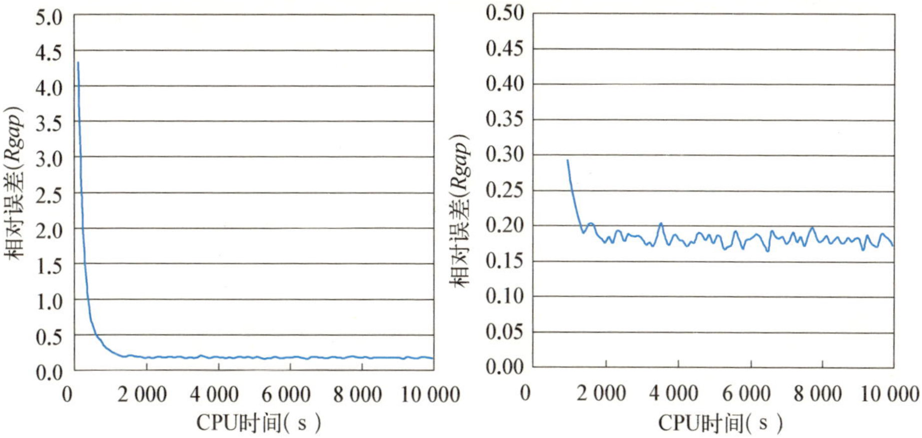

图 6-13　惠州模型固定步长计算全局收敛和后期收敛分析

包括 BRT 方式(在惠州模型中对公交专用道进行了测试),包含了一些多余的计算。尽管如此,对圣地亚哥这样一个中型网络,用 GPL 算法大约十几秒就可以达到 0.01 的目标相对误差。值得注意的是,尽管深圳模型的交通小区数为 491,相比惠州 269 个要大得多,而且出行人次和货车出行量均大于惠州,但计算速度要比惠州模型快得多。分析其原因:一是深圳模型中轨道交通网络规模较大,客流分配的拥挤效应相对不明显,减少了每次迭代的误差;二是深圳模型中路网的总体规模要小于惠州模型,单个交通小区的形心连接线数目较少,避免了

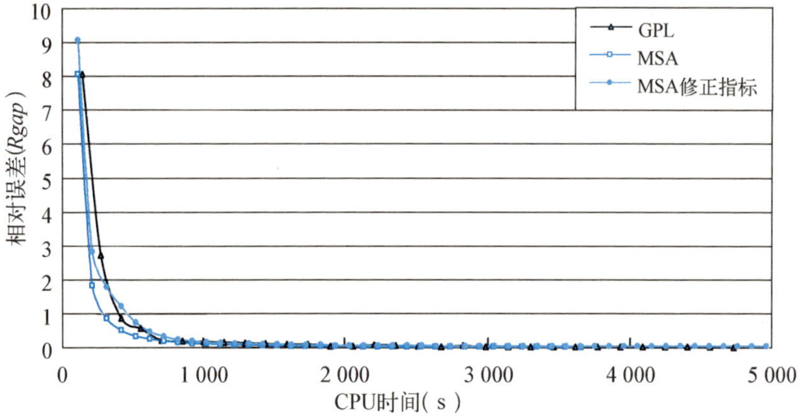

图 6-14　惠州模型算法收敛指标全局比较

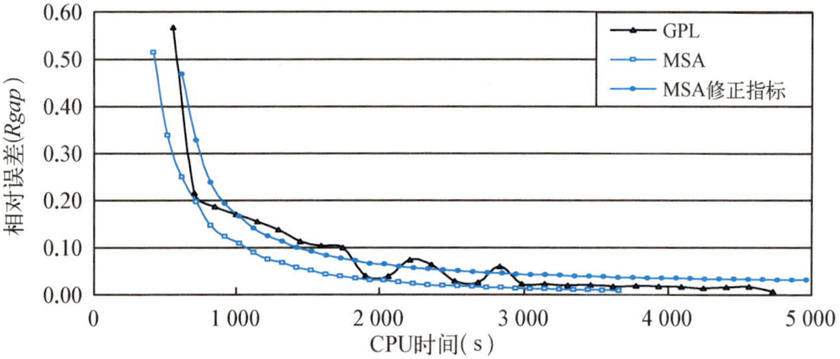

图 6-15　惠州模型算法收敛指标后期比较

大规模非法路径处理的计算；三是计算平台不同，因内存为 1 GB 的计算机不能满足深圳模型的要求(若调用虚拟内存计算速度会慢很多)，深圳模型使用了高配置的个人电脑。

在 MSA 算法中，使用了两种指标，第一种是前后两次迭代的变量相对误差，第二种是修正指标，为系统的成本和最短路径成本之间的相对误差。由于 MSA 算法的特殊性，前后两次迭代的收敛指标并不科学，而是需要对最近三次左右迭代的平均值来考虑。因此，Yolanda Noriega 等[223]提出了第二种修正指标。根据圣地亚哥、惠州和深圳三个网络的测试，MSA 算法的修正指标值一般来说要比第一种指标要大，说明第一种指标实际上是夸大了收敛的速度。不过不论是哪种指标，相对误差的值都是下降的，并不存在 C-W 那样无休止波动的

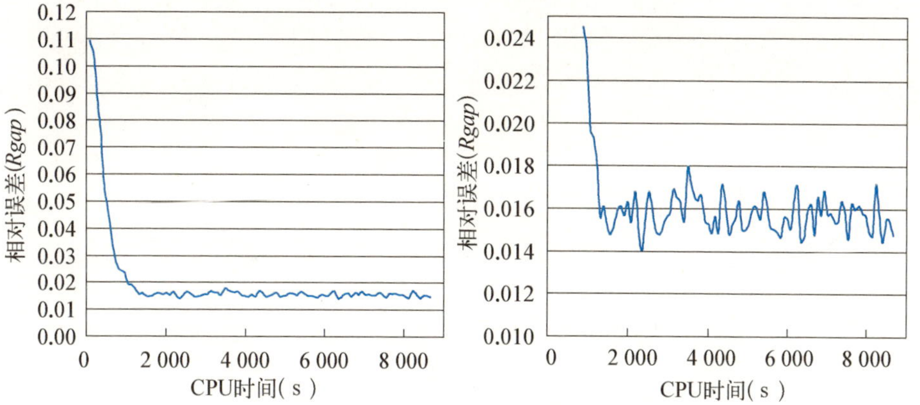

图 6－16　深圳模型固定步长计算全局收敛和后期收敛分析

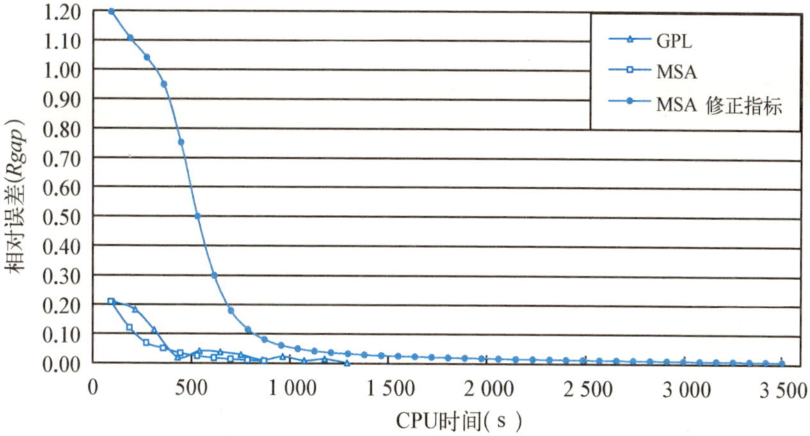

图 6－17　深圳模型算法收敛指标全局比较

情形，因此算法是有效的。GPL 算法的特点是总体上相对误差是下降的，但迭代过程中也会出现小幅度的回升，和 MSA 的修正指标相比，其总体收敛速度要比 MSA 快。

GPL 算法的特点是对部分线性化的目标函数进行方向搜索，求解精确的迭代方向，当然，在数值计算中，这个精确的迭代步长也需要设定一个较小的误差项，以说明步长达到了近似的精确值。因此，它每次迭代的时间要比 MSA 算法长一些。由图 6－18 可以看出，随着组合模型计算总体迭代次数的增加，内部方向搜索的迭代次数也稳步上升。也就是说，GPL 算法在后期迭代过程中，需要的计算时间就越长。

出行需求量增大加剧了整个网络的拥挤程度，在模型计算过程中需要花费更多的时间来达到均衡。将比例为 0.8，1.0 和 1.2 倍的三种出行需求量用 MSA 算法进行对比，达到相对误差为 0.01 时，需要的时间分别为 2 744 s，3 657 s 和 4 809 s，图 6－19 是它们的收敛情况。

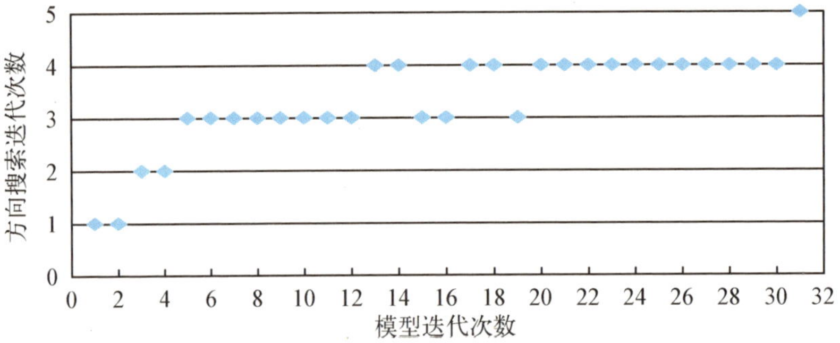

图 6－18　惠州模型 GPL 算法的方向搜索速度分析

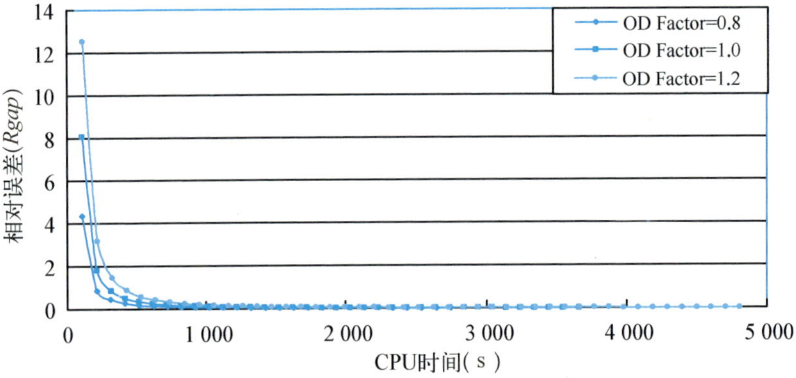

图 6－19　惠州模型不同 OD 需求下的算法效率对比

6.6.2　不同算法下路段流量解差异分析

将 GPL 和 MSA 算法路段流量解的差异用均方根误差 RMSE(Root Mean Squared Error)和相对误差%RMSE 来衡量，它们的计算公式分别为 $RMSE = \sqrt{\sum_a (x_a^{GPL} - x_a^{MSA})^2 / |A|}$ 和 $\%RMSE = \sqrt{\sum_a (x_a^{GPL} - x_a^{MSA})^2 / |A|} / (\sum_a x_a^{MSA} / |A|)$，其中 $|A|$ 为路段总数。比较两种算法的差异有两个目的：一是分析不同时间价值的小汽车的路段流量解唯一性问题，虽然它们初始解是

相同的，但搜索的方向不同，按照理论分析，不同时间价值的小汽车流量解应该是不唯一的；二是在相同目标误差设置下，验证不同算法的路网流量差异，以说明两种算法的实用性。根据两种算法下不同时间价值的小汽车路段流量解差异，如图 6－20—图 6－22 所示，相对误差都要比路段的总流量解大，说明分类小汽车的路段流量解存在较大的不稳定性，符合解不唯一的理论。两种算法在各自的目标相对误差达到 0.01 后，路段总小汽车流量的误差%RMSE=6.0%，这是由于 GPL 算法在前后迭代中存在很大的波动性。若需要更精确的解，需要减小算法的目标相对误差。

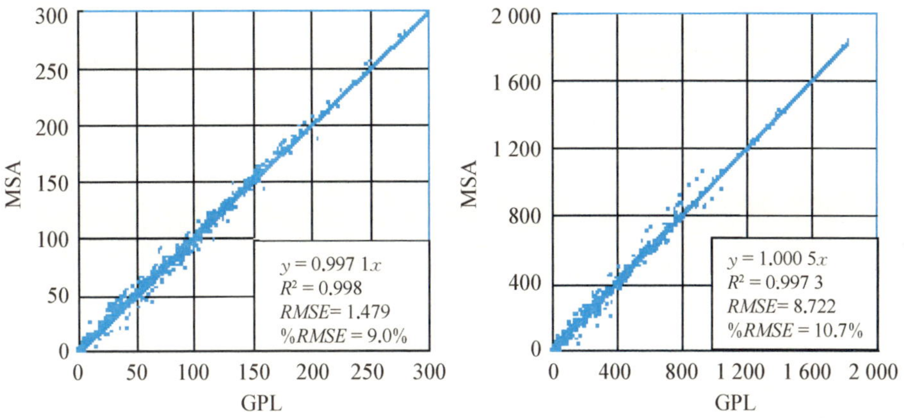

图 6－20　GPL 和 MSA 算法下第一、第二类小汽车路流量解对比(惠州模型)

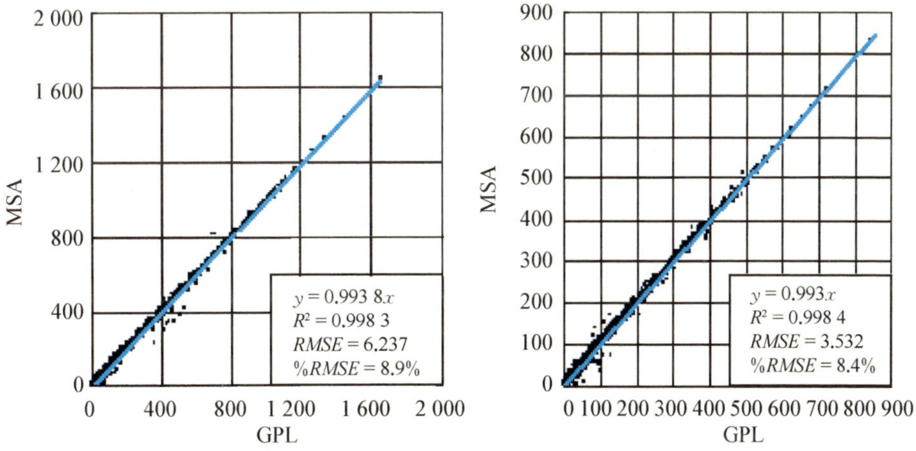

图 6－21　GPL 和 MSA 算法下第三、第四类小汽车路流量解对比(惠州模型)

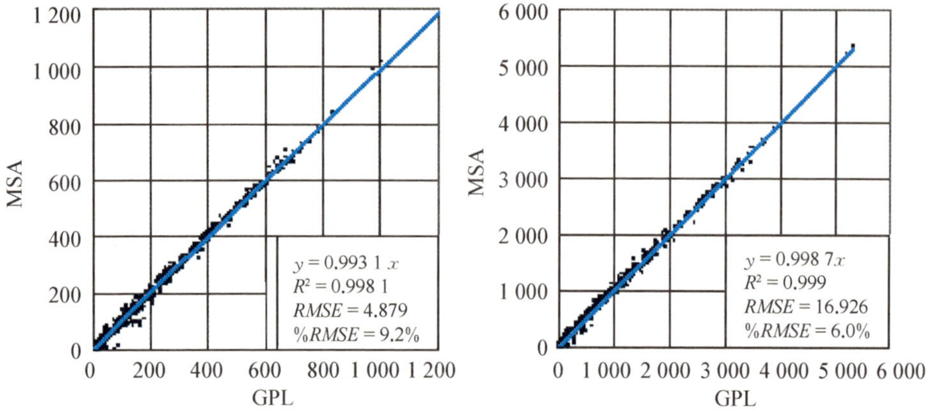

图 6－22　GPL 和 MSA 算法下第五类小汽车、小车总路流量解对比(惠州模型)

考察小汽车总流量的误差，路段交通流量较大的路段误差要比路段流量小的精确，说明拥挤路段的计算值误差较小，易于规划决策中对存在问题的准确把握。

6.6.3　不同出行者分类数下的方式分担和路段流量解差异分析

将出行者按照时间价值分为不同的类别，目的就是反映他们对出行的时间和货币费用支付的不同偏好，从而对交通方式和路径的选择不同。忽略出行者的时间价值异质性，就容易造成模型预测的误差。因此，笔者拟对不同出行者分类下的模型运算结果进行比较。按照不同时间价值的人群进行分类考虑，是非集计的过程，但同一类人群的时间价值的人实际上也存在差异，计算的是他们的平均时间价值，是一种集计的过程。集计和非集计是一个相对的方法，使用集计的方法可以减少计算量，但降低了精度。本书采用多用户概念，其内涵之一是分析不同出行者的交通行为差异，进行分类处理，但同时也成倍地增加了模型计算量，使模型的计算速度下降。因此，根据交通规划和政策制定效果评价的精确度需要，可以适当控制出行者分类的数目。为了反映不同分类数的差异，笔者将出行者分为 2 类和分为 5 类的结果进行了对比。如图 6－23 所示，出行者分为 2 类相对分为 5 类的交通方式分担存在较大的误差，其中以轨道交通、公交和轨道交通换乘方式的误差最为明显。

如图 6－24 所示，小汽车的路段总流量解在两种分类情形下的相对误差为 15.1%，根据散点图可以看出，流量较大的路段误差也比较大，这对交通拥挤的判断会产生不利。在实际的应用当中，一般可以先用较小分类数进行模型参数

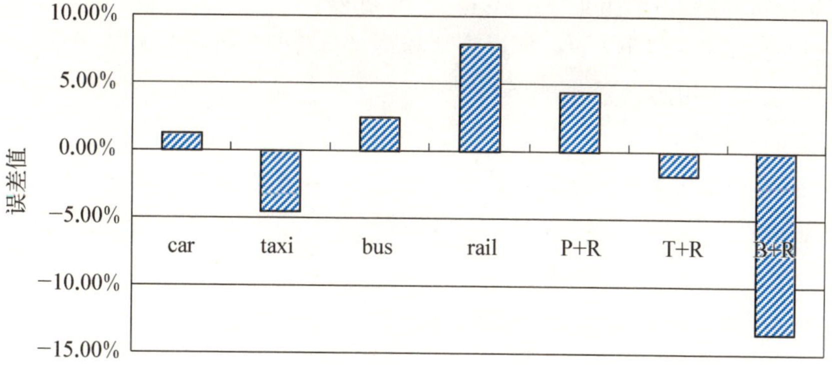

图 6-23　出行者分为 2 类相对分为 5 类的交通方式分担误差

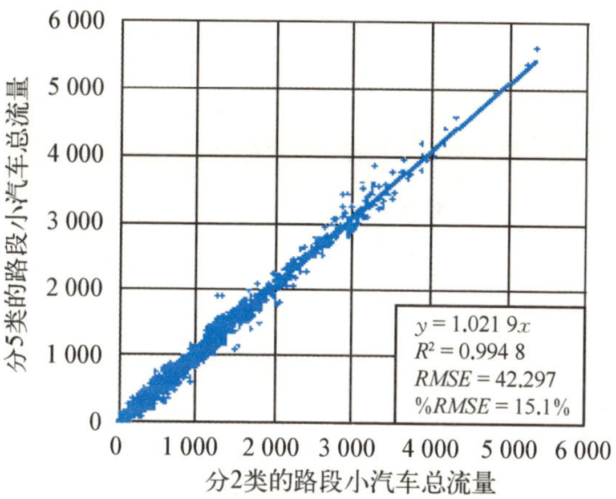

图 6-24　不同出行者分类数下路段小汽车总流量对比

调整，再用分类数较多的模型计算精确解。

6.7　交通需求管理政策下的效果评价实例

6.7.1　TDM 政策模型测试概述

笔者为了说明模型对 TDM 政策评价的普遍适用性，进行了 16 种不同措施实行下的效果评价。但有些 TDM 政策实际上是不大可能在惠州实际实施的，故本书所做实例是模型应用实例，并非政策实施的实例，用以说明模型可以对不同 TDM 进行评价。

在模型测试中，使用了以下几类 TDM 政策：

(1) 公交优先政策方面：常规公交和轨道交通的票价降低调整、公交发车频率增加、公交专用道设置，常规公交与轨道交通之间、轨道交通线路之间的换乘时间减少等策略。

(2) 小汽车抑制政策：警戒线拥挤收费，停车收费、P+R 交通模式、燃油费提高等策略。

(3) 以上政策的组合措施。

编号①为无任何 TDM 政策实施下的模型，②—⑰为 TDM 政策实施下的模型，具体内容如表 6 - 7 所示。P+R 停车换乘点、拥挤收费、停车收费及桥梁收费空间位置如图 6 - 25 所示。

表 6 - 7　TDM 政策测试概况

政策编号	政 策 内 容	政策编号	政 策 内 容
②	常规公交票价为一票制 2 元	⑩	⑧和⑨共同实施
③	在②的基础上，主要通道公交频率增加 40%	⑪	⑩和⑫共同实施
④	P+R 停车免费	⑫	西湖区域停车收费 10 元
⑤	轨道交通票价为一票制 3 元	⑬	④，⑥和⑩共同实施
⑥	②和⑤共同实施	⑭	换乘时间减少 4 分钟
⑦	燃油价格提高	⑮	主要通道公交专用道设置
⑧	桥梁收费小车 10 元，货车 15 元	⑯	④，⑩和⑮共同实施
⑨	西湖区域警戒线拥挤收费	⑰	⑥+主要桥梁禁止货车通行

对上述 16 项 TDM 政策以及基本模型进行测试，得到各种交通方式总的分担比如图 6 - 26 所示(图中 T+R、B+R 分别为出租车、公交车与轨道的换乘)。各种 TDM 政策并不能大幅度地减少小汽车使用的人数，居民出行中小汽车的拥有率(模型中按照 35%计算)决定了使用小汽车的人群，小汽车交通量可能更多是从空间上进行转移。对小汽车方式抑制作用最为明显的是政策⑦和政策⑬。政策⑬是体现公交优先和小汽车限制使用的组合措施，而政策⑦采用相对简单的方案，提高燃油费 30%，可以达到和政策⑬的类似效果。拥挤收费和桥梁收费的实施并没有明显减少小汽车交通。伦敦拥挤收费的大量交通方式转移，主要原因是伦敦的收费区域较大，控制了大量的到达和出发交通。在惠州模

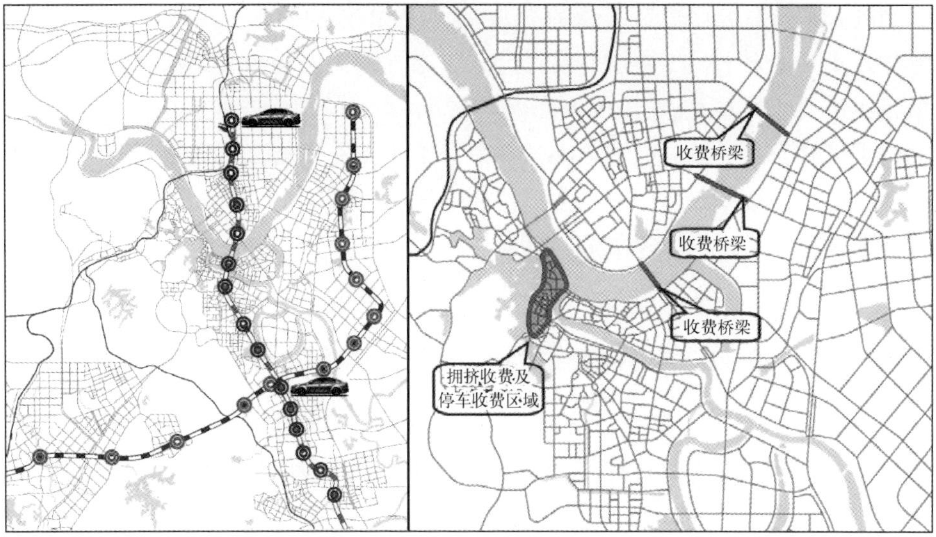

图 6－25　P＋R、拥挤收费、停车收费及桥梁收费空间示意图

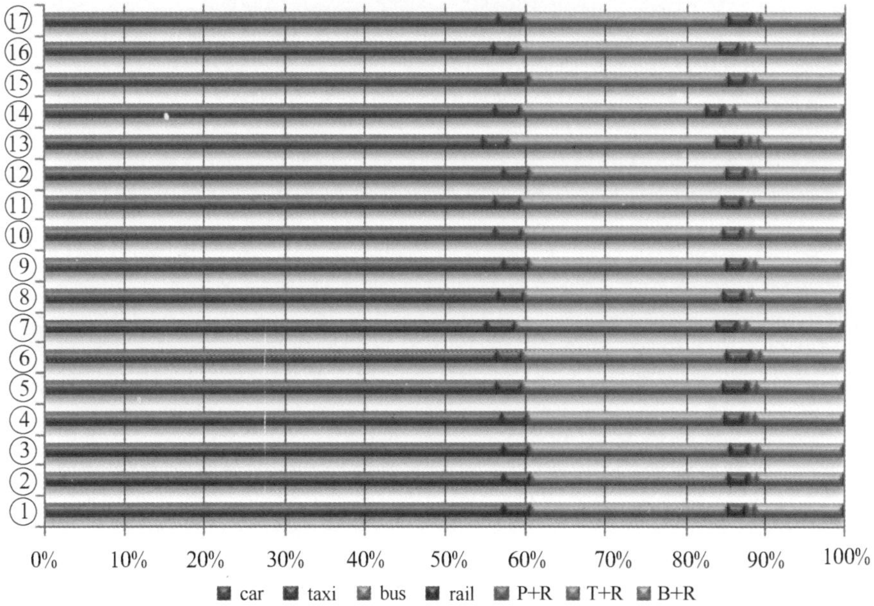

图 6－26　不同交通需求管理政策措施下的机动化出行方式分担率对比

型中桥梁收费和小区域的拥挤收费调控的主要对象是通过型交通，一些时间价值较低的车辆更多的是绕行，他们可以选择不收费的路径，不像伦敦那样必须到达收费区域。出租车，出租车和轨道交通的换乘份额相对来说比较稳定。政策

⑭是减少了公交车和轨道交通的换乘时间，使得该换乘方式的使用人数最多。测试该政策是为了观察加强多模式公共交通方式之间的衔接，特别是重大交通枢纽换乘设计对方式分担的影响。应当说明，不同的综合交通网络下，模型运行的结果可能会大不相同。对于惠州来说，轨道交通只有三条线路，缺少网络优势，轨道交通的网络效应不能很好地发挥，所以它的票价下降对小汽车交通的方式转移作用不大。从各种政策实施能够发挥的作用来看，今后在具有大型轨道交通网络的城市进行这些政策的测试是十分重要的。

6.7.2 公共交通票价敏感性、出租车与轨道交通关系分析

一般来说，公共交通票价的调整对公交使用的改变弹性很小，因为公交使用者大多数是收入较低的人群，其他交通方式的可替代性较弱。图 6 - 27 给出了几种政策实施下相对于基本模型①的各种交通方式使用人数的增减情况。

在政策②中，单一的公交车票价下降，使得公交车使用人数有所上升，有趣的是此时小汽车使用人数没有减少(反而略有上升)，其主要原因是模型考虑了公交车内的拥挤。道路上小汽车的减少，可以提高公交车的运行速度，但同时公交车使用人数的增加，带来了公交车内的拥挤，由此多模式交通均衡向新的方向移动，此时对“公交车和轨道交通换乘”这一组合交通方式而言，其效用相对于其他方式产生了差距。结果是公交车和轨道交通之间的换乘人数大幅度下降，而小汽车的使用人数并未下降。笔者也曾试验了不考虑公交车内拥挤的情形，即在公交的阻抗函数中没有客流与公交运输能力组成的成本项。此时，小汽车使用人数明显下降，公交车和轨道交通换乘方式的使用人数也得到了增加。单一地采用公交票价下降政策，公交车使用人数增加是符合常理的，但是也给原先使用公交车的人增加了拥挤。这种拥挤会给公交车和轨道交通换乘方式来不利因素，是必须要考虑在模型中的。事实上，在我国的一些大城市，采取公交优先政策后，公交车变得更加拥挤，导致服务水平下降，也是一个很大的问题。对应的措施可以是增加公交车的发车频率，因此，笔者进行了政策③的测试，在公交票价下降的同时，在图 6 - 28 中设置公交专用道线路的公交路段上提高公交发车频率 40%(不设置专用道)。如图 6 - 27 所示，此时纯公交车的使用人数进一步得到提高，小汽车的使用人数有所减少，而公交车与轨道交通之间的换乘组合方式的使用人数也变得更少。这说明换乘方式和在高发车频率下常规公交服务模式的相对竞争力发生了变化。但是无论如何，小汽车使用人数的减低，是政策制定的初衷——缓解道路交通拥挤，所希望得到的结果。根据以上模型的实验结

果可以得出这样的结论：单一地降低常规公共交通的票价，未必使得小汽车使用人数下降，需要和其他措施组合使用才能得到预想的效果。尤其是对于轨道交通尚未成网，公交和轨道交通换乘占很大的比重时，政策制定者更应注意到这种相反的作用。

乘客对票价是否敏感，和乘客本身的属性很有关系，如果一个城市的收入水平普遍都很高，对公交车的票价调整很不敏感。相反，如果有一部分人收入很低，或者是出行时间价值很低，对票价调整就会有相对高的敏感度。由此也可以看出出行时间价值参数标定的重要性。此外，对于无车的人群，即使是公共交通的票价提高，他们没有其他替代的交通方式选择时，也不会影响公共交通的使用人数。例如上海的轨道交通票价起步价由原来的 2 元提升到 3 元，由于需求量的原因，轨道交通客流人数还是在不断增长。

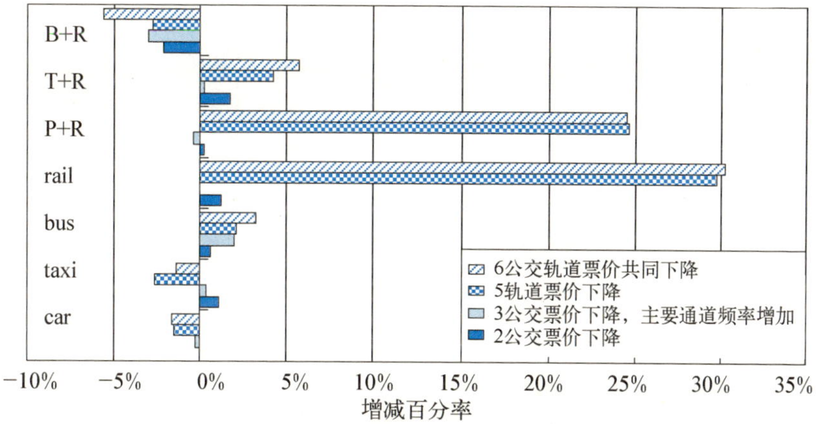

图 6 - 27　公共交通票价下降对方式分担的影响

当轨道交通票价下降时，小汽车、出租车的使用人数都有较为明显的下降，同时轨道交通使用人数增加了约 30%。可见轨道交通对小汽车和出租车方式具有较大的转移作用。大规模的轨道交通建设，甚至会对出租车运营市场带来很大的冲击。而惠州模型中，轨道交通没有发挥网络效应，其走向主要是在重要的客运通道上。因此，轨道交通票价下降时，也使得出租车和轨道交通换乘的组合方式使用人数增加，这对出租车经营者来说是一个好消息。当轨道交通和常规公交的票价都下降时(政策⑥)，小汽车的减少量和单一的轨道交通票价下降基本一样，交通方式的变化主要在其他方式上的相互转移。轨道交通票价的降低(包括政策⑤和⑥)，也使得 P+R 模式的使用者增加近 25%。值得注意的是即使常规公交和轨道交通的票价共同降低,"常规公交+轨道交通"的换乘方式使用人数还是下降的。由于小汽车使用人数的下降,一方面使得公交车和小汽车的行驶速度都得到提高,另一方面轨道交通和常规公共交通变得更加拥挤,使轨道和公交的换乘方式在新的多模式均衡中得不到优势。政策制定者如果忽略这些因素,往往会导致与政策愿景相反的结果。

6.7.3 公交专用道设置效果分析

在流量较大的路段设置公交专用道(政策⑮),如图 6-28 所示,公交专用道上的客流明显增加,在约 28 km 的公交专用道上,平均客流密度增加 540 人/(km·h)(图 6-29)。公交优先的政策似乎起到了很大的作用,但是从图 6-26 中总体的方式分担比来看,公交乘客并没有明显增加,小汽车使用者也没有明显减少(126 人)。这个结果对规划公交专用道的决策者来说值得思考的,盲目地规划一些无效的专用道,可能只会产生事倍功半的效果。从图 6-28 可以看出,设置公交专用道后,在专用道上的公交车速度都得到了提升,从而使得这些断面上的客流增加。但由于专用道占用了车道,小汽车在这些道路上只能使用有限的车道,变得更加拥挤,从而促使他们改变自己的路径。随着其他道路上的小汽车流量增加,导致其他道路上的公交车速度下降,使得乘客使用公交车的效用下降。因此,没有设置公交专用道的公交线路的客流有可能减少。这就解释了公

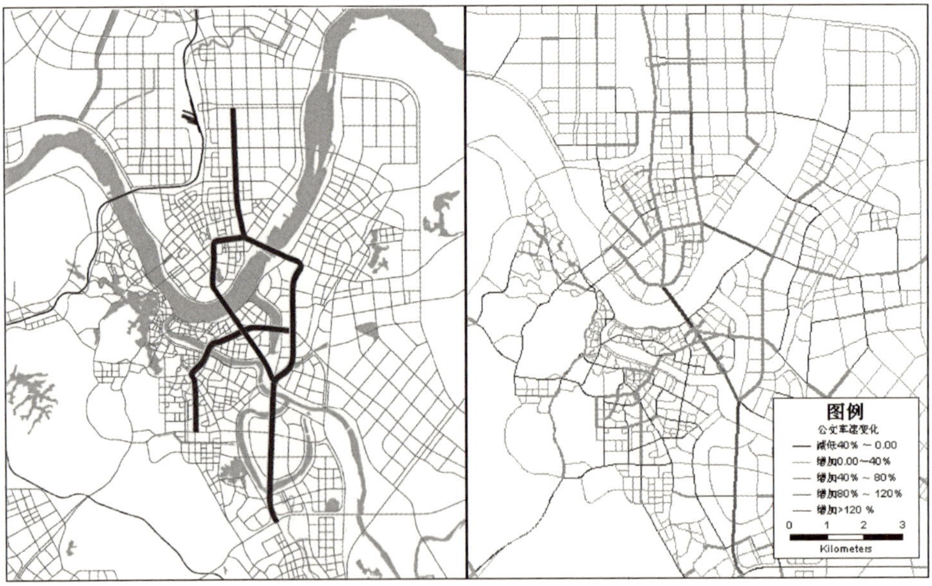

图 6-28　公交专用道空间位置示意及其设置前后公交车速度变化

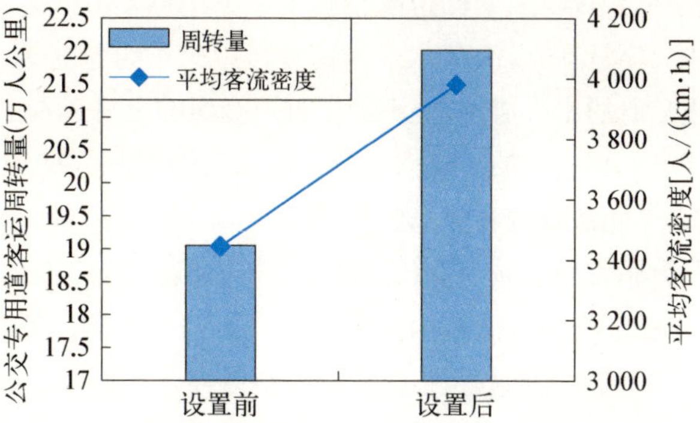

图 6-29　公交专用道设置前后对象路段的客运周转量和客流密度变化

交客流增加“局部明显”而“全局甚微”的现象。

在这样的一个案例中，应该吸取的教训是什么呢？在小汽车流量很大的重要道路上，设置公交专用道会导致小汽车流量的转移，进而影响周边路网的拥挤程度，使得其他公交线路的服务水平下降。因此局部的公交专用道可能收效甚微，要发挥公交专用道的网络效应，加大公交专用道规划规模。在依托公交专用道实施公交优先政策时，需要对实施的效果进行有效地评价。

6.7.4　区域拥挤收费和停车收费政策对比

本次测试拥挤收费区域面积为 0.54 km^2，共 4 个交通小区。图 6-30(a)左侧反映了对象收费区域内出发和到达交通在拥挤收费和停车收费政策下的小汽车出行人数差异，图 6-30(b)则反映了全部网络的小汽车出行人数差异。从比

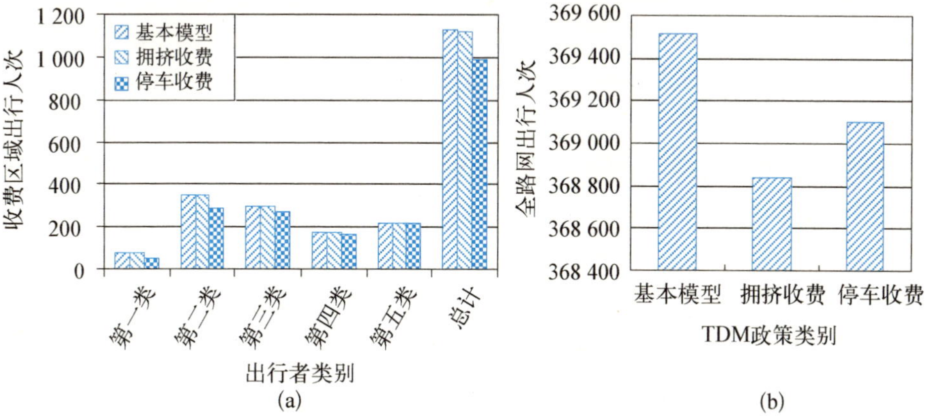

图 6-30　停车收费和拥挤收费对小汽车的抑制作用对比(收费区域与全路网对比)

较区域内来看，停车收费政策比拥挤收费政策减少小汽车方式人数要多。从全路网络来看，拥挤收费减少的小汽车方式人数更多。这是因为拥挤收费不但影响了收费区域内到达交通的出行成本，也影响了过境交通的出行成本。当然，上述结果并不是在任何情况下都成立的。收费区域的大小，区域是否属于过境交通的重要通道等因素，决定了拥挤收费和停车收费减少小汽车出行的效果。警戒线收费的作用对象是起点为非收费区域，讫点为收费区域的到达交通，以及穿越收费区域的过境交通，对起讫点都为收费区域内的出行并没有造成影响。停车收费则调控的是收费区域内的所有到达交通(包括起点是收费区域外和收费区域内的出行)。

另外，笔者又将起讫点都为测试区域的小汽车方式人数进行了比较，发现实施停车收费后的小汽车使用人数较多。这可能是因为在没有拥挤收费政策的情况下，过境交通较多影响了测试区域内部的小汽车出行。不过这次测试区域的四个交通小区之间距离较近，小汽车出行量的数字很小，可比性较差。在今后的研究中，应对更大的收费区域进行测试，以反映停车收费和拥挤收费对起讫点都为收费区域内的出行影响差异。另外，基于出行链的分析模型对拥挤收费效果评价也十分重要。

6.7.5 停车换乘模式(P+R)需求分析

作为应对私人小汽车快速增长的一种 TDM 措施，停车换乘在国外已经开展了数十年的研究和实践，取得了较好的实施效果。在我国的北京、上海和广州等地也相继尝试这种交通模式。为引导市民换乘公共交通进入城市中心区，缓解中心区域交通压力，北京市交通委在停车换乘规划中提出在中心区以外区域，公交轨道线网、交通枢纽设置停车换乘设施，近期方案中规划了 26 处停车换乘点，约 9 100 个车位；远期规划了 22 个换乘停车设施，约 7 700 个停车位。以低收费或免费为私人汽车、自行车等提供停放空间(小汽车停车费拟定每车每天 2 元)，并辅以优惠的公共交通收费政策(地铁采用 2 元一票制)[374]。目前试行的每个 P+R 车站提供 200 个停车位满足不了需求。在 2002 年出版的《上海市城市交通白皮书》中指出：“根据交通区域差别政策，在外环线附近的主要公交站点规划和建设收费优惠的‘停车-换乘’设施，鼓励小汽车使用者换乘轨道交通和公共汽车进入市中心。近期，建成 4 个大型‘停车-换乘’枢纽；远期，结合轨道站点和城市用地布局，规划更多的‘停车-换乘’枢纽。”目前上海市有关部门正在研究停车换乘的价格机制和停车场建设的投融资体制。图 6-31 所示为北京市和上海市的停车换乘站点规划。

P+R 停车收费的定价，停车位的需求量，停车场投融资建设的收益，中心区

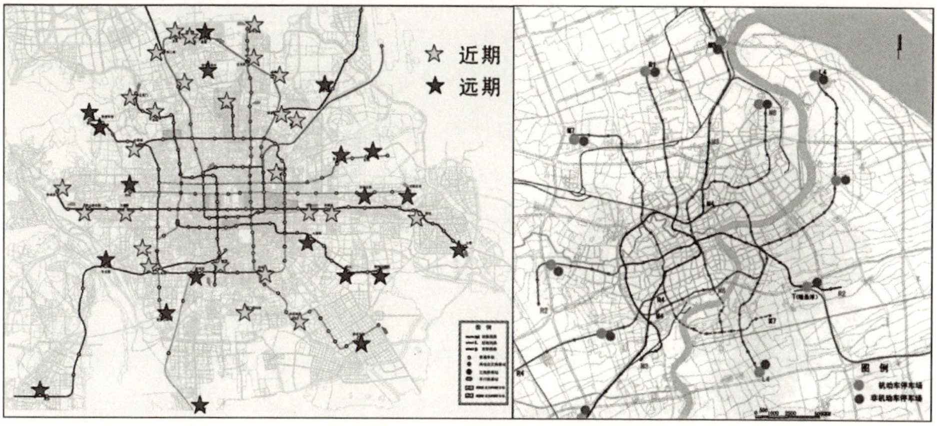

图 6－31　北京市和上海市的停车换乘站点规划[375,376]

拥挤缓解相对于建设成本的效益，这一系列问题显然是规划或者城市交通政策制定者需要明确的。在停车设施和收费政策规划实施前，对这些问题进行事先评估是十分必要的，不少学者也对 P＋R 模式进行了一些理论研究。Robert Spillar[377]将换乘设施需求因素归为两类：换乘站的地址选择和设置停车换乘设施的总费用消耗最低，并以最拥挤区域交通拥挤减少为原则，建立了停车换乘设施选址模型。Suason Hendricks[378]通过考虑换乘站容量及收费等因素的变化，论述了停车换乘站对换乘需求变化的影响。G. Parkhurst[379]研究了停车换乘站吸引各种交通方式换乘的能力，以及它对交通分配的影响，继而确定换乘站设置后，市中心区外增加的交通量和市中心区内部减少的交通量。Lam[380]研究了停车换乘的选址和停车费定价的问题，Huang H. J.[381]研究了弹性需求下小汽车和地铁之间的方式选择的定价问题。北浦芳郎[382]建立了分层 Logit 模型，对名古屋市各分区的影响停车换乘的一般化费用进行了研究。Massimiliano Caramia 等[383]在多模式网络下考虑了停车价格对罗马中心区交通拥挤的缓解作用，模型研究了包括停车换乘在内的私人交通和公共交通的组合方式。最近，Li Z. C. 等[384]建立了多模式网络下弹性需求的停车换乘模型，模型同时考虑了方式分担和路网客流量，并给出了简单的算例。

本书在大规模综合交通网络下考虑停车换乘问题，其换乘站点行为和路径选择行为已在前文说明。通过惠州的综合交通网络，分析了在不同的 TDM 政策下，包括对停车换乘的直接定价和其他相关政策因素对停车换乘需求的影响。在惠州网络模型中，共设置了 2 个停车换乘点，其中一个是两条轨道的交汇换乘枢纽。由图 6－32 可以看出，除实施 TDM 政策④，⑬，⑯外，两个停车换乘点的停车需求总数均在 1 000 辆以下。政策④是对停车采取免费制度，停车换乘的需求超过了原来的两倍。政策⑯则是在停车免费的基础上，开辟公交专用道，并对重要过江桥梁和西湖区域进行拥挤收费，使用了外围鼓励停车换乘、中心区抑制小汽车使用的组合策略，使得停车换乘的需求量比政策④进一步增加。政策⑬则还辅以优惠的公共交通收费政策，即将常规公交定为 2 元一票制，轨道交通定为 3 元一票制，停车换乘需求量相对其他政策是最大的。通过各种 TDM 政策的模型测试，停车收费对 P＋R 模式的敏感性是较大的，它能对出行者选择 P＋R 模式起到非常积极的作用。组合 TDM 政策的实施，能比单一政策发挥更大的作用。例如政策⑥公共交通票价下降单独实施，相对基本模型①没有太明显的效果。而政策⑬相对政策⑯也增加了公共交通票价下降的措施，对停车换乘的促进作用明显是组合策略⑬比较大。不同小汽车载客率下每人次分摊的停车费和轨道交通费用之和是不同的，因此载客率对停车换乘的行为也有较大的影响。本书中载客率是外生设定的，因载客率直接影响到换乘轨道交通的车票支付，是一项重要影响因素，今后模型可以对不同载客率进行测试。

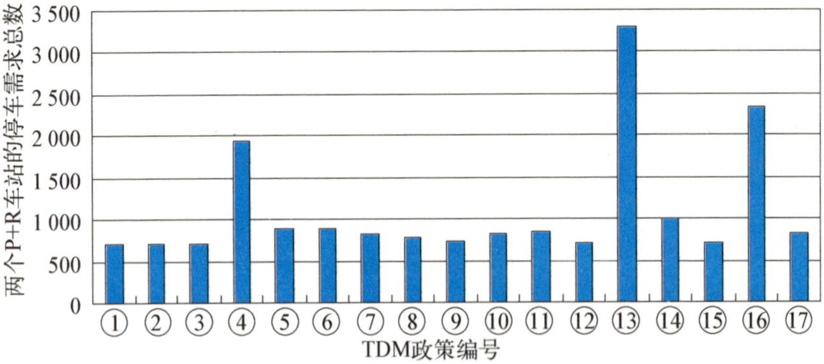

图 6－32　不同 TDM 政策实施下的两个 P＋R 车站停车需求总量

6.7.6　组合 TDM 政策实施效果示例

1. 交通方式转移和空间交通拥挤转移分析

以上均为各种政策实施的比较研究，本节给出 TDM 政策⑬，俗称胡萝卜加大棒型的政策，既对小汽车使用基于警戒线拥挤收费和桥梁收费的抑制政策，对公共交通采取降低票价的鼓励政策，对停车换乘的 P＋R 模型采取免费停车政策。惠州市区分为惠城、惠阳和陈江三个组团，票价降低是在全市区实施的，而道路拥挤收费及桥梁收费只在主城惠城区实施。从图 6－33 可以看出，实施 TDM 政策⑬后，小汽车使用者约减少机动化出行的 2.5 个百分点，在一定的程度上实现了方式的转移。以上收费政策只是在重要的过江断面和过境通道进行，假如扩大拥挤收费的区域，对小汽车使用的影响可能更大。

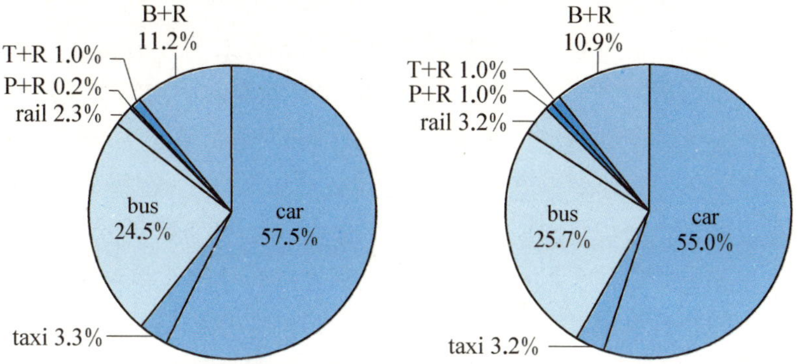

图 6－33　基本模型和 TDM 政策⑬实施下的方式分担率对比

由图 6－34—图 6－38 可以看出，TDM 政策实施后，中心区交通拥挤得到了比较明显的改善，原先拥挤的过江通道交通流量得到了有效的控制，车速得到明

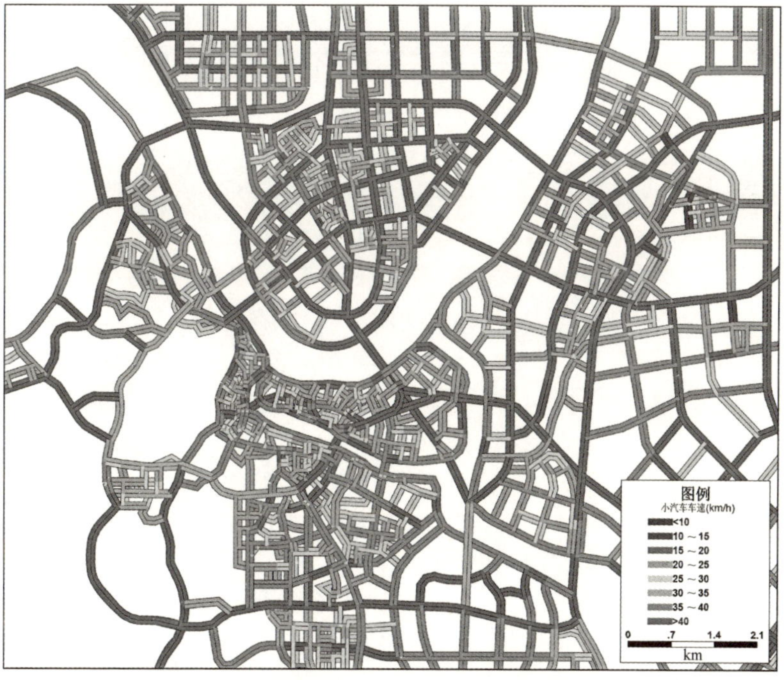

图 6－34　TDM 政策⑬实施后中心区道路小汽车速度分布

显提高，中心区主要道路小汽车速度都达到了比较理想的状态。同时，常规公共交通和轨道交通的客流得到了较为明显的增加，政府可以根据客流的变化和票价下降的情况，明确 TDM 政策实施后公交运营企业的收益情况，有效地实施公交企业补贴政策。

由图 6－34 和图 6－35 可以看出，由于桥梁和区域拥挤收费，使交通流在空间上进行了转移。在中心区交通状况改善的同时，也加重了外围区域的交通负荷。图 6－34 表示的是 TDM 政策实施后相比实施前的小汽车变化百分率。原先拥挤的中心区桥梁和道路的车速得到了很大的提高，有的甚至提高了一倍。但外围区域道路的车速却下降了，有的还比较严重。可见，在这个案例中，小区域的拥挤收费和桥梁收费调控的主要是穿越式交通，部分区域和桥梁的收费更多的作用是使交通流在空间上的转移，对交通方式转移的作用并不是太大，这和伦敦的拥挤收费效果是不同的。设想如果对所有越江通道进行收费，或者对中心区更大的区域进行收费，交通方式的转移应该更明显，停车收费和拥挤收费的对比说明了这一点。在第 5 章的简单算例中笔者给出了不同出行者的出行成本

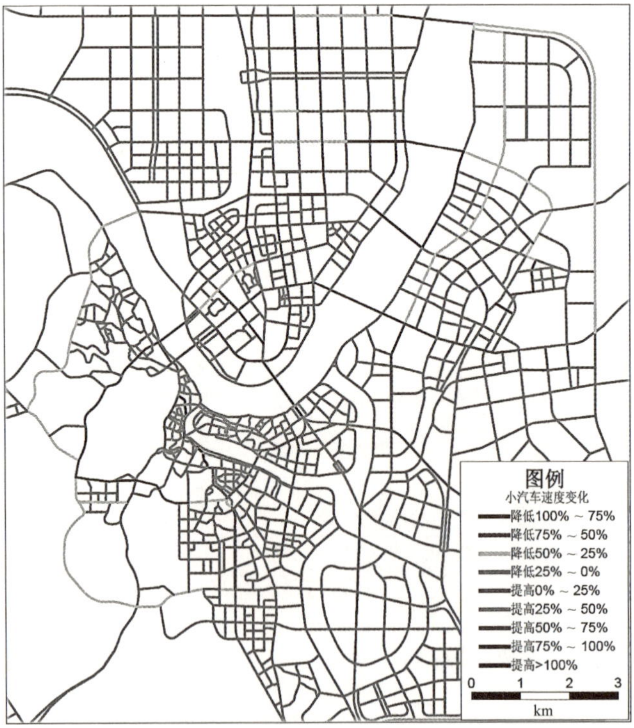

图 6－35　TDM 政策⑬实施前后中心区道路小汽车速度变化率

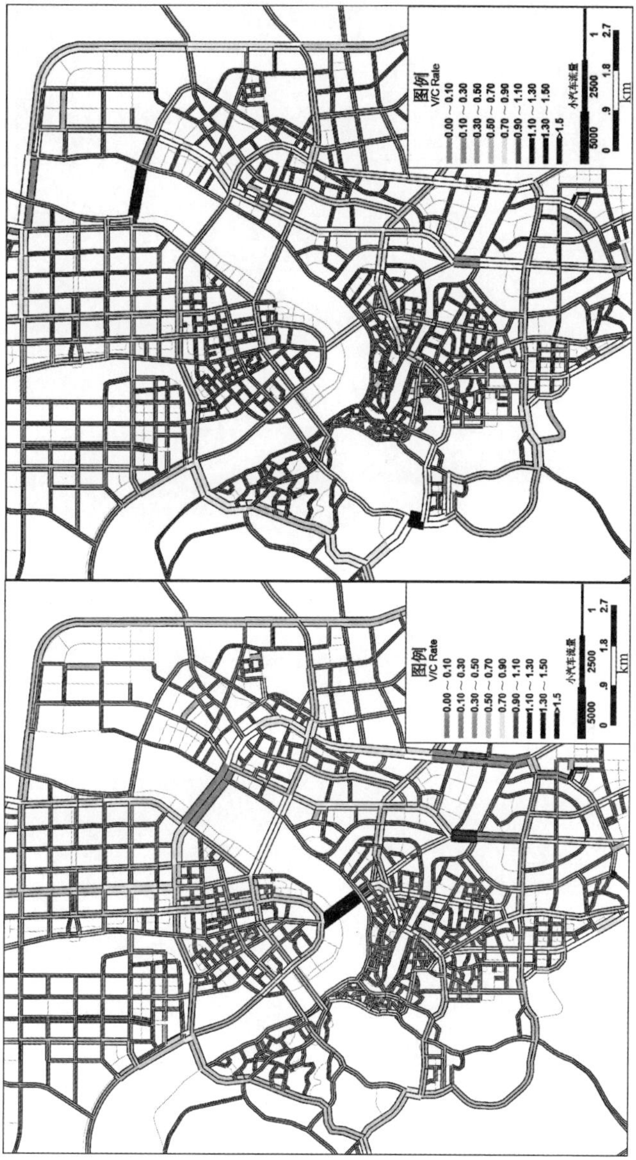

图 6-36　胡萝卜加大棒：轨道和常规公交一票制，拥挤收费、桥梁收费以及 P+R 停车免费组合策略实施前后中心区道路小汽车流量对比

图 6－37　TDM 政策⑬实施下前后中心区常规公交客流量对比

变化，以体现政策对不同群体的公平性。拥挤收费使交通拥挤在空间上进行了转移，对不同起讫点的不同出行者也产生了空间上的公平性问题，模型具有输出不同起讫点的出行成本变化功能，限于篇幅，不再整理分析。

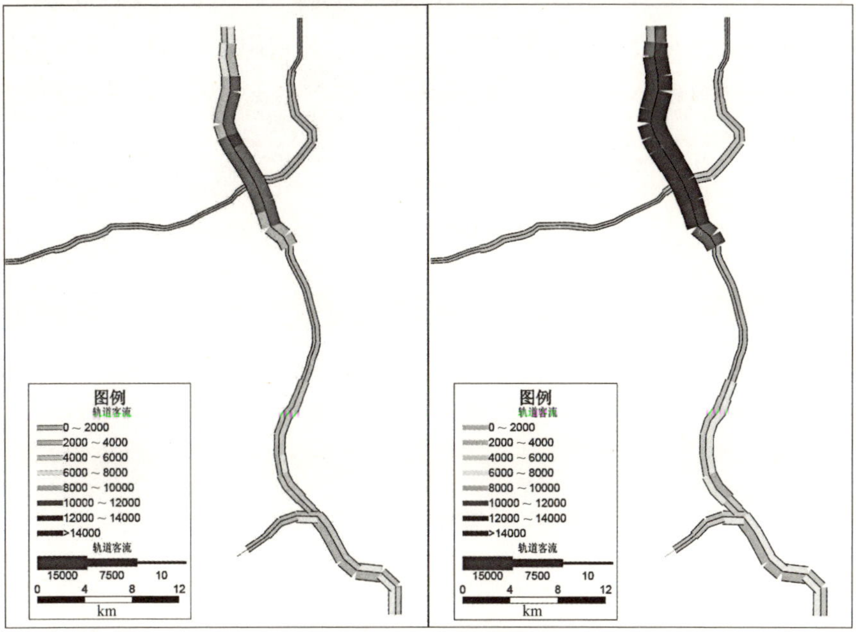

图 6-38　TDM 政策⑬实施下前后市区轨道交通断面客流量对比

2. TDM 实施下的机动车尾气排放评价

交通环境是城市生态环境的重要组成部分。近年来，城市交通迅速发展所引起的环境污染已成为很多城市环境保护的突出问题之一。机动车排放的主要污染物有：一氧化碳（CO）、碳氢化合物（HC，包括苯、苯并芘等）、氮氧化合物（NO_x，包括 NO、NO_2 等）、铅（Pb）、细微颗粒物、二氧化硫（SO_2）、二氧化碳（CO_2）、氧化亚氮（N_2O）以及臭氧（O_3）等。其中汽油车的排放污染物主要是 CO、HC、NO_x、Pb；柴油车排气中主要有害物为 NO_x 和 PM（Particular Matter，微粒物质）、SO_2。目前排放法规限制的是 CO、HC、NO_x 和 PM 四种。

交通模型如何与排放模型结合？它依赖于交通模型和排放模型各能提供什么样的交互数据。目前世界上具有多种成熟的排放模型，如美国环保局（EPA）的 MOBILE 系列，加州空气资源局开发的 MVEI 模型组，加州大学 Riverside 分校工程学院环境研究和技术中心（CE - CERT），全球可持续发展系统研究

(GSSR)以及国际可持续发展系统研究中心(ISSRC)的共同研发的 IVE (International Vehicle Emissions)模型等[385]。这些模型能考虑多项因素,尾气排放数据交互的主要瓶颈在于交通模型。在微观交通模型层面,通常按秒生成车辆轨迹(位置,速度,加速度),这种数据可以为排放模型提供详细的数据。在中观层面,多采用集计交通模型/数据,如基于道路设施类型(如路段的车速)的平均速度,也可以进一步细化为不同加速度的车种。在宏观层面,模型只提供整个区域网络的总的车流量和平均速度。本书采用中观层面的路段分车种流量和平均速度数据,作为排放模型的基本输入。在中观模型中,不同车种在不同车速下的排放因子标定是一项重要工作。我国尚未有城市交通环境评价的车辆排放因子规范,《公路建设项目环境影响评价规范》(JTG B03—2006)中将车辆分为大、中、小三种,速度分为 6 种列出了各个状态下车辆单车排放因子推荐值。但推荐表中车速最低为 50 km/h,不适合城市交通的车辆排放评估。泰国污染控制部门也将车辆分为大、中、小三种,给出了不同平均车速下的排放因子,如表 6-8 所示。

表 6-8　曼谷的车辆排放因子

污染物(g/km)	车　种	平　均　速　度				
		0～1	8	16	24	32
NO_x	小型车	5.23	2.06	1.87	1.85	1.93
	中型车	12.4	1.88	1.57	1.38	1.18
	大型车	28.19	21.65	17.96	15.43	13.73
CO	小型车	491.43	156.74	75.92	50.66	40.8
	中型车	11.97	3.67	2.46	1.86	1.2
	大型车	28.33	20.59	14.15	10.17	7.61
PM	小型车	2.77				
	中型车	4.48				
	大型车	8.34				

资料来源:Pollution Control Department[386]。

李铁柱[387]根据不同季节的气候条件,应用美国环保局(EPA)开发的 MOBILE5 计算了南京市不同车种(包括摩托车和吉普车等七种车辆)在不同车速下的排放因子，它和曼谷的排放因子有所差别，并且研究的车速范围也相对较大，便于结合交通模型进行分析。笔者在评价 TDM 政策下尾气排放空间分析时，将模型中的私人小汽车和出租车、公交车、货车分别对应为表 6－9 的汽油轿车、中型车、重型柴油车。表 6－9 是对李铁柱研究成果的直接引用，在此仅作为模型的应用示例，在今后的实际评价工作中，需要将研究对象的城市进行机动车排放因子标定。

表 6－9　南京市机动车排放因子(摘录)

排放物	HC			CO			NO_x		
平均速度(km/h)	汽油轿车	中型车	重型柴油车	汽油轿车	中型车	重型柴油车	汽油轿车	中型车	重型柴油车
10	13.53	32.11	11.7	121.67	120.28	45.24	2.26	5.88	63.22
20	8.37	19.38	8.75	76.18	77.24	29.11	2.03	5.28	50.95
30	6.64	15.14	6.77	61.02	62.89	20.10	1.95	5.09	43.37
40	5.12	11.93	5.40	44.27	46.85	14.81	2.01	5.07	38.93
50	4.15	9.93	4.48	33.22	36.2	11.77	2.05	5.09	36.99
60	3.51	8.60	3.84	25.84	29.08	10.04	2.08	5.10	37.12
70	3.05	7.65	3.40	20.57	24.00	9.17	2.10	5.11	39.34
80	2.79	7.11	3.12	17.59	21.13	9.00	2.21	5.44	44.04
90	2.88	7.29	2.96	19.05	22.67	9.46	2.59	6.62	52.05

根据表 6－9 的排放因子，结合 TDM 实施前后的交通模型输出结果计算机动车尾气排放，得到的 HC、CO 和 NO_x 的排放量及减少百分率如图 6－39 所示。可见 CO 的排放量减少最为明显，CO 排放量随着车速的增加而减少，从侧面说明了路网上的车速增加。

为了说明尾气排放量的空间分布及其变化情况，应用 GIS 软件创建 500 m 栅格，将道路上不同车种的尾气排放通过重叠分析加载到地理栅格，得到尾气排放空间浓度。图 6－40 是 TDM 实施前后的 CO 排放分布。尾气排放和交通流量的转移基本一致，中心城区的 CO 排放得到了明显的改善，外围绕行区域的排放量有所增加。

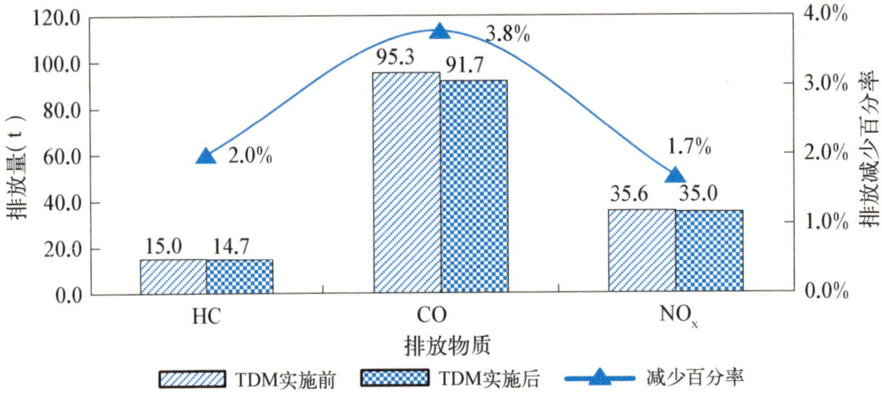

图 6-39 TDM 实施前后机动车尾气排放对比

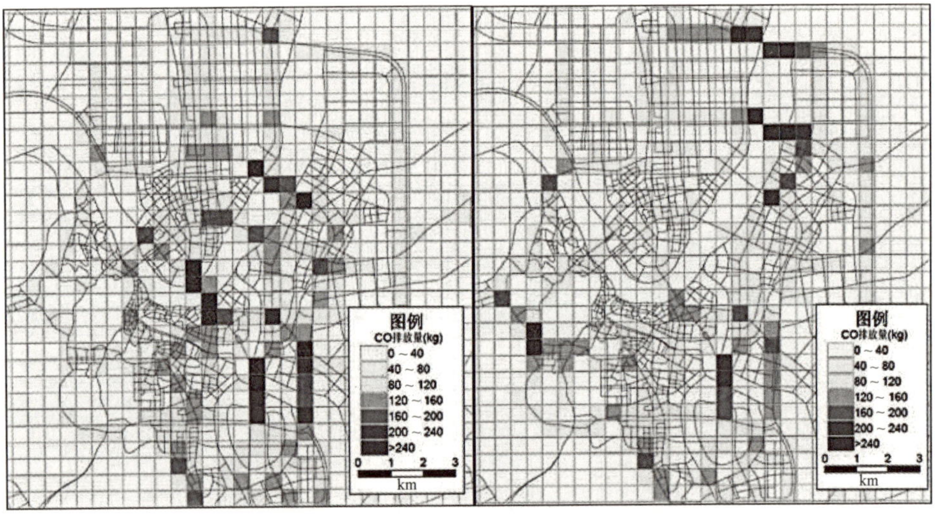

图 6-40 TDM 实施前后机动车 CO 排放对比

6.8 本章小结

本章首先分析了综合交通网络拓扑的数据结构表示方法，结合交通模型，使用了基于路段方向分散式、不同交通方式网络类型的集中式管理模式。对相应数据结构的最短路径算法作了优化，并有效地处理了既有交通规划软件尚未处理的非法路径。接着讨论了组合换乘交通方式的换乘站选择和路径选择问题，结合路段成本非可加性问题，对公交、轨道交通和出租车票价作为政策变量在模型中进行了相应的有效处理。

其次，分别应用圣地亚哥中型网络，惠州和深圳大型网络对路段阻抗不可分离的多用户多准则多模式交通方式划分和交通分配组合模型进行了算法测试。比较GPL、MSA和C-W算法，发现GPL算法和MSA是有效的，C-W算法在路段阻抗不可分离的组合模型中不能得到有效收敛，其相对误差存在极限值。比较GPL和MSA算法的输出结果，发现时间价值不同的小汽车路段流量解的相对误差要明显大于小汽车路段总流量解，说明不同时间价值的小汽车的流量解存在不稳定性，符合理论上解不唯一的特征。比较将出行者分为2类和5类的模型输出结果，发现两者的交通方式分担和路段交通流量存在较大的差异，说明了忽视出行者的异质性，进行集计处理容易造成交通需求预测和政策评估的误差，证实了使用多用户模型的必要性。

最后，模型以惠州市区大型综合交通网络为例，根据拥挤收费，燃油价格（燃油税），停车收费，公共交通票价调整，P+R模式发展，公交专用道设置及巴士快速公交规划，综合交通枢纽换乘时间减少，货车通行管制等单一措施及组合措施，对16种TDM政策方案进行了模型运算测试，得出了以下主要结论：

（1）常规公共交通的票价降低虽然能够吸引人们乘坐全程常规公交方式，但轨道交通和常规公交换乘方式的客流有所下降，小汽车使用者减少不明显甚至是增加的，同时提高发车频率，缓解车内拥挤可以得到较好的组合政策效果。轨道交通票价下降后对小汽车和出租车出行有较大的影响，单一出租车方式使用者明显下降，但像惠州这样轨道交通不成规模网络的情形，出租车和轨道交通之间的换乘交通方式使用人数得到了提高。

（2）公交专用道设置可以有效提高专用道内的公交客运周转量和客流密度，但由于供小汽车使用的道路资源减少，特别是像在惠州这样的重要过江通道上设置公交专用道，会使小汽车改变路径节约时间，降低了其他非公交专用道上公交车的服务水平，从而公交分担比在总体上没有明显的增加。因此，公交专用道的设置必须要有一定的规模，一方面扩大快速运行的网络规模效应，另一方面使得小汽车无法通过改变路径来提高自身服务水平，减少它对常规公共交通服务水平的影响，形成公交优先发展的良性循环。

（3）区域拥挤收费起作用的主要是通过交通和区外至区内的到达交通，

停车收费控制的是区外和区内至收费区内的到达交通。区域拥挤收费对小汽车交通路径的转移和交通方式的替换影响取决于收费范围的大小和交通需求分布的空间特征。伦敦这样的向心交通城市，拥挤收费使得区外至区内的到达交通很大一部分转移到其他交通方式。研究案例的惠州小区域拥挤收费，主要限制的是过境交通，引导车辆绕行其他路径，因此小汽车交通方式的转移量并不明显。对比惠州案例的拥挤收费和停车收费政策，过江过境交通需求巨大的特征，总体来说限制小汽车使用的效果拥挤收费比停车收费更为明显；但收费区域内的出行方式则是相反的结果，停车收费比拥挤收费取得了更好的效果。

(4) 停车收费价格、轨道交通票价、换乘时间、中心区道路拥挤程度等因素对 P+R 模式的需求量影响较大，采取组合交通需求管理政策，实现“推拉并举(Push and Pull)”和“胡萝卜加大棒(Stick and Carrot)”，能使停车换乘系统得到有效运作。

本章还给出了组合交通需求管理政策实施下，小汽车在道路网络上的车速变化、路段交通流量和饱和度变化，公交车和轨道交通断面客流变化等规划政策评价中常用的指标。还给出了 TDM 政策实施前后的机动车尾气排放量对比，并应用基于 GIS 的栅格化图形表现污染排放物的空间分布变化。

6.9 本章附录

附录 6-A　模型测试的综合交通网络图

附录 6-B　模型输入及交通方式的广义成本计算

1. 模型输入文件

① 居民出行 OD 表：*ODflow*

② 货运车辆 OD 表：*TruckOD*

③ 综合交通网络拓扑数据：路段表，*Link*；节点表，*Node*

④ 轨道交通票价表：*Railfare*

⑤ 常规公交车票价表：*Busfare*

⑥ BRT 票价表：*BRTfare*

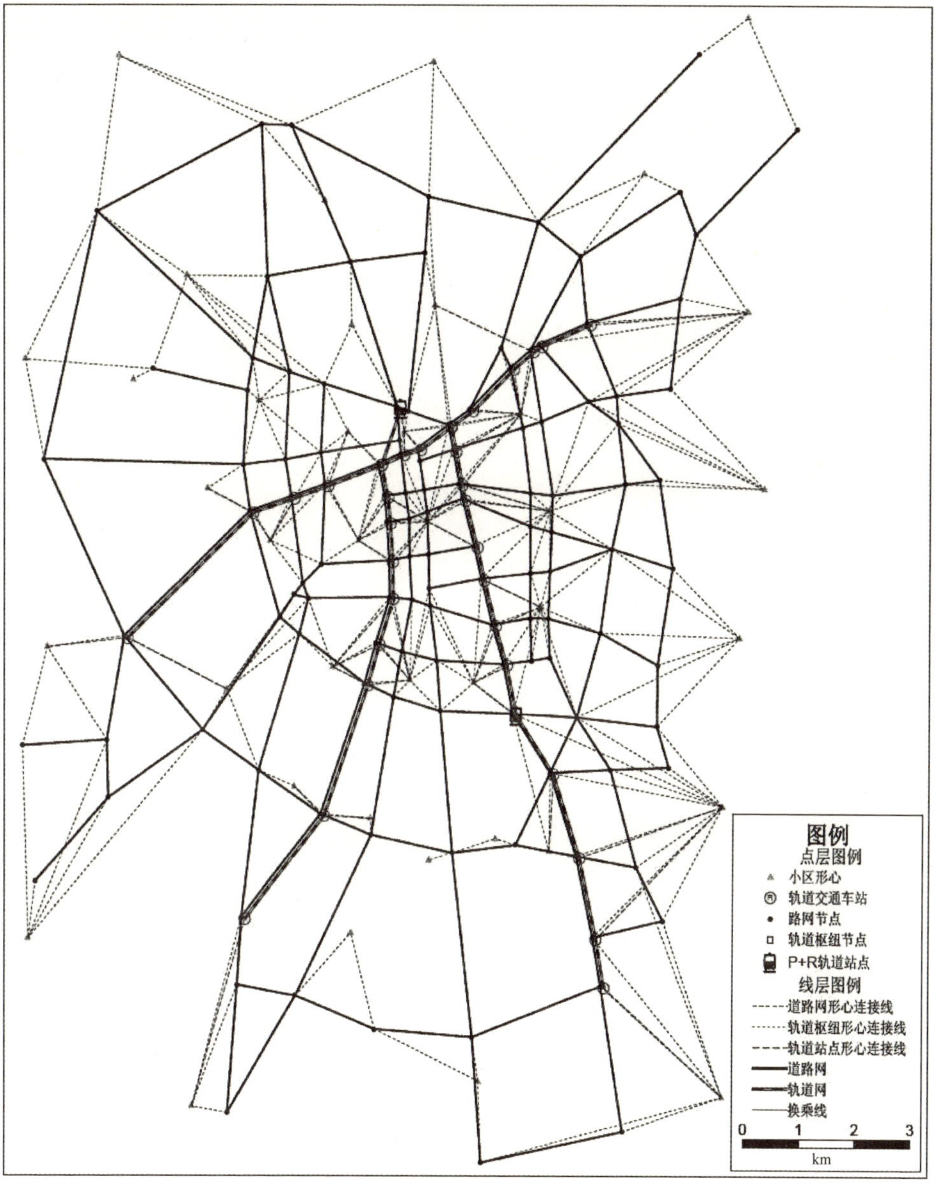

附图 6-1　圣地亚哥简化网络模型

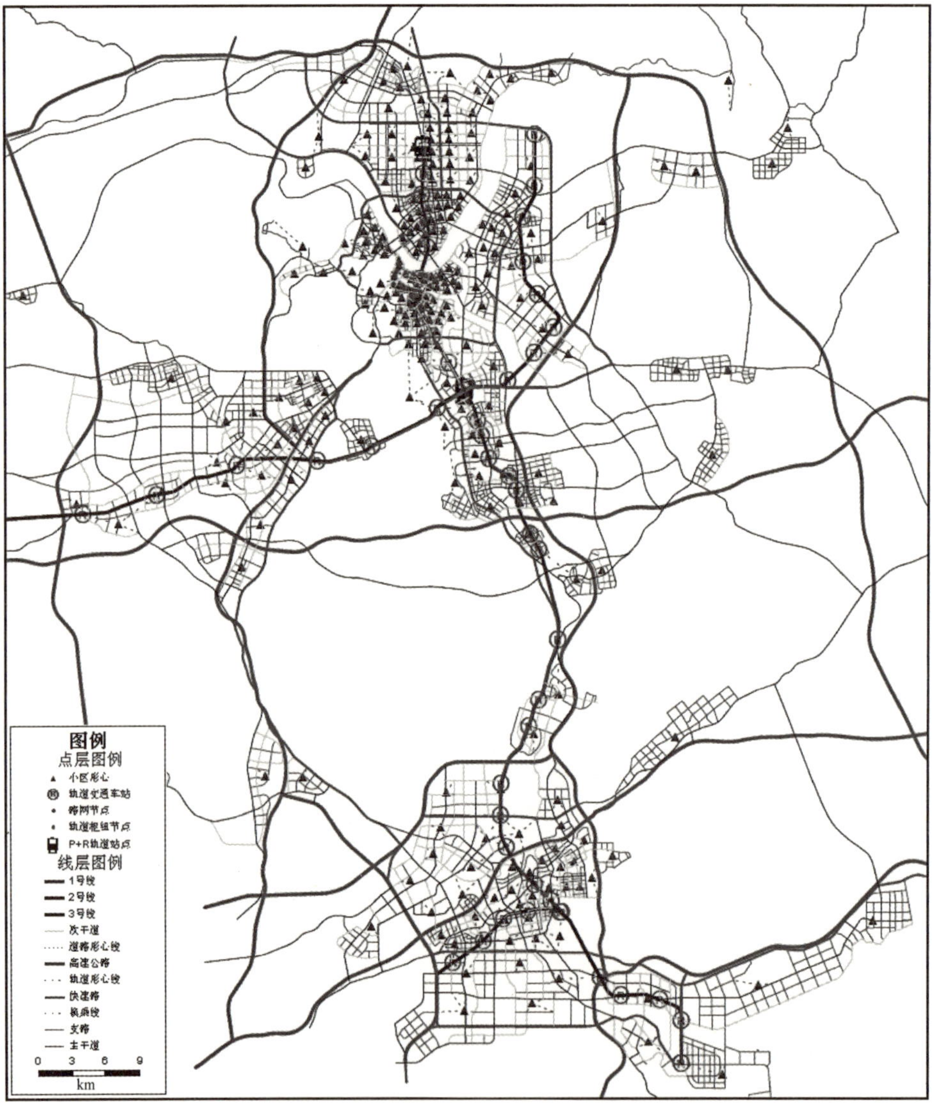

附图 6 - 2 惠州市区综合交通网络模型

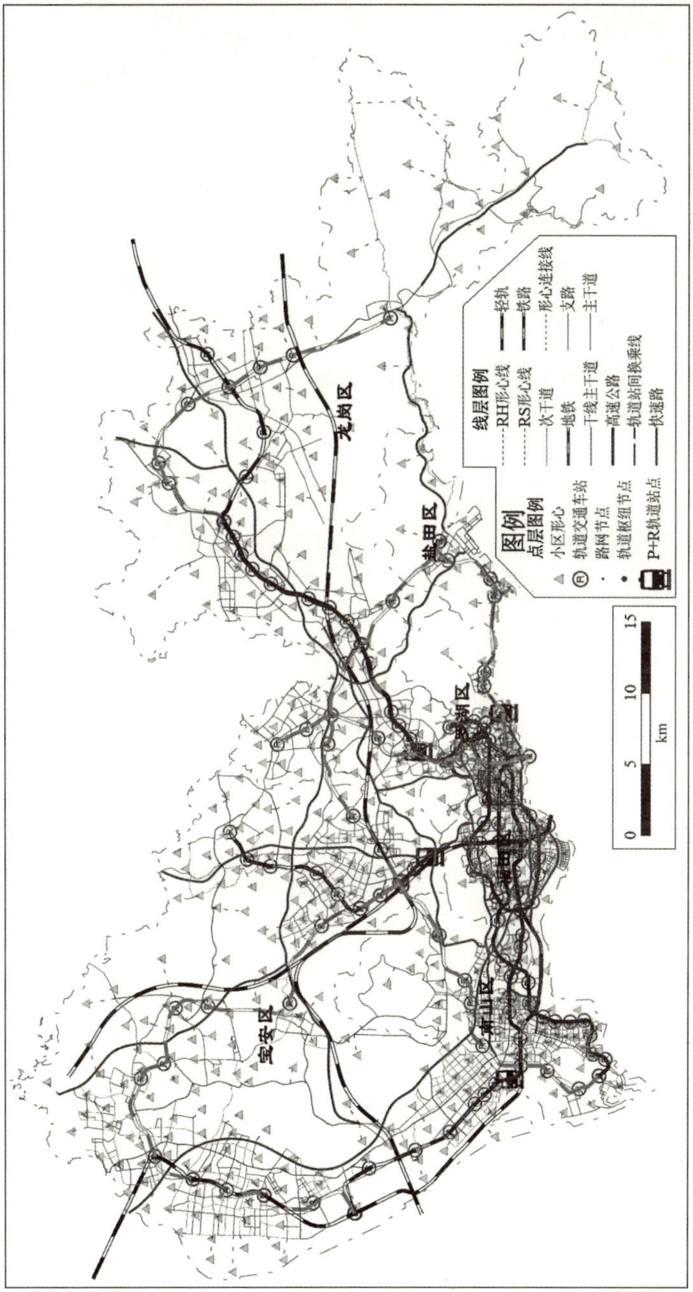

附图 6-3 深圳综合交通网络模型

2. 模型配置参数

(1) 出行者时间价值特征参数(或分出行目的的时间价值输入)：

① 出行者分类数：I

② 时间价值分类步长：λVOT

③ 对数正态分布特征参数：μ、σ

④ 用户类 i 的交通方式选择随机参数：θ_i

⑤ 货车平均时间价值：VOT_Truck

(2) 交通供给参数：

① 客运交通方式数：$TransportationMode$

② 小汽车燃油费率：$Fuel\_Car$

③ 卡车燃油费率：$Fuel\_Truck$

④ 小汽车载客率：voc_{car}

⑤ 小汽车拥有率：$CarOwnProp$

⑥ 出租车替代起步价：$TaxiBaseFare$

⑦ 出租车单位里程费率：$tfare$

⑧ 出租车平均等待时间：$TaxiWaitTime$

⑨ 出租车载客率：voc_{taxi}

⑩ 卡车(HGV)折算系数：$pcue$

(3) 模型算法配置参数：

① 算法选择：GPL，MSA，$C-W$

② MSA 算法收敛指标选择：MSA_RGap

③ C－W 算法固定步长设定：CW_Step

④ 形心连接线的非法路径处理选择：$ConnectorTreat$

⑤ 目标相对误差：迭代次数 n 和相对误差 $Relative\ Gap$

⑥ OD 表加载系数：$ODFactor$

3. 交通方式的广义成本计算

以下均为一个 OD 对(r，s)的最短路径广义成本描述，OD 对的标号 r，s 已经省略。

(1) 小汽车

$$\text{GeneralCost\_Mode(car, i)} = \sum_{a \in MiniPath} \left[t_a^{\text{car}}(\mathbf{x}_a) + \frac{(toll_a + fuel \times length_a)}{(voc_{\text{car}} \times v_i)} \right]$$

其中：$t_a^{\mathrm{car}}(\mathbf{x}_a)=t_a^{\mathrm{car},0}\left[1+\alpha_{\mathrm{car}}\left(\left(\dfrac{x_a^{\mathrm{car}}}{C_{\mathrm{car}}}\right)^{\beta_{\mathrm{car}}}+\gamma_{\mathrm{car}}\left(\dfrac{x_a^{\mathrm{HGV}}+F_a^{\mathrm{bus}}}{C_{\mathrm{car}}}\right)^{\beta_{\mathrm{car}}}\right)\right]$；

$t_a^{\mathrm{car},0}$ ——路段 a 的小汽车自由行驶时间；

$x_a^{\mathrm{car}}=\sum_i(x_a^{i,\mathrm{car}}+x_a^{i,\mathrm{taxi}})$ ——路段 a 的小汽车总流量，为不同 VOT 的小汽车之和，包括出租车和私家车；

x_a^{HGV} ——路段 a 的卡车流量；

F_a^{bus} ——路段上固定的公交车流量；

C_{car} ——路段小汽车通行能力；

$toll_a$ ——路段 a 的收费，或路段 a 的虚拟收费（如换乘线的 P+R 停车收费）；

$fuel$ ——单位里程的燃油费用（元/km）；

$length_a$ ——路段 a 的长度；

v_i ——第 i 类出行者的平均时间价值。

(2) 出租车

$$\mathrm{GeneralCost\_Mode(taxi,\ i)}=\sum_{a\in MiniPath}\left[t_a^{\mathrm{car}}(\mathbf{x}_a)+\frac{(toll_a+tfare\times length_a)}{(voc_{\mathrm{taxi}}\times v_i)}\right]$$

其中 $tfare$ 为出租车单位里程费率，voc_{taxi} 为出租车载客率，其他符号意义同小汽车。

(3) 公交车

$$\mathrm{GeneralCost\_Mode(bus,\ i)}=\sum_{a\in MiniPath}t_a^{\mathrm{bus}}(\mathbf{x}_a)+t_{\mathrm{wait}}+\frac{\mathrm{ODfare_{bus}}}{v_i}$$

其中：

$$t_a^{\mathrm{bus}}(\mathbf{x}_a)=t_a^{\mathrm{bus},0}\left\{1+\alpha_{\mathrm{bus}}\left[\left(\frac{x_a^{\mathrm{truck}}+F_a^{\mathrm{bus}}}{C_{\mathrm{car}}/\mathrm{pcue}}\right)^{\beta_{\mathrm{bus}}}+\gamma_{\mathrm{bus}}\left(\frac{x_a^{\mathrm{car}}}{C_{\mathrm{car}}/\mathrm{pcue}}\right)^{\beta_{\mathrm{bus}}}\right]\right.$$
$$\left.+\beta_a\left(\frac{f_a}{CAP_a^{\mathrm{bus}}}\right)^{n_{\mathrm{bus}}}\right\};$$

在计算时作简化处理，将相应的公交车路抗函数参数设置为卡车的参数。

$\beta_a\left(\dfrac{f_a}{CAP_a^{\mathrm{bus}}}\right)^{n_{\mathrm{bus}}}$ ——由于乘客增加而导致的车内拥挤效应，转换为时间度量；

f_a ——客流量(人)；

$CAP_a^{\text{bus}} = d_a \times capbus$ ——公交车客流通行能力，d_a 为路段 a 的每小时公交频率，$capbus$ 为一个公交车的载客能力；

$t_{\text{wait}} = \dfrac{60}{2 \times d}$ ——公交车等待时间，包括换乘方式的等待时间，假设为发车间隔的一半；

$\dfrac{\text{ODfare}_{\text{bus}}}{v_i}$ ——票价转换为时间，与路径无关。

(4) 轨道交通

$$\text{GeneralCost\_Mode(metro, i)} = \sum_{a \in MiniPath} [t_a^{\text{rail}}(f_a)] + \frac{\text{ODfare}_{\text{rail}}}{v_i}$$

其中：$t_a^{\text{rail}}(f_a) = t_{a,0}^{\text{rail}} \left[1 + \alpha_{\text{rail}} \left(\dfrac{f_a}{capacity_{\text{rail}}}\right)^{\beta_{\text{rail}}}\right]$；

f_a ——客流量(人)；

$t_{a,0}^{\text{rail}}$ ——轨道自由走行时间；

α_{rail}、β_{rail} ——地铁拥挤参数，取值分别为 0.019 和 4.520；

$capacity_{\text{rail}}$ ——轨道交通客流单向输送能力，人次/h；

$\dfrac{\text{ODfare}_{\text{rail}}}{v_i}$ ——票价转换为时间，与路径无关。

(5) BRT(公交专用道)

$$\text{GeneralCost\_Mode(metro, i)} = \sum_{a \in MiniPath} [t_a^{\text{BRT}}(f_a) + t_a^{\text{wait}}] + \frac{\text{ODfare}_{\text{BRT}}}{v_i}$$

其中：$t_a^{\text{BRT}}(f_a) = t_{a,0}^{\text{BRT}} \left[1 + \alpha_{\text{BRT}} \left(\dfrac{f_a}{capacity_{\text{BRT}}}\right)^{\beta_{\text{BRT}}}\right]$

f_a ——客流量(人)；

$t_{a,0}^{\text{BRT}}$ ——BRT 车辆自由走行时间；

α_{BRT}、β_{BRT} ——BRT 拥挤参数；

$capacity_{\text{BRT}}$ ——BRT 客流单向输送能力(人次/h)；

BRT 的等待时间同常规公交类似；

$\dfrac{\text{ODfare}_{\text{BRT}}}{v_i}$ ——票价转换为时间，与路径无关。

(6) 组合换乘方式

包括小汽车和轨道交通换乘(轨道站点须有停车换乘设施),出租车和轨道交通换乘以及公交和 BRT 与轨道交通的换乘,为上述交通方式广义成本的组合。

(7) 货车

$$t_a^{\text{truck}}(\mathbf{x}_a) = t_a^{\text{truck},0}\left\{1+\alpha_{\text{truck}}\left[\left(\frac{x_a^{\text{truck}}+F_a^{\text{bus}}}{C_a/\text{pcue}}\right)^{\beta_{\text{truck}}}+\gamma_{\text{truck}}\left(\frac{x_a^{\text{car}}}{C_a/\text{pcue}}\right)^{\beta_{\text{truck}}}\right]\right\}$$

附录 6-C　模型主要计算流程源代码

```
InitGPL (&GPL); //初始化,全局变量内存动态分配,数据读入
ClearVolumeMultiMode(MainVolume); //多模式网络流量清空
UpdateLinkCostMultiMode(MainVolume); //路段成本更新
FindMinCostRoutesMultiMode(); //多模式交通网络最短路径求解
Modal_Split(Main_MS_Mode_Trips); //方式划分
AssignMultiMode(Main_MS_Mode_Trips,MainVolume); //多模式交通分配(车和客流同时分配)
FirstGPL (MainVolume, &GPL); //初始化收敛状态
UpdateLinkCostMultiMode(MainVolume); //路段成本更新
//迭代循环
    for (GPL.Iteration = 1; ContinueGPL(GPL); GPL.Iteration++) {
        FindMinCostRoutesMultiMode();
        Modal_Split(Sub_MS_Mode_Trips);
        AssignMultiMode(Sub_MS_Mode_Trips,SubVolume);
        ModalSplitDifference(Sub_MS_Mode_Trips, Main_MS_Mode_Trips,SD_MS_Mode_Trips);
        VolumeDifference (SubVolume, MainVolume, SDVolume);
    //算法选择
        if (algr_type==1){ //GPL 算法
    Lambda = CombinedSDLineSearch(MainVolume,SDVolume,Main_MS_Mode_Trips,SD_MS_Mode_Trips);
      }
        else if (algr_type==2){ //MSA 算法
```

```
            Lambda = 1.0/(GPL.Iteration + 1);
        }
        else if (algr_type = = 3){ //固定步长 C - W 算法
            Lambda = constant_weight;
        }
        UpdateModalSplit (Main_MS_Mode_Trips, SD_MS_Mode_Trips,
        Lambda); //更新方式划分
        UpdateVolumeMultiMode (MainVolume, SDVolume, Lambda); //更
        新分配流量
        UpdateGPL (&GPL); //更新收敛状态
        UpdateLinkCostMultiMode(MainVolume); //更新路段成本
    }
    CloseGPL (MainVolume); //计算结束,结果输出,全局变量内存释放
```

第7章 结论与展望

7.1 主要研究成果和创新点

7.1.1 主要研究成果

本书以定量分析交通需求管理政策为目的，以交通网络均衡理论和离散选择模型为基础，建立了具有政策分析功能的多用户、多准则、多模式组合模型，并实际应用于大规模城市综合交通系统，有效地分析交通需求管理政策的实施效果，为交通政策的决策者提供科学的、完备的决策参考。主要研究成果如下：

(1) 系统分析了 TDM 的具体措施和作用机理以及在国内外的应用情况。在分析国内外 TDM 评价方法的基础上，认为 TDM 事先评价的主要难点为研究 TDM 政策实施对不同出行者交通行为的影响效果及政策组合使用的作用机理和效果分析。以拥挤收费为例，从理论和实践结合的角度剖析了 TDM 政策量化分析的复杂性，结合交通需求模型的发展特点，提出了量化分析 TDM 政策的三个关键性问题：考虑出行者时间价值、出行目的等其他属性的异质性研究；考虑时间和费用广义成本的多准则出行行为的研究；考虑不同交通方式之间的换乘的一体化多模式综合交通体系交通行为研究。

(2) 总结了国内外旅行时间价值的研究进展，研究了用 Mixed Logit 模型估计非同质时间价值分布函数的随机参数方法，同时分析了 RP/SP 融合数据的标定方法。应用上海黄浦江水上巴士 SP 调查，得出了调查人群的对数正态分布时间价值；应用悉尼大学的调查数据，得出了 Mixed Logit 模型比 Nested Logit 模型对 RP/SP 融合数据的参数估计更具有优越性的结论，并反映了不同交通方式使用者时间价值具有较大的差异；应用惠州市意愿支付调查，验证了假设旅行时间价值为对数正态分布的可行性。

(3) 系统总结了多用户、多准则、多模式交通分配模型的特征、构建方法及算法,将时间价值连续分布和离散分布的多用户交通分配模型和道路拥挤收费政策结合起来进行分析。分析了多用户、多模式(多车种)交通分配模型的解唯一性问题,并研究了对应的路段阻抗函数形式及参数和模型解唯一性的关系,运用 VISSIM 对多车种交通流进行了仿真并标定了路段阻抗函数的参数。最后对多用户、多模式(多车种)混合交通分配模型解的唯一性作了进一步研究分析。

(4) 通过查阅大量国内外文献,系统全面地介绍了国内外面向一致的交通需求组合模型的理论研究和实际应用发展水平。从建模方法,模型特征、算法、交通政策评价应用等方面,对组合模型进行了研究和对比分析,并总结了组合模型在国际范围内的应用前沿。进而建立了适用于交通需求管理政策评价的、具有流程再造性的、基于个体交通选择行为和一般均衡理论相结合的多用户、多准则、多模式凸规划组合模型,并完成了模型的等价性证明。同时给出了凸规划问题的等价的变分不等式问题,又扩展到路段阻抗函数不可分离的多用户、多准则、多模式变分不等式组合模型。详细分析了多用户多准则交通方式划分和交通分配组合模型的算法流程,给出了路段阻抗函数可分离的凸规划问题的广义部分线性化算法和收敛指标,路段阻抗函数不可分离的变分不等式问题的广义部分线性化和精简对角化方法结合的算法和收敛指标。定性和定量分析了交通需求管理政策实施下不同出行者的利益分配情况,并给出了简单的算例分析。为组合模型在大规模城市综合交通网络中的应用奠定基础。

(5) 结合交通模型,分析了综合交通网络拓扑的数据结构表示方法。优化了多模式网络最短路径算法,并有效地处理了既有交通规划软件尚未处理的非法路径。在分析组合换乘交通方式的换乘站选择和路径选择问题,公交、轨道交通和出租车票价作为政策变量引入模型等相关问题的基础上,分别应用圣地亚哥中型网络、惠州和深圳大型网络对路段阻抗不可分离的多用户、多准则、多模式交通方式划分和交通分配组合模型进行了算法测试。比较了 GPL、MSA 和 C－W 等算法的收敛效果。比较 GPL 和 MSA 算法的输出结果,发现时间价值不同的小汽车路段流量解的相对误差要明显大于小汽车路段总流量解,说明不同时间价值小汽车的流量解存在不稳定性,符合解理论上不唯一的特征。还对出行者在不同分类数目下的模型输出结果进行了对比,说明了出行者细分的重要性。

(6) 本书以惠州市区综合交通网络为案例,对区域拥挤收费、桥梁收费、停车收费、P+R 停车换乘系统、燃油价格提高、公交(轨道和常规公交)票价调整、公交专用道设置、交通枢纽换乘效率提高、货车通行管制等16种单一和组合TDM政策进行了定量评价。得出了以下值得政策制定者注意的问题：

① 常规公共交通的票价降低虽然能够吸引人们乘坐单一的公交方式，但轨道交通和常规公交换乘的客流有所下降，小汽车使用者减少不明显甚至是增加的，同时提高发车频率缓解车内拥挤可以得到较好的组合政策效果。轨道交通票价下降后对小汽车和出租车出行有较大的影响，单一出租车方式使用者明显下降，但像惠州这样轨道交通不成规模网络的情形，出租车和轨道交通直接的换乘交通方式使用人数得到了提高。

② 公交专用道设置可以有效提高专用道内的公交客运周转量和客流密度，但由于供小汽车使用的道路资源减少，特别是像在惠州这样的重要过江通道上设置公交专用道，使得小汽车会改变路径来提高自身的服务水平，降低了其他非公交专用道上公交车的服务水平，从而公交分担比在总体上没有明显的增加。因此，公交专用道的设置必须要有一定的规模，一方面扩大快速运行的网络规模效应，另一方面使得小汽车无法通过改变路径来提高自身服务水平，减少它对常规公共交通服务水平的影响，形成公交优先发展的良性循环。

③ 区域拥挤收费起作用的主要是通过交通和区外至区内的到达交通。它对小汽车交通路径的转移和交通方式的替换影响取决于收费范围的大小和交通需求分布的空间特征。伦敦这样的向心交通城市，拥挤收费使得区外至区内的到达交通很大一部分转移到其他交通方式。研究案例的惠州区域拥挤收费，主要限制的是过境交通，引导车辆绕行其他路径，因此小汽车交通方式的转移量并不明显。停车收费控制的是区外和区内到达收费区内的小汽车交通，对比惠州案例的拥挤收费和停车收费政策，过江过境交通需求巨大的特征，总体来说限制小汽车使用的效果拥挤收费比停车收费更为明显；但收费区域内的出行方式则是相反的结果，停车收费比拥挤收费取得了更好的效果。

④ 停车收费价格、轨道交通票价、换乘时间、中心区道路拥挤程度等因素对P+R模式的需求量影响较大，采取组合交通需求管理政策，实现“推拉并举(Push and Pull)”和“胡萝卜加大棒(Stick and Carrot)”，能使停车换乘系统得到有效运作。

最后还给出了组合交通需求管理政策实施下，小汽车在道路网络上的车速变化、路段交通流量和饱和度变化，公交车和轨道交通断面客流变化等规划政策评价中常用的指标。还分析了TDM政策实施前后的机动车尾气排放量对比，并用基于GIS的栅格化图形表现尾气排放物的空间分布变化。

7.1.2 主要创新点

（1）提出了将交通政策作为交通规划的重要组成部分，形成“软硬结合”的交通规划理论的重要性。继而提出以交通网络均衡理论为基础的政策评价模型，在远期规划层面上将交通需求管理政策和基础设施规划方案进行综合测试，完善既有单一的交通需求和设施供给方案测试的交通模型；在近期政策实施层面上对即将实施的交通需求管理政策进行实施效果评价，为政策实施提供科学的决策。

（2）结合交通需求管理政策作用机理、评价方法以及交通需求模型发展的现状，提出了政策评价的三个关键性问题。① 多用户：分析政策对不同群体的作用效果，考虑出行者交通行为影响因素的异质性（时间价值的不同）；② 多准则：引入政策评价的相关因素，时间和费用及其他多项交通行为影响因素；③ 多模式：以包括交通方式换乘的各种交通方式之间相互影响为基础，从多模式交通网络均衡的角度分析出行者在交通需求管理政策下的行为改变。本书依据这三个关键问题展开了交通需求管理政策评价方法的研究。

（3）通过 Mixed Logit 模型研究了 SP 调查实证数据的时间价值异质性，实现了出行者时间价值分布函数的标定。将 Mixed Logit 模型和 Nested Logit 模型对 RP/SP 融合数据的参数进行了对比研究，分析了不同交通方式出行者的时间价值差异。应用愿意支付调查验证了出行者时间价值服从对数正态分布的有效性。

（4）将多用户多准则交通分配模型和拥挤收费政策结合，分析了出行者时间价值连续分布和离散分布模型的要素和解的唯一性。结合非对称影响的多模式交通分配模型解的唯一性，讨论了不同形式的路段阻抗函数，并对多模式交通分配的非对称性路段阻抗函数的应用仿真的方法进行了参数标定。最后分析了多用户、多准则、多模式混合交通分配模型解的唯一性。

（5）建立了适用于交通需求管理政策评价的、具有流程再造性的、基于个体交通选择行为和一般均衡理论相结合的多用户、多准则、多模式组合模型，根据路段阻抗函数可分离和不可分离的分别应用凸规划和变分不等式进行了构建，给出了模型的等价性证明，GPL、MSA 及 C－W 算法。定性和定量分析了交通需求管理政策实施下不同出行者的利益分配情况，并给出了简单的算例分析。

（6）在圣地亚哥中型网络，惠州和深圳大型综合交通网络中将组合模型进行了实际应用。结合综合交通网络拓扑的数据结构，优化了最短路径算法，有效地处理了既有交通规划软件尚未处理的非法路径。重点对组合换乘方式行为，公交、轨道交通和出租车票价作为政策变量引入模型等实际问题进行分析。比较了不同算法的收敛效果；不同出行者分类数目下的模型输出结果，说明了出行者细分的重要性；并验证了路段交通流量解唯一性等问题。以惠州市区综合交通网络为案例，对区域拥挤收费、桥梁收费、停车收费、P+R 停车换乘系统、燃油价格提高、公交(轨道和常规公交)票价调整、公交专用道设置、交通枢纽换乘效率提高、货车通行管制等 16 种单一和组合 TDM 政策进行了定量评价。进而总结了多模式交通体系下的 TDM 实施的相关经验和教训。

7.2　不足之处和研究展望

要想用模型来完全准确地描述一个交通系统的现实世界是不可能的，但是人们总是在试图改进模型的各个方面，使它尽可能地接近现实问题。毫不例外，本书也存在很多有待研究完善的问题。

(1) 需要采用一套完整的，适合本书模型的案例数据做一次实证分析。本书的模型虽然都做了实际应用分析，但调查数据不全，并没有一套完整的数据，有的实证分析只是从技术上说明可行，采用了类似的数据进行验证计算，例如出行时间价值的估计不能直接应用于组合模型中的案例分析。模型参数标定是十分重要的，通过基于双层规划的参数标定，将模型计算结果和调查数据进行校验后，才能说明模型计算结果的可靠性。TDM 在不同城市布局形态、综合交通网络体系特征以及交通需求特征下实施的效果可能迥然不同，如单一轨道交通线路和成规模的轨道交通网络下票价调整对小汽车、出租车交通的影响是有很大差异的。因此，今后模型需要有大量的实际应用，才能总结一般性的交通需求管理政策实施经验。

(2) 其他交通政策的评价方法。本书虽然对许多 TDM 政策进行了研究，但主要限于可以调控交通服务水平的旅行时间和货币费用的相关政策。将可靠度、交通信息等更多的交通行为影响因素引入模型，可以评价更多的 TDM 政策。需完善多用户、多准则、多模式四阶段组合模型的算法和实证分析，使之更能适应 TDM 政策和交通基础设施投资政策的评价。另外，还应从系统最优的角度分析最优的政策方案。

(3) 考虑交叉口延误的多模式交通分配方法和公交分配理论在组合模型中

的集成。交叉口延误问题本身十分复杂，本书的模型需要和相关研究成果进行合成后使用，使它更符合城市交通的特征。本书虽然考虑了不同交通方式之间的换乘，但并没有考虑公交线路之间的换乘。作为宏观政策评估，得出公交网络断面客流的情况具有较大的参考价值。标准的公交分配理论是基于路径系统考虑的，不同于本书的公交路段系统。限于笔者的精力，暂时没有将标准的公交分配模型集成到组合模型(据笔者所知，目前国际上进行集成并实际成熟应用的也只有 ESTRAUS 软件和 STGO 模型)，这是今后模型需要改进的地方。

(4) 研究基于其他广义极值模型(GEV)的组合模型和基于出行链和基于活动的交通需求分析和政策评估模型。本书的组合模型是通过 Nested Logit 模型原理构建的，在今后的研究中，考察依据其他 GEV 模型的组合模型构建和实际应用并进行对比很有必要。从交通网络均衡的角度出发，吸收基于出行链和基于活动的优点，可以更好地描述交通政策对交通行为的影响。例如，可以将多用户多准则交通方式划分和交通分配组合模型构建一个往返于起讫点的出行链模型：

$$\min Z(\mathbf{x},\ \mathbf{q},\ \mathbf{h}) = \sum_{m,\ a}\alpha_m \int_0^{x_a^m} t_a^m(w)\mathrm{d}w + \sum_{i,\ m,\ a} p_a^m\, x_a^{i,\ m}/v_i + \frac{1}{\theta_2}\sum_{r,\ s,\ i,\ m} h_{rs}^{i,\ m}\ln\frac{h_{rs}^{i,\ m}}{h_{rs}^{i}} \tag{7-1a}$$

$$\sum_m h_{rs}^{i,\ m} = h_{rs}^{i},\ \forall r,\ s,\ i \tag{7-1b}$$

$$q_{rs}^{i,\ m} = h_{rs}^{i,\ m} + h_{sr}^{i,\ m},\ \forall r,\ s,\ i,\ m \tag{7-1c}$$

$$\sum_k f_{k,\ rs}^{i,\ m} = q_{rs}^{i,\ m},\ \forall r,\ s,\ i,\ m \tag{7-1d}$$

$$x_a^{i,\ m} = \frac{1}{\alpha_m}\sum_{rs,\ k} f_{k,\ rs}^{i,\ m}\delta_{a,\ k}^{i,\ m,\ rs},\ x_a^m = \sum_i x_a^{i,\ m},\ \forall i,\ m,\ a \tag{7-1e}$$

$$f_{rs,\ k}^{i,\ m} \geqslant 0,\ \forall i,\ m,\ r,\ s,\ k \tag{7-1f}$$

其中 h_{rs}^{i} 为从起点 r 出发，到达讫点 s 后再返回起点 r 的出行量，h_{sr}^{i} 则正好相反。可以称这种出行链为活塞式出行链。故式(7-1c)表示的是 OD 对$(r,\ s)$间使用交通方式 m 的两个对向出行链出行人次之和。其他符号意义和前文相同，根据上述模型的一阶条件可以得到 Logit 形式的交通方式选择行为：

$$h_{rs}^{i,\ m} = h_{rs}^{i}\frac{\exp[-\theta_2(C_{rs}^{i,\ m} + C_{sr}^{i,\ m})]}{\sum_m \exp[-\theta_2(C_{rs}^{i,\ m} + C_{sr}^{i,\ m})]} \tag{7-2}$$

上述模型也可以在目标函数(7－1a)中增加 $\frac{1}{\theta_1}\sum_{r,s,i,m,k} f_{rs,k}^{i,m} \ln \frac{f_{rs,k}^{i,m}}{q_{rs}^{i,m}}$ 一项,扩展到随机交通分配。模型仍然可以采用类似的凸组合法求解,不再详述。此外,也可以扩展为包含出行产生和出行分布模型,路段阻抗不可分离的组合模型,两个出行链段及多种出行链。这些具有重要的理论和应用价值的研究有待于进一步展开。

附录　缩略名词表

缩略名词	英 文 全 称	中 文 解 释
B+R	Bus+Rail	常规公交与轨道换乘
BPR	Bureau of Public Roads	美国联邦公路局
BRT	Bus Rapid Transit	巴士快速公交
C-W	Constant Weight	固定步长法
D+R	Dial & Ride	电话预约出行
DSD/ASD	Disaggregate/Aggregate Simplicial Decomposition	非集计/集计单纯形分解法
ETA	Equilibrium Traffic Assignment	均衡交通分配
FW	Frank-Wolfe	Frank-Wolfe 算法
FP	Fixed-Point Problem	不动点问题
GEV	General Extreme Value	广义极值模型
GFW	Generalized Frank-Wolfe	广义 Frank-Wolfe 算法
GIS	Geographic Information System	地理信息系统
GPL	Generalized Partial Linearization	广义部分线性化方法
HGV	Heavy Goods Vehicle	重载货车
HOT	High Occupancy Toll	高载客率车道收费
HOV	High Occupancy Vehicle	高载客率车辆
IIA	Independence from Irrelevant Alternatives	无关选择枝的独立性
IID	Independent and Identically Distributed	独立同分布
K+R	Kiss & Ride	接送临停区
LC	Label-Correcting	标号修正

续　表

缩略名词	英 文 全 称	中 文 解 释
LS	Label - Setting	标号设定
ML	Multinominal Logit	多项 Logit 模型
MP	Mathematical Programming	数学规划
MPA	Min - Path Assignment	最短路径分配
MSA	Method of Successive Averages	相继平均法
NL	Nested Logit	分层 Logit 模型
NCP	Non - linear Complementarity Problem	非线性互补问题
P+R	Park & Ride	停车换乘
PCE	Passenger Car Equivalence	当量小汽车折算系数
PCU	Passenger Car Unit	当量小汽车折算量
PL	Partial Linearization	部分线性化方法
RGap	Relative Gap	相对误差
RP	Revealed Preference	行为调查
RPL/RCL	Random Parameter Logit/Random Coefficient Logit/Mixed Logit	混合 Logit 模型
RSD	Restricted Simplicial Decomposition	限制单纯形分解法
SO	System Optimum	系统最优
SP	Stated Preference	意愿调查
SUE	Stochastic User Equilibrium	随机用户均衡
T+R	Taxi+Rail	出租车与轨道换乘
TDM	Transportation/Travel/Traffic Demand Management	交通需求管理
TSM	Traffic System Management	交通系统管理
UE	User Equilibrium	用户均衡
VI	Variational Inequality	变分不等式
VMS	Variable Message Signs	可变信息标志
VOT	Value of Time	时间价值
WTP	Willingness to Pay	支付意愿

参考文献

[1] 王有为,赵波平. 关于当斯定律与城市交通需求管理(TDM)的几点思考[EB/OL]. http://www. chinautc. com/Information/manage/UNCC _ Editor/uploadfile/2001/8. pdf. 2001.

[2] 中华人民共和国建设部,中华人民共和国国家发展和改革委员会,中华人民共和国财政部,中华人民共和国劳动和社会保障部. 关于优先发展城市公共交通若干经济政策的意见[EB/OL]. http://www. gov. cn/zwgk/2006 - 12/04/content_461023. htm. 2006. 12.

[3] 円山琢也. ネットワーク均衡モデルを応用した都市圏レベルの交通政策分析[D]. 东京:东京大学博士论文,2004.

[4] 北京交通发展研究中心,北京工业大学交通研究中心,MVA 香港有限公司. 北京市交通需求管理政策研究总报告[R]. 2006:1 - 8.

[5] 罗铭. 交通需求管理及其在北京奥运交通中的应用研究[D]. 北京:北京工业大学硕士学位论文,2004:23 - 26.

[6] 王江. 交通需求管理及其经济分析[D]. 广州:华南农业大学博士论文,2006:13.

[7] 陈声洪. 城市交通战略规划[M/OL].

[8] Michael D. Meyer, Demand management as an element of transportation policy: using carrots and sticks to influence travel behavior[J]. Transportation Research Part A 33, 1999: 575 - 599.

[9] 杨夫军. 交通需求管理评价指标体系研究[D]. 南京:东南大学硕士论文,2006:6 - 7.

[10] Ryoichi Sakano, Julian Benjamin, Moshe Ben-Akiva. Evaluating effects of travel demand management in a medium-sized urban area[R]. Final Report Submitted to the Urban Transit Institute, 2001: 1 - 27.

[11] Katsutoshi Ohta. TDM measures toward sustainable mobility[J]. IATSS Research, 1998,22(1): 6 - 13.

[12] 江薇. 城市交通需求管理策略及其评价技术研究[D]. 南京:东南大学博士论文,2004:1.

[13] Saleh W, Bell M. Models and methodologies for the assessment of innovative urban

transportation systems[R]. University of New Castle Upon Tyne, Great Britain, 1997.

[14] 张天然,李开兵. 基于城市交通方式需求引导的公共交通优化[J]. 城市公共交通, 2007(2): 20-23.

[15] 王刚. 实施有效交通需求管理——TDM在美国[M]. 北京: 中国人民公安大学出版社,2004: 272-307.

[16] 杨东援. 城市与交通协同发展的成长管理——针对城市发展的交通战略[R]. 南京交通战略白皮书,2005.

[17] European Conference of Transport Ministers. Managing Urban Traffic Congestion[R]. 2007: 63-65.

[18] 晏克非. 交通需求管理理论与方法[G]. 同济大学硕士研究生讲义,2001: 7-8.

[19] David A Hensher, Sean M Puckett. Congestion and variable user charging as an effective travel demand management instrument[J]. Transportation Research Part A Policy & Practice, 2007, 41(7): 615-626.

[20] Stockholms STAD. Facts and results from the Stockholm trial - Final version[R]. December 2006: 7.

[21] 新华信市场研究咨询公司. 新浪汽车频道调查报告: 交通拥挤收费需谨慎出台[EB/OL]. http://auto.sina.com.cn/news/2005-10-09/1421143791.shtml.

[22] Schade J. European research results on transport pricing acceptability[M]//Schade J, Schlag B. Acceptability of transport pricing strategies. Oxford: Elsevier, 2003: 109-124.

[23] APCO. Transportation Demand Management: Testing how to talk about it[R]. 2003: 1-8.

[24] San Francisco County Transportation Authority. San Francisco travel demand forecasting model development, Final report executive summary[R]. San Francisco, 2002: 7.

[25] 唐克双. 基于活动的交通需求预测模型研究[D]. 上海: 同济大学硕士学位论文, 2005: 7-20.

[26] Caroline J Rodier, Robert A Johnston, John E Abraham. Heuristic policy analysis of regional land use, transit, and travel pricing scenarios using two urban models[J]. Transportation Research. 2002, 7(4): 1361-9209.

[27] Claudia M Schneider, Satoshi Fujii. Car-user responses to Travel Demand Management measures: Goal setting and choice of adaptation alternatives[J]. Transportation Research Part D. Transport and Environment, 2004, 9(4): 263-280.

[28] Maunsell P R, B A H. Travel behaviour change evaluation procedures - Literature

review[R]. Transfund New Zeland/EECA: Melbourne, Australia. 2004: 1 - 25.

[29] Yusuke KANDA, Akimasa FUJIWARA, Norihiro IZUMI, et al. A study on feasibility and effects evaluation method of introduction of packaged TDM measures [J]. Journal of the Eastern Asia Society for Transportation Studies, 2005, 6: 2378 - 2393.

[30] Dr Panos Papaioannou, George Georgiou. Are Traffic Demand Management (TDM) measures a solution for traffic problems in urban areas? The Greek experience[EB/OL]. http://www. tft. lth. se/kfbkonf/1Georgiou. PDF. 2003.

[31] EPA. Procedures Manual for the COMMUTER Model v2. 0[M]. Environmental Protection Agency. 2005.

[32] EPA. COMMUTER Model v2. 0 User Manual [M]. Environmental Protection Agency. 2005.

[33] National Center for Transit Research. Center for Urban Transportation Research[R]// University of South Florida. Economics of Travel Demand Management: Comparative Cost Effectiveness and Public Investment. 2007: 1 - 69.

[34] Kee Yeon HWANG, Jinki EOM. Building a TDM impact analysis system for the introduction of short-term congestion management program in Seoul[EB/OL]. http:// www. sdi. re. kr/urbtran/paper/pds/pe012. doc. 2008.

[35] Ikki Kim, Kee Yeon Hwang, Yong Hak Cho. Application of sub-area analysis techniques for TDM policy analysis[EB/OL]. http://www. inro. ca/en/pres_pap/ korean/korean01/Cho_yonghak. pdf. 2008.

[36] 裴玉龙，徐秋实，杨伟杰. 模糊数学在城市交通政策评价中的应用[J]. 公路，2003(4): 103 - 106.

[37] 黄中祥，马寿峰. 一体化交通需求管理方法[J]. 系统工程，2002，20(2): 75 - 80.

[38] 李都厚，赵志宏. 对城市交通需求管理的理论分析与实现对策[J]. 长安大学学报(社会科学版)，2005，7(4): 10 - 13.

[39] 陈志全. 基于交通需求管理的停车收费政策[J]. 交通管理，2005: 65 - 69.

[40] 关宏志，李洋，秦焕美，等. 基于 TDM 概念调节大城市繁华区域出行方式的调查分析——以停车收费价格调节出行方式为例[J]. 北京工业大学学报，2006，32(4): 338 - 342.

[41] 宗芳，隽志才. 基于活动的出行方式选择模型与交通需求管理策略[J]. 吉林大学学报(工学版)，2007，37(1): 48 - 53.

[42] 隽志才，宗芳，富晓艳. TDM 政策实施及评价综述[J]. 中国软科学，2007，1: 156 - 160.

[43] 马克萍，杨夫军. 在我国实施交通需求管理的相关策略[J]. 城市，2007: 62 - 64.

[44] VTPI. TDM evaluation - Assessing benefits and costs[R]. Victoria Transport Policy

Institute, 2006.

[45] VTPI. Transportation costs & benefits resources for measuring transportation costs and benefits [R]//TDM Encyclopedia. VTPI, Editor. Victoria Transport Policy Institute, 2005.

[46] Litman T. Transportation cost and benefit analysis: Techniques, estimates and implications[R]//TDM Encyclopedia. VTPI, Editor. 2002.

[47] Litman T. Guide to calculating TDM benefits [R]//TDM Encyclopedia. Victoria Transport Policy Institute, 1999.

[48] Phil L Winters, H S J. Quantifying the business benefits of TDM[R]//Center for Urban Transportation Research. the Office of Research and Special Programs, Florida Department of Transportation, 2003.

[49] TCRP. TCRP 107 Analyzing the effectiveness of commuter benefits programs[R]// TCRP, Editor. Transportation Research Board, 2005.

[50] VTPI. Comprehensive transport planning[R]//TDM Encyclopedia, VTPI, Editor. Victoria Transport Policy Institute, 2005.

[51] Bhat C R, Castelar S. A unified mixed logit framework for modeling revealed and stated preferences: formulation and application to congestion pricing analysis in the San Francisco Bay area[J]. Transportation Research, 2002, 36(7): 593 - 616.

[52] Golob T F. Joint models of attitudes and behavior in evaluation of the San Diego I - 15 congestion pricing project[J]. Transportation Research, 2001, 35(6): 495 - 514.

[53] May A D, Milne D S. Effects of alternative road pricing systems on network performance[J]. Transportation Research, 2000, 34: 407 - 436.

[54] May A D, Liu R, Shepherd S P, et al. The impact of cordon design on the performance of road pricing schemes[J]. Transport Policy 2002, 9: 209 - 220.

[55] Milne D S. Modelling the network effects of urban road user charging[R]. University of Leeds, 1997.

[56] Santos G. Urban congestion charging: a second best alternative [J]. Journal of Transport Economics And Policy, 2004, 38(3): 345 - 369.

[57] A de Palma, Kilani M, Lindsey R. Congestion pricing on a road network: a study using the dynamic equilibrium simulator METROPOLIS[J]. Transportation Research, 2005, 39: 588 - 611.

[58] Giuliano G. An assessment of the political acceptability of congestion pricing [J]. Transportation, 1992, 19: 335 - 358.

[59] Yang H, Zhang X. Multiclass network toll design problem with social and spatial equity constraints[J]. Journal of Transportation Engineering, 2002, 128(5): 420 -

428.

[60] Sumalee A. Optimal toll ring design with spatial equity impact constraint: an evolutionary approach[J]. Journal of Eastern Asia Society for Transportation Studies 2003, 5: 1813 - 1828.

[61] Santos G, Rojey L. Distributional impacts of road pricing: the truth behind the myth [J]. Transportation, 2004, 31(1): 21 - 42.

[62] McDonald J F. Urban highway congestion. An analysis of second-best tolls [J]. Transportation, 1995, 22(4): 353 - 369.

[63] Verhoef E T. Second-best congestion pricing in general networks: Heuristic algorithms for finding second-best optimal toll levels and toll points[J]. Transportation Research, 2002, 36(8): 707 - 729.

[64] Shepherd S P, Sumalee A. A genetic algorithm based approach to optimal toll level and location problems[J]. Networks and Spatial Economics, 2004, 4: 161 - 179.

[65] Sumalee A, Connors R, Watling D P. Optimal toll design problem with improved behavioural equilibrium model: the case of Probit model[M]//S Lawphongpanich, D W Hearn, M J Smith, Editors. Mathematical and Computational Models for Congestion Charging, Springer, Berlin, 2006.

[66] Mun S I, Konishi K, Yoshikawa K. Optimal cordon pricing[J]. Journal of Urban Economics, 2003, 54: 21 - 38.

[67] Sumalee A. Optimal road user charging cordon design: a heuristic optimisation approach[J]. Computer-Aided Civil and Infrastructure Engineering, 2004, 19: 377 - 392.

[68] Zhang X, Yang H. The optimal cordon-based network congestion pricing problem[J]. Transportation Research, 2004, 38(6): 517 - 537.

[69] Ho H W, Wong S C, Yang H, et al. Cordon-based congestion pricing in a continuum traffic equilibrium system[J]. Transportation Research, 2005, 39(7 - 9): 813 - 834.

[70] Inregia. Case Study: Österleden, A basis for planning of transport systems in cities [R]. Stockholm (In Swedish), 2001.

[71] Karlsson S, S Svalgård. Synergetic — a new travel demand and land-use model for the Stockholm region, integrated with EMME/2[C]//Proceedings of 21st PTRC European Transport Forum. Seminar D, 1993: 383 - 395.

[72] Kuwahara M. A theory and Implications of dynamic marginal cost[J]. Transportation Research Part A: Policy and Practice, 2007, 41(7): 627 - 643.

[73] Stewart K. System optimisation under stochastic assignment: implications for congestion charging[J]. Transportation Research Part A: Policy and Practice, 2007,

41(7): 644 - 654.

[74] Bonsall P, Shires J, Maule J, et al. Responses to complex pricing signals: theory, evidence and implications for road pricing[J]. Transportation Research Part A: Policy and Practice, 2007, 41(7): 672 - 683.

[75] Kuwahara M. A theory and Implications of dynamic marginal cost[J]. Transportation Research Part A: Policy and Practice, 2007, 41(7): 627 - 643.

[76] Asakura Y, Iryo T. Analysis of tourist behaviour based on the tracking data collected using mobile communication instrument[J]. Transportation Research Part A: Policy and Practice, 2007, 41(7): 684 - 690.

[77] Peter Vovsha, William Davidson, Robert Donnelly. Making the state of the art the state of the practice: Advanced modeling techniques for road pricing[C]//Expert Forum on Road Pricing and Travel Demand Modeling Proceedings. Hilton Alexandria Old Town, Alexandria, Virginia, 2005: 95 - 122.

[78] Gabriel S A, Bernstein D. Nonadditive shortest paths: subproblems in multi-agent competitive network models [J]. Computational and Mathematical Organization Theory, 2000, 6(1): 29 - 45.

[79] Kitamura R. A model of daily time allocation to discretionary out-of-home activities and trips[J]. Transportation Research, 1984, 18(3): 255 - 266.

[80] Golob T F. A simultaneous model of household activity participation and trip-chain generation[J]. Transportation Research Part B: Methodological, 2000, 34(5): 355 - 376.

[81] Kockelman K M. A model for time-and budget-constrained activity demand analysis [J]. Transportation Research, 2001, 35(3): 255 - 269.

[82] Zhang J, Timmermans H J P, Borgers A. A model of household task allocation and time use[J]. Transportation Research, 2005, 39(1): 81 - 95.

[83] Recker W W. The household activity pattern problem: general formulation and solution[J]. Transportation Research, 1995, 29(1): 61 - 77.

[84] Recker W W. A bridge between travel demand modeling and activity-based travel analysis[J]. Transportation Research, 2001, 35(5): 481 - 506.

[85] Lam W H K, Yin Y. An activity-based time-dependent traffic assignment model[J]. Transportation Research, 2001, 35(6): 549 - 574.

[86] Maruyama T, Sumalee A. Efficiency and equity comparison of cordon and area-based road pricing schemes using a trip chain equilibrium model[J]. Transportation Research Part A: Policy and Practice, 2007, 41(7): 655 - 671.

[87] Maruyama T, Harata N. Difference between area-based and cordon-based congestion

pricing: investigation by trip-chain-based network equilibrium model with non-additive path costs[J]. Transportation Research Record, 2006, 1964: 1-8.

[88] 阿特金斯. 广州市华南路改造工程可行性报告[R]. 2007.

[89] David A, Hensher. Influence of vehicle occupancy on the valuation of car driver's travel time savings: Identifying important behavioural segments[J]. Transportation Research Part A, 2008, 42: 67-76.

[90] Accent Marketing and Research and Hague Consulting Group. The value of travel time on UK roads 1994[R]. Report prepared for the Department of Transport, London, 1999.

[91] 熊萍. 面向世博多模式复合交通体系的停车换乘行为研究[D]. 上海：同济大学博士学位论文,2006.

[92] 柳茂森. 论旅客运输时间价值的决定[J]. 公路交通科技,2001, 18(3): 97-100.

[93] Diamandis P F, Kouretas G P, Tzanetos P. Modelling the choice of the value of travel time savings for the case of the Rion Antirion suspension bridge in Greece[J]. The Annals of Regional Science. Springer Verlag, 1997: 473-489.

[94] 张戎,吴晓磊,张天然. 基于RP/SP融合数据的沪杭通道公铁分担率研究[J]. 铁道学报(待刊登).

[95] Kumar, C V P, Basu D, et al. Modeling generalized cost of travel for rural bus users: A case study[J]. Journal of Public Transportation, 2004, 7(2): 59-72.

[96] Polydoropoulou A, Kapros S, Pollatou E. A national passenger mode choice model for the Greek observatory[C]//Proceedings of the 10th World Congress on Transportation Research (WCTR) Conference. Istanbul, 2004.

[97] Kazuya Kawamura. Commercial vehicle value of time and perceived benefit of congestion pricing[D]. A dissertation submitted for the degree of PhD, University of California, Berkeley,1999.

[98] Kawamura K. Perceived value of time for truck operators[J]. Transportation Research Record, 2000, 1725: 31-36.

[99] Stephane Hess, Michel Bierlaire, John W, et al. Estimation of value-of-time using Mixed Logit models[DB/CD]. TRB 2005 Annual Meeting CD-ROM.

[100] Bierlaire M, Thémans M. Development of Swiss models for transportation demand prediction in response to real-time traffic information[C]//Proceedings of the 5th Swiss Transport Research Conference. Ascona, 2005.

[101] Cirillo C, Axhausen K W. Evidence on the distribution of values of travel time savings from a six-week diary[J]. Transportation Research Part A, 2006, 40: 444-457.

[102] Small K A, Yan J. The value of "value pricing" of roads: Second-best pricing and product differentiation[J]. Journal of Urban Economics, 2001, 49: 310 - 336.

[103] Maresca C, Delons J, Leurent F. Comportements des automobilistes face au péage urbain. L'expérience du tunnel Prado-Carénage[C]//Collections dossiers du CERTU. Lyon/France, 1999.

[104] Lejoon Chang, Guang-len Chang. Calibration of intercity trip time value with a network assignment model: A case study for the Korean NW - SE Corridor[J]. Journal of Transportation and Statistics, 2002, 5(2/3): 45 - 57.

[105] Hai Yang, Hoi Yan Kong, Qiang Meng. Value-of-time distributions and competitive bus services[J]. Transportation Research Part E, 2001, 37: 411 - 424.

[106] Constantinos Antoniou, Evangelos Matsoukis, Penelope Roussi. A methodology for the estimation of value-of-time using state-of-the-art econometric models[J]. Journal of Public Transportation, 2007, 10(3): 1 - 19.

[107] Gunn H, Rohr C. Research into the value of travel time savings and losses[C]//Paper presented at the PTRC International Conference on the Value of Time. 1996: 28 - 30.

[108] Ramjerdi F, Rand L, Saelensminde K. The Norwegian value of time study: Some preliminary results[R]. Oslo: Institute of Transport Economics, 1997.

[109] Alger S, Dillen J L, Widlert S. The national Swedish value of time study[C]//Paper presented at PTRC International Conference on the Value of Time. 1996: 28 - 30.

[110] Gunn H, Bradley M, Rohr C. The 1994 national value of time study of road traffic in England[C]//Paper presented at the PTRC International Conference on the Value of Time, 1996: 28 - 30.

[111] Axhausen K W, Konig A, Abay G, et al. Swiss value of travel time savings[C]//Proceedings of the European Transport Conference. Strasbourg, France. 2004.

[112] Institute for Transport Studies, University of Leeds in association with John Bates Services. Values of Travel Time Savings in the UK[R]. 2003.

[113] Jiang Meilan, Takayuki Morikawa. Theoretical analysis on the variation of value of travel time savings[J]. Transportation Research Part A, 2004, 38: 551 - 571.

[114] 吉野広郷. 休日のアクティビティに着目した時間価値推定方法に関する研究[EB/OL]. http://www. enveng. titech. ac. jp/ yai/pdf/yoshino2. pdf, 2003.

[115] 王海洋. 客货运输时间价值的确定方法研究[D]. 西安：长安大学硕士论文，2001.

[116] 关宏志. 非集计模型——交通行为分析的工具[M]. 北京：人民交通出版社，2004.

[117] 王方. 基于 SP 调查的行为时间价值研究[D]. 北京：北京工业大学硕士论文，2005.

[118] 李友好. 基于综合运输的运输通道理论与实证研究[D]. 上海：同济大学博士论文，

2006.

[119] 南敬林.京沪通道旅客行为时间价值研究[J].铁道经济研究,2002(3):36-38.

[120] 周伟.旅客时间价值[J].交通运输工程学报,2003,3(3):110-116.

[121] 刘东坡.旅客旅行时间价值分析方法研究[J].华东经济管理,2003,17(4):155-156.

[122] 王海洋,周伟,王元庆.旅客行为时间价值确定方法研究[J].公路交通科技,2004,21(8):134-141.

[123] Kenneth Train. Discrete choice methods with simulation[M]. Cambridge university press, 2003: 138-151.

[124] McFadden D, Train K. Measurement of simulation variance in parameter estimation [R]. Working paper, Department of Economics, University of California Berkeley, 1995.

[125] Bhat C R. Flexible model structures for discrete choice analysis[M]//in Hensher D A, Button K J. Handbook of Transport Modelling, Volume 1, of Handbooks in Transport. Pergamon Press, Oxford, 2000: 71-90.

[126] Bhat C R. Quasi-random maximum simulated likelihood estimation of the mixed multinomial logit model[J]. Transportation Research, 2001, 35(7): 677-695.

[127] David Revelt, Kenneth Train. Mixed logit with repeated choices: Households' choices of appliance efficiency level[J]. Review of Economics and Statistics, 1998, 80: 1-11.

[128] Train K. Halton Sequences for Mixed Logit. Working paper, Department of Economics[EB/OL]. University of California, Berkeley, http://elsa.berkeley.edu/~train/resume.html#Manuscripts, 1999.

[129] David Brownstone, David S Bunch, Kenneth Train. Joint mixed logit models of stated and revealed preferences for alternative-fuel vehicles[J]. Transportation Research Part B, 2000, 34(5): 315-338.

[130] David A Hensher, William H Greene. The mixed logit model: The state of practice and warnings for the unwary, Working paper[EB/OL]. http://elsa.berkeley.edu/wp/train0797b.pdf, 2001.

[131] McFadden D, Train K. Measurement of simulation variance in parameter estimation [EB/OL]. Department of Economics, University of California Berkeley. http://citeseer.ist.psu.edu/mcfadden95measurement.html, 1995.

[132] 张天然,杨东援,叶亮,等.应用 Mixed Logit 模型估计非同质旅行时间价值[J].交通与计算机,2007.3:55-58.

[133] Francisco Javier Amador Morera, Rosa Marina González Marrero, Juan de Dios Ortúzar. Preference heterogeneity and willingness to pay for travel time[J]. Springer,

Transportation, 2005, 32(6): 627 - 647.

[134] Hensher D A. Measurement of the valuation of travel time savings[J]. Journal of Transport Economics and Policy (Special Issue in Honour of Michael Beesley), 2001, 35 (1): 71 - 98.

[135] David A Hensher, William H Greene. The mixed logit model: The state of practice and warnings for the unwary[R]. 2001.

[136] 北村隆一，森川高行. 交通行動の分析とモデリング-理論/モデル/調査/応用[M]. 杨东援，译. 技報堂出版，2002: 81 - 95.

[137] Hensher D A, Bradley M. Using stated response data to enrich revealed preference discrete choice models[J]. Marketing Letters, 1993, 4(2): 139 - 152.

[138] 森川高行. ステイティッド・プリファレンス・データの交通需要予測モデルへの適用に関する整理と展望[C]//土木学会論文集. 1990，413: 9 - 18.

[139] McFadden D L. Econometric models of probabilistic choice in Structural Analysis of Discrete Data [M]//Manski C F, McFadden D L. Structural analysis of discrete data with econometric applications. Cambridge Massachusetts: MIT Press, 1981: 198 - 271.

[140] Hensher D A, Rose J, Greene W H. Applied choice analysis: A primer [M]. Cambridge, Cambridge University Press, 2005: 580 - 592.

[141] Knight H. Some fallacies in the interpretation od social costs[J]. Quarterly Journal of Economics, 1924, 38: 582 - 606.

[142] Wardrop J G. Some theoretical aspects of road traffic research[C]//Proceedings of the Institution of Civil Engineers, part II, 1952, 1(36): 325 - 378.

[143] Beckmann M J, McGuire C B, Winsten C B. Studies in the economics of transportation [M]. New Haven: Yale university Press, 1956.

[144] LeBlance L J, Morlok E K, Pierskalla W. An efficient approach to solving the road network equilibrium traffic assignment problem [J]. Transportation Research, 1975, 9(5): 309 - 318.

[145] Sheffi Y. Urban transportation networks: equilibrium analysis with mathematical programming methods [M]. Englewood Cliffs: Prentice-Hall Inc, 1985.

[146] 黄海军. 城市交通网络平衡分析理论与实践[M]. 北京: 人民交通出版社，1994.

[147] Daganzo C, Sheffi Y. On the stochastic models of traffic assignment [J]. Transportation Science, 1977, 11(3): 253 - 274.

[148] Sheffi Y, Powell W B. An algorithm for the equilibrium assignment problem with random link time [J]. Networks, 1982, 12: 191 - 207.

[149] Daganzo C F. Multinomial probit: the theory and its application to demand forecasting

[M]. New York：Academic Press，1979.
[150] Fisk C. Some developments in equilibrium traffic assignment[J]. Transportation Research Part B，1980，14(3)：243 - 255.
[151] Dial R B. A probabilistic multipath traffic assignment algorithm which obviates path enumeration [J]. Transportation Research，1971，5(2)：83 - 111.
[152] Van Vuren T. The trouble with SUE stochastic assignment options in practice[C]// The 22nd European Transport Forum，Proceedings of the PTRC Summer Annual Meeting，Transportation Planning Methods，1994，2：41 - 52.
[153] Akamatsu T. Decomposition of path choice entropy in general transport networks[J]. Transportation Science，1997，31(4)：349 - 362.
[154] Bell M G H. Alternatives to Dial's logit assignment algorithm[J]. Transportation Research Part B，1995，29(2)：125 - 137.
[155] Akamatsu T. Cyclic flows，markov process and transportation stochastic assignment [J]. Transportation Research Part B，1996，30(5)：369 - 386.
[156] Leurent F M. Contribution to logit assignment model[J]. Transportation Research Record，1995，1493：207 - 212.
[157] Leurent F M. Curbing the computational difficulty of the logit equilibrium assignment model[J]. Transportation Research Part B，1997，31(4)：315 - 326.
[158] Damberg O，Lundgren J T，Patriksson M. An algorithm for the stochastic user equilibrium problem[J]. Transportation Research Part B，1996，30(2)：115 - 131.
[159] Prashker J N，Bekhor S. Stochastic user-equilibrium formulations for extended-logit assignment models[J]. Transportation Research Record，1999，1676：145 - 152.
[160] Prashker J N，Bekhor S. Congestion，stochastic，and similarity effects in stochastic user-equilibrium models[J]. Transportation Research Record，2000，1733：80 - 87.
[161] Dafermos S C. Relaxation algorithms for the general asymmetric traffic equilibrium problem[J]. Transportation Science，1982，16：231 - 240.
[162] Fisk C，Nguyen S. Solution algorithms for network equilibrium models with asymmetric user costs[J]. Transportation Science，1982，16：361 - 381.
[163] Nagurney A B. Comparative tests of multimodal traffic equilibirum methods[R]. Research Report，Brown University，Providence，Rhode island，1983：32 - 45.
[164] 陆化普，黄海军. 交通规划理论研究前沿[M]. 北京：清华大学出版社，2007：205 - 207.
[165] Quandt R E. A probabilistic abstract mode model[R]//Studies in Travel Demand VIII，Mathematica，Inc.，Princeton，N. J.，1967：127 - 149.
[166] Schneider M. Access and land development [R]//Urban Development Models，

Highway Research Board Special Report, 1968, 97: 164 - 177.

[167] Dial R B. A model and algorithm for multicriteria route-mode choice [J]. Transportation Research, 1979, 13: 311 - 316.

[168] Dafermos S C. A multicriteria route -choice traffic equilibrium model [C]//Paper presented for Frontiers in Transportation Euilibirum and Supply Models Symposia. University of Montreal, 1981.

[169] Leurent F. Cost versus time equilibrium over a network [J]. European Journal of Operationa Research, 1994, 71(71): 205 - 221.

[170] Leurent F. Modelling elastic, disaggregate demand [C]//Proceedings of the first meeting of the Euro working group on urban traffic and transportation. Technical University of Munich, Munich, Germany, 1993.

[171] Leurent F. The practice of a dual criteria assignment model with a continuously distributed value-of-time [C]//Proceedings of the 23th PTRC Summer Annual Meeting. London, UK, 1995: 117 - 128.

[172] Leurent F M. The theory and practice of a dual criteria assignment model with a continuously distributed value of time [C]//Lesort J B. Transportation and Traffic Theory, Proceedings of the 13th International Symposium on Transportation and Traffic Theory. Lyon, 1996: 455 - 477.

[173] Leurent F M. Multicriteria assignment modeling: making explicit the determinants of mode or path choice [M]//Marcotte P, Nguyen S. Equilibrium and Advanced Transportation Modeling, chapter 8, Kluwer Academic Publishers, 1998: 153 - 174.

[174] Leurent F. Sensitivity and error analysis of the dual criteria traffic assignment model [J]. Transportation Research Part B, 1998, 32(3): 189 - 204.

[175] Dial R B. Bicriteria traffic assignment: Basic theory and elementary algorithm [J]. Transportation Science, 1996, 30(2): 93 - 111.

[176] Dial R B. Bicriterion traffic assignment: efficient algorithm plus examples [J]. Transportation Research Part B, 1997, 31(5): 357 - 379.

[177] Dial R B. Bicriterion traffic equilibrium —— T2 model, algorithm, and software overview [J]. Transportation Research Record, 2000, 1725: 54 - 62.

[178] 张天然，钱红波，赵娅丽，等. 双准则交通分配和方式划分相结合的网络均衡[J]. 同济大学学报(自然科学版)，2007，35(10)：1363 - 1367.

[179] Macrotte P, Zhu D. An efficient algorithm for a bicriterion traffic assignment problem [C]//Proceeding of TRISTAN II(Triennal Symposium on Transportation Analysis). Capri，1994: 891 - 897.

[180] Marcotte P, Nguyen S, Tanguay K. Implementation of an efficient algorithm for the

multiclass traffic assignment problem[C]//Proceedings of the 13th International Symposium on Transportation and Traffic Theory. Lyon, 24 - 26 juillet, Jean-Baptiste Lesort, ed, Pergamon, 1996: 217 - 236.

[181] Macrotte P, Zhu D. Equilibria with infinitely many differentiated classes of customers [C]//Complementarity and variational problems, Proceedings of the 13th international conference on complementarity problems: Engineering and economics and applications and computational methods. SIAM, Philadephia, PA, 1997: 234 - 258.

[182] Marcotte P. Reformulations of bicriterion equilibrium model[M]//Fukushima M, Qi L. Reformulations: Nonsmooth, piecewise soomth, semismooth and smoothing methods. Kluwer academic publishers, Dordrecht, 1998: 269 - 292.

[183] François Barbier-Saint-Hilaire, Markus Friedrich, Ingmar Hofsäß, et al. TRIBUT - a Bicriterion Approach for Equilibrium Assignment[R]. PTV technique paper, 1998.

[184] 张建. 一种新型的多类用户交通分配模型[C]//第六届交通运输领域国际学术会议论文集, 2006: 439 - 445.

[185] Dial R B. Network-optimized road pricing, Part I: A parable and a model[J]. Operations Research, 1999, 47(1): 54 - 64.

[186] Dial R B. Network optimized road pricing, Part II: algorithms and examples[J]. Operations Research, 1999, 47(2): 327 - 336.

[187] Dial R B. Minimal-revenue congestion pricing, Part I: a fast algorithm for the single origin case[J]. Transportation Research, Part B, 1999, 33(3): 189 - 202.

[188] Dial R B. Minimal-revenue congestion pricing, Part II: an efficient algorithm for the general case[J]. Transportation Research, Part B, 2000, 34(8): 645 - 665.

[189] Manuel Eduardo Cid Cainas. Pricing of transportation systems under non-homogeneous values of time[D]. A dissertation submitted to the department of engineering economic systems and operations research and the committee on graduate studies of Stanford university in partial fulfillmet of the requirements for the degree of doctor of philosophy, 1999.

[190] Mahmassani H S, Zhou X, Chung-Cheng Lu. Toll Pricing and Heterogeneous Users: Approximation Algorithms for Finding Bi-Criterion Time-Dependent Efficient Paths in Large-Scale Traffic Networks[C]//Presented at the 84th Annual Meeting of the Transportation Research Board, Washington D. C., 2005.

[191] Chung-Cheng Lu, Hani S Mahmassani, Zhou Xuesong. A bi-criterion dynamic user equilibrium traffic assignment model and solution algorithm for evaluating dynamic road pricing strategies[J]. Transportation Research Part C: Emerging Technologies,

In Press, Corrected Proof, Available online, 25 October, 2007.

[192] Van Vliet D, Bergman T, Scheltes W H. Equilibrium traffic assignment with multiple user classes[C]//Proceedings of Seminar M, PTRC 14th Summer Annual Meeting. PTRC Education and Research Services Ltd., London, 1986: 111 - 121.

[193] Yang H, Tang W H, Cheung W M, et al. Profitability and welfare gain of private toll roads in a network with heterogeneous users[J]. Transportation Research Part A, 2002, 36(2): 537 - 554.

[194] Yang H, Huang H J. The multi-class, multi-criteria traffic network equilibrium and system optimum problem[J]. Transportation Research Part B, 2004, 38: 1 - 15.

[195] Yin Y, Yang H. Optimal tolls with a multiclass, bicriteria traffic network equilibrium [C]//Transportation Research Board Annual Meeting, 2004.

[196] Nagurney A. Network economics: A variational inequality approach[M]. Kluwer, Boston, 1993.

[197] Patriksson M. The traffic assignment problem: Models and methods[M]. VSP, Utrecht, 1994.

[198] Leonid Engelson, Per Olov Lindberg. Congestion pricing of road networks with users having different time values[M]. Siriphong Lawphongpanich, Donald W Hearn, Michael J Smith. Mathematical and computational models for congestion charging, 2006.

[199] Sandholm W H. Evolutionary implementation and congestion pricing[J]. Review of Economic Studies, 2002, 69: 667 - 689.

[200] Yong Zhao, Kara Maria Kockelman. On-line marginal-cost pricing across networks: Incorporating heterogeneous users and stochastic equilibria[J]. Transportation Research Part B: Methodological, 2006, 40(5): 424 - 435.

[201] Hai-Jun Huang, Zhi-Chun Li. A multiclass, multicriteria logit-based traffice quilibrium assignment model under ATIS[J]. European Journal of Operational Research, 2007, 176: 1464 - 1477.

[202] Michiel Bliemer, Erik Versteegt, Ronald Castenmiller. INDY: A new analytical multiclass dynamic traffic assignment model[C]//Le Gosier, Guadeloupe. The Fifth Triennial Symposium on Transportation Analysis, 2004.

[203] Daganzo C. Stochastic network equilibrium with multiple vehicle types and asymmetric, indefinite link cost Jacobians[J]. Transportation Science, 1983, 17: 283 - 300.

[204] Dafermos S C. The traffic assignment problem for multiclass-user transportation networks[J]. Transportation Science, 1972, 6(1): 73 - 87.

[205] Dafermos S C. Traffic equilibrium and variational inequalities[J]. Transportation Science, 1980, 14: 42 - 54.

[206] Nagurney A. A multiclass, multicriteria traffic network equilibrium model[J]. Mathematical and Computer Modeling, 2000, 32: 393 - 411.

[207] Nagurney A, Dong J. A multiclass, multicriteria traffic network equilibrium model with elastic demand[J]. Transportation Research Part B, 2002, 36: 445 - 469.

[208] 徐兵.多用户多准则随机交通均衡理论与应用研究——基于变分不等式方法[D].上海:复旦大学博士论文,2006.

[209] Shengjie LI, Guangya CHEN. On relations between multiclass multicriteria traffic network equilibrium models and vector variational inequalities[J]. Journal of Systems Science and Systems Engineering, 2006, 15(3): 284 - 297.

[210] Anthony Chen, Jun-Seok Oh. An algorithm for the elastic, bi-criteria traffic equilibrium problem with nonlinear path costs[DB/CD]. TRB CD - ROM,2000.

[211] Larsson T, Lindberg P O, Patriksson M, et al. On traffic equilibrium models with a nonlinear time/money relation [M]//Patriksson M, Labbé M. Transportation Planning-State of the Art, Chapter 2, Kluwer Academic Publishers, 2002, 19 - 31.

[212] Yang H, Zhang X, Meng Q. Modeling private highways in networks with entry — exit based toll charges[J]. Transportation Research Part B, 2004, 38(3): 191 - 213.

[213] 易昆南,李志纯,李菁.非可加路径费用的交通网络平衡问题[J].中南大学学报(自然科学版),2004,35(5): 865 - 868.

[214] Rhoda P Agdeppa, Nobuo Yamashita, Masao Fukushima. The traffic equilibrium problem with nonadditive costs and its monotone mixed complementarity problem formulation[R]. Supported in part by the Scientific Research Grant-in-Aid from the Japan Society for the Promotion of Science, 2005.

[215] 刘安.城市交通规划交通需求预测模型的研究[D].上海:同济大学博士论文,1997.

[216] 杨佩昆,胡超然,钱林波,等.交通分配中路阻函数研究[R].同济大学道路与交通工程系,1992.

[217] 尹红亮.城市交通管理规划理论体系与关键问题研究[D].南京:东南大学博士学位论文,2002.

[218] Toint P, Wynter L. Asymmetric multiclass traffic assignment a coherent formulation [C]//Proceedings of the 13th International Symposium on Transportation Traffic Theory, 1996: 237 - 260.

[219] 史志法.货车对城市道路路段交通的影响研究[D].上海:同济大学硕士学位论文,2005.

[220] Cohan S, Liger M. The taking into account of different vehicle categories in the

operation of motorways[C]//Proceedings of the World Conference on Transportation Research. Lyon, 1993.

[221] SCAG. Model validation and summary: Regional Transportation Model[R]. Southern California Association of Governments, 1997.

[222] Wu J H, Florian M, He S. An algorithm for multi-class network equilibrium problem in PCE of trucks: application to the SCAG travel demand model [J]. Transportmetrica, 2006,2 (1): 1-9.

[223] Yolanda Noriega, Michael Florian. Algorithmic approaches for asymmetric multi-class network equilibrium problems with different class delay relationships[R]. 2007, in Press.

[224] AhnB H, Hogan W W. On convergence of the PIES algorithm for computing equilibria[J]. Operations Research,1982(30): 281-300.

[225] Laura Wynter. A convergent algorithm for the multimodal traffic equilibrium[R]. INRIA,2001.

[226] Patrice Marcotte,Laura Wynter. A new look at the multiclass network equilibrium problem[J]. Transportation Science, 2004, 38(3): 282-292.

[227] Cohen G, Chaplais F. Nested monotony for variational inequalities over product of spaces and convergence of iterative algorithms[J]. Journal of Optimization Theory and Applications, 1988,59(3): 369-390.

[228] 伊藤慎兵.車種間の相互干渉を考慮した時間帯別確率的利用者均衡配分に関する研究[D].名古屋：名古屋大学大学院工学研究科地圏環境工学専攻,平成 14 年度修士論文,2002.

[229] 金森亮.車種を考慮した確率的利用者均衡配分モデルに関する研究[D].名古屋：名古屋大学大学院工学研究科土木工学専攻,平成 12 年度修士論文,2001(平成 13 年).

[230] Dempe S. A bundle algorithm applied to bilevel programming problems with non-unique lower level solutions[J]. Computational Optimization and Applications, 2000, 15(2): 145-166.

[231] 纪明.非对称广义正定矩阵定义的最推广[J].渤海大学学报(自然科学版),2005,26(4): 336-338.

[232] Evans S. Derivation and analysis of some models for combining distribution and assignment[J]. Transportation Research, 1976, 10: 37-57.

[233] Leblanc L J, Farhangian K. Efficient algorithms for solving elastic demand traffic assignment problems and mode split assignment problems [J]. Transportation Science, 1982, 15(4): 306-317.

[234] Florian M, Nguyen S. A combined trip distribution, modal split and trip assignment model[J]. Transportation Research Part B, 1978, 12: 241 - 246.

[235] Florian M. A traffic equilibrium model of travel by car and public transit modes[J]. Transportation Science, 1977, 11(2): 166 - 179.

[236] Aashtiani H Z. The multimodal traffic assignment problem[D]. Ph. D. Dissertation. Alfred P. Sloan School of Management. M. I. T. , Cambridge, Massachusetts, 1979.

[237] Dafermos S. An extended traffic assignment model with applications to two-way traffic[J]. Transportation Science, 1971, 5: 366 - 389.

[238] Dafermos S. The assignment problem for multiclass-user transportation networks[J]. Transportation Science, 1972, 6: 73 - 87.

[239] Smith M J. The existence, uniqueness and stability of traffic equilibria [J]. Transportation Research, 1979, 13: 295 - 304.

[240] Florian M. Asymmetrical variable demand multi-mode traffic equilibrium problems: existence and uniqueness of solutions and a solution algorithm [M]. Divicao de Intercambio de Edicoes, INDO/0/0, Pontificia Universidad Catolica de Rio de Janeiro, Brasil, 1979.

[241] Dafermos S. Traffic equilibrium and variational inequalities [J]. Transportation Science, 1980, 14(1): 42 - 54.

[242] Dafermos S C. A multicriteria route-mode choice traffic equilibrium model [R]. Lefschetz Center for Dynamical Systems, Brown University, Providence, RI, 1981.

[243] Fisk C S, Nguyen S. Solution algorithem for network equilibrium models with asymmetric user costs[J]. Transportation Science,1982, 16(3): 361 - 381.

[244] Florian M, Spiess H. The convergence of diagonalization algorithms for asymmetric network equilibrium problems[J]. Transportation Research, 1982, 16: 447 - 483.

[245] Peng J S, Chan D. Iterative methods for variational and complementarity problems[J]. Mathematical Programming, 1982, (24): 284 - 313.

[246] Aashtiani H Z. The multimodal traffic assignment problem[D]. Ph. D. Dissertation. Alfred P. Sloan School of Management. M. I. T. , Cambridge, Massachusetts, 1979.

[247] Aashtiani H Z, Magnanti T L. Equilibria on a congested transportation network[J]. SIAM Journal of Algebraic and Discrete Methods, 1981, 2: 213 - 226.

[248] Fisk C S, Boyce D E. Alternative variational inequality formulations of the network equlibrium-travel choice problem[J]. Transportation Science, 1983, (4): 454 - 463.

[249] Harvey J Miller. Towards consistent travel demand estimation in transportation planning: A guide to the theory and practice of equilibrium travel demand modeling [R]. Department of Geography University of Utah. Prepared for U. S. Department of

Transportation Bureau of Transportation Statistics, 2001.

[250] Janson B N. A convergent algorithm for dynamic traffic assignment [J]. Transportation Research Record, 1991, 1328: 69 - 80.

[251] Janson B N. Dynamic traffic assignment for urban road networks[J]. Transportation Research Part B, 1991, 25: 143 - 161.

[252] Sheffi Y, Daganzo C F. Computation of equilibrium over transportation networks: the case of disaggregate demand models [J]. Transportation Science, 1980, 14: 155 - 173.

[253] Fernandez J E, De Cea J, Florian M, et al. Network equilibrium models with combined modes[J]. Transportation Science, 1994, 28(3): 182 - 192.

[254] Fernandez J E, De Cea J, Soto A. A multimodal supply-demand equilibrium model for predicting intercity freight flows[J]. Transportation Research Part B, 2003, 37: 615 - 640.

[255] Oppenheim N. Urban travel demand modeling: from individual choices to general equilibrium[M]. John Wiley & Sons, N. Y. , 1995.

[256] 河上省吾，石京. 多手段交通均衡モデルを用いた都市バス輸送計画の策定法に関する研究[J]. 交通工学,1993,28(5): 29 - 39.

[257] 河上省吾,石京. 公共交通システム解析のための分担・配分統合モデルの定式化とその実用性に関する研究[C]//土木学会論文集. 1995,512: 35 - 45.

[258] 杉野学,河上省吾. 交通需要の統合型確率的利用者均衡モデルに関する実証的研究[C]//土木学会第 55 回年次学術講演会第 IV 部,2000.

[259] 杉野学. 統合型確率的利用者均衡モデルに関する実証的研究[D]. 名古屋: 名古屋大学大学院工学研究科土木工学専攻,平成 11 年度修士論文(平成 12 年),2000.

[260] Abrahamsson T, Lundqvist L. Formulation and estimation of combined network equilibrium models with applications to stockholm[J]. Transportation Science, 1999, 33(1): 80 - 100.

[261] Safwat K N A. Application of a simultaneous transportation equilibrium model to intercity passenger travel in Egypt[J]. Transportation Research Record, 1987, 1120: 52 - 59.

[262] Safwat K N A, Magnanti T L. A combined trip generation, trip distribution, modal split, and trip assignment model[J]. Transportation Science, 1988, 18(1): 14 - 30.

[263] Safwat K N A, Walton C M. Computational experience with and application of a simultaneous transportation equilibrium model to urban travel in Austin, Texas[J]. Transportation Research Part B, 1988, 22(6): 457 - 467.

[264] Safwat K N A, Brademeyer B D. Proof of global convergence of an efficient algorithm

for predicting trip generation, trip distribution, modal split and traffic assignment simultaneously on large-scale networks [J]. Computers & Mathematics with Applications, 1988, 16(4): 269 - 277.

[265] Hasan M K, Al-Gadhi S A H. Application of simultaneous and sequential transportation network equilibrium models to Riyadh, Saudi Arabia [J]. Transportation Research Record, 1998, 1645: 127 - 132.

[266] Hasan M K, Safwat K N A. Comparison of two transportation network equilibrium modeling approaches[J]. Journal of Transportation Engineering, ASCE, 2000, 126 (1): 35 - 40.

[267] Safwat K N A, Hasan M K. A simultaneous multimodal multi-commodity network equilibrium model for predicting international freight flows[J]. Transp Res Rec, 2004, 1882: 129 - 139.

[268] Mohamad K Hasan, Hussain M Dashti. A multiclass simultaneous transportation equilibrium model[J]. Netw Spat Econ, 2007, (7): 197 - 211.

[269] Boyce D. Introducing "feedback" into four-step travel forecasting procedure versus equilibrium solution of combined model[J]. Transportation Research Record, 1994, 1443: 65 - 74.

[270] Boyce D. Is the sequential travel forecasting paradigm counterproductive? [J]. ASCE Journal of Urban Planning and Development, 2002, 128(4): 169 - 183.

[271] Boyce D, Bar - Gera H. Validation of multiclass urban travel forecasting models combining origin - Destination, mode and route choices[J]. Journal of Regional Science, 2003, 43(3): 517 - 540.

[272] Justin D Siegel, Joaquín De Cea, José Enrique Fernández, et al. Comparisons of urban travel forecasts prepared with the sequential procedure and a combined model[J]. Netw Spat Econ, 2006, 6: 135 - 148.

[273] Joaquín de Cea Ch, J Enrique Fernández L, Valérie Dekock Ch, et al. ESTRAUS: A Computer package for solving supply-demand equilibrium problems on multimodal urban transportation networks with multiple user classes[DB/CD]. TRB 2003 Annual Meeting CD - ROM.

[274] Joaquín de Cea Ch, J Enrique Fernández L, Valérie Dekock Ch, et al. Solving network equilibrium problems on multimodal urban transportation networks with multiple user classes[J]. Transport Reviews, 2005, 25(3): 293 - 317.

[275] Florian M, Wu J H, He S. A multi-class multi-mode variable demand network equilibrium model with hierarchical logit structures[M]//Transportation and network analysis: Current trends. Springer US, 2002: 119 - 133.

[276] William H K Lam，Huang Hai - Jun. A combined trip distribution and assignment model for multiple user classes[J]. Transportation Research Part B，1992，260(4)：275 - 287.

[277] Wong K I，Wong S C，Wu J H，et al. A combined distribution，hierarchical mode choice，and assignment network model with multiple user and mode classes. Urban and Regional Transportation Modeling Essays in Honor of David Boyce[M]//Der-Horng Lee Edward Elgar，Publishing Limited，2003：25 - 42.

[278] Frederik Nöth，Dieter Lohse，David Boyce. Comparisons of two combined models of urban travel choices：Chicago and Dresden[C]//The 42nd Congress of the European Regional Science Association at the University of Dortmund，Dortmund，Germany，2002：27 - 31.

[279] Lohse D，et al. Ermittlung von Verkehrsströmen mit n-linearen Gleichungssystemen — Verkehrsnachfragemodellierung[R]. Schriftenreihe des Instituts für Verkehrsplanung und Straßenverkehr，Technische Universität Dresden，Dresden，1997.

[280] Tatineni M R，Lupa M R，Englund D B，et al. Transportation policy analysis using a combined model of travel choice[J]. Transportation Research Record，1994，1452：10 - 17.

[281] 金子雄一郎. 都市交通政策評価のための均衡分析手法の構築と適用に関する研究-バンコク首都圏を対象として-[D]. 东京都：日本大学博士学位論文,2001.

[282] Kaneko Y，Fukuda A，Srisurapanon V，et al. Estimation of the impact of area license scheme with multi-class user equilibrium model[J]. Journal of Eastern Asia Society for Transportation Studies，2001，4(2)：277 - 291.

[283] 円山琢也. 交通ネットワーク統合モデルを用いた大都市圏における混雑料金政策評価法[EB/OL]. http://www. ut. t. u-tokyo. ac. jp/research/2000,2000.

[284] Maruyama T，Muromachi Y，Harata N，et al. The combined modal split/assignment model in the Tokyo metropolitan area[J]. Journal of Eastern Asia Society for Transportation Studies，2001，4(2)：293 - 304.

[285] Maruyama T，Harata N，Ohta K. An evaluation of road pricing policy considering both road and railway network congestion[C]//Proceedings of International Symposium on Urban Planning，2002.

[286] Maruyama T，Harata N，Ohta K. Estimation of user benefits of road investment considering induced traffic with combined network equilibrium model in Tokyo area[DB/CD]. Proceedings of European Transport Conference，CD - ROM(ATM - D - 03)，2002.

[287] 三村健太郎. 都市圏レベルの統合型利用者均衡配分モデルの実用化と[D]. 名古

屋：名古屋大学大学院工学研究科土木工学専攻修士论文，2002.

[288] Enjian Yao, Takayuki Morikawa, Seiji Sobue. An integrated interciy travel demand model considering induced travel demand for a non-existing high speed rail[C]//International Conference on Inter City Transportation, 2002, 2: 465 - 474.

[289] Gentile G, Papola N, Persia L. Comparing marginal cost pricing with toll cordon policies for large scale multimodal networks[C]//Proceedings of the 10th Word Conference on Transport Research, Istanbul, Turkey, 2004.

[290] Guido Gentile, Natale Papola, Luca Persia. Advanced pricing and rationing policies for large scale multimodal networks[J]. Transportation Research. Part A: Policy and Practice, 2005, 39 (7): 612 - 631.

[291] Bellei G, Gentile G, Papola N. Network pricing optimization in multi-user and multimodal context with elastic demand[J]. Transportation Research Part B, 2002, 36: 779 - 798.

[292] Wichiensin M, Bell M, Yang H. Impact of congestion charging on the transit market: An inter-modal equilibrium model[J]. Transportation Research Part A: Policy and Practice, 2007, 41(7): 703 - 713.

[293] Hillel Bar-Gera, David Boyce. Origin-based algorithms for combined travel forecasting models[J]. Transportation Research Part B, 2003, 37: 405 - 422.

[294] Meng Xu, Hillel Bar-Gera, Ziyou Gao. An origin-based algorithm for a combined distribution, hierarchical mode choice, and assignment network model[C]//The 7th International Conference of Chinese Transportation Professionals, Shanghai, 2007.

[295] Hillel Bar-Gera, David Boyce. Solving a non-convex combined travel forecasting model by the method of successive averages with constant step sizes[J]. Transportation Research Part B, 2006, 40: 351 - 367.

[296] Robert B Dial. A path-based user-equilibrium traffic assignment algorithm that obviates path storage and enumeration[J]. Transportation Research Part B: Methodological, 2006, 40(10): 917 - 936.

[297] Dekock V. Modelo de equilibrio simultáneo con elección de destino, modo y horario de viaje: formulación matemática y algoritmo de solución[D]. Engineering School, Pontificia Universidad Católica de Chile (in Spanish), 2001.

[298] Dekock V, De Cea, J, Fernández J E. Equilibrio simultáneo de distribución, partición modal y asignación con elección horaria de viajes[C]//Presented to CIT 2002, Santander, Spain (in Spanish), 2002.

[299] Bhat Ch R. Analysis of travel mode and departure time choice for urban shopping trips[J]. Transportation Research, 1998, 6: 361 - 371.

[300] Wu Z X, William H K Lam. A combined modal split and stochastic assignment model for congested networks with motorized and non-motorized transport modes[DB/CD]. TRB 2003 Annual Meeting CD-ROM.

[301] Ho H W, Wong S C, Becky P Y Loo. Combined distribution and assignment model for a continuum traffic equilibrium problem with multiple user classes [J]. Transportation Research Part B, 2006, 40: 633-650.

[302] 陈森发,周晶. 城市交通均衡流分配的多模式模型及算法[J]. 自动化学报,1993,(3): 45-48.

[303] 黄海军. 交通平衡分配下的公路桥收费策略[J]. 信息与控制,1994,23(5): 279-284.

[304] 四兵锋,高自友. 多模式的城市混合交通均衡配流模型及算法[J]. 公路交通科技,1999,16(1): 44-48.

[305] 周溪召,阴志强. 多模式变需求网络随机平衡模型[J]. 系统工程理论方法应用,2002,11(1): 25-31.

[306] 喻翔,刘建兵. 城市交通需求预测组合模型的研究[J]. 西南交通大学学报,2003,38(1): 75-79.

[307] 陈征. 交通方式划分——交通分布组合模型研究与软件设计[D]. 南京: 东南大学硕士论文,2004: 1-73.

[308] 王健,安实,徐亚国. 道路拥挤定价下公交收费模型研究[J]. 中国公路学报,2005,18(4): 100-103.

[309] 四兵锋,孙壮志,赵小梅. 基于随机用户平衡的混合交通网络流量分离模型[J]. 中国公路学报,2006,19(1): 93-98.

[310] 任刚,王炜. 带转向延误的非对称多模式用户平衡模型及算法[J]. 中国公路学报,2006,19(2): 80-85.

[311] 尹瑞. 城市公共交通系统客流分配理论与方法研究[D]. 上海: 同济大学博士论文,2007: 13-15.

[312] 汪洋. 多模式公交网络客流分配技术方法研究[D]. 上海: 同济大学硕士论文,2007: 5-9.

[313] Dial R B. Transit pathfinder algorithms [J]. Highway Research Record,1967,205: 67-85.

[314] Dial R B. A probabilistic multipath traffic assignment model which obviate path enumeration [J]. Transportation research,1971,5(1): 83-111.

[315] Leclercq F. A public transport assignment method [J]. Traffic Engineering & Control,1972,14: 91-96.

[316] 芦群,刘灿齐. 城市公共交通网络均衡分配模型与算法[J]. 交通与计算机,2004,2(4): 3-6.

[317] 钱臻,陆化普.一种公交网络客流分配方法及其实用性研究[J].清华大学学报(自然科学版),2005,45(9):1170-1174.

[318] Chriqui C, Robillard P. Common bus lines [J]. Transportation Science, 1975, 9(2): 115-121.

[319] Daganzo C F, Sheffi Y. On stochastic models of traffic assignment [J]. Transportation Science, 1977, 11(3): 253-274.

[320] Maguier P H J, Ceder A. Passenger waiting strategies for overlapping bus routes[J]. Transportation science, 1984, 18(3): 207-230.

[321] Marcotte P, S Nguyen. Hyperpath formulations of traffic assignment problems[M]. Kluwer Academic Publisher, Equilibrium and Advanced Transportation Modelling, 1998: 175-199.

[322] Nguyen S, Pallottino S. Equilibrium traffic assignment for large scale transit networks [J]. European Journal of Operation Research, 1988, 37: 176-186.

[323] Nguyen Sang, et al. Implicit enumeration of hyperpaths in a logit model for transit networks [J]. Transportation Science, 1998, 32(1): 54-64.

[324] Spiess Heinz, Michael Florian. Optimal strategies: a new assignment model for transit networks [J]. Transportation Research B, 1989, 23(2): 83-102.

[325] Spiess Heinz. Transit equilibrium assignment based on optimal strategies: an implementation in EMME/2 [EB/OL]. http://www. spiess. ch/emme2/contras/congtras. html, 2000.

[326] Jia Hao Wu, Michael Florian. Transit equilibrium assignment: A model and solution algorithms [J]. Transportation Science, 1994, 28(3): 193-203.

[327] Gendreau M. Etude Approfondie d'un Modele d'Equilibre pour l'Affectation des Passangers dans les Reseande Transport en Commun[R]. Universite de Monteral, 1984.

[328] De Cea Joaquin, Enrique J, Fernandez L. Transit assignment to minimal routes - an efficient new algorithm [J]. Traffic Engineering & Control, 1989, 30(10): 491-494.

[329] Cea J De, Fernández E. Transit assignment for congested public transport system: An equilibrium model[J]. Transportation Science, 1993, 27: 133-147.

[330] Lam W H K, et al. Stochastic user equilibrium assignment model for congested transit networks [J]. Transportation Research B, 1999, 33(5): 351-368.

[331] Cominetti R, Correa J. Common-lines and passenger assignment in congested transit networks [J]. Transportation Science, 2001, 35(3): 250-267.

[332] Kurauchi F, Bell M G H, et al. Capacity constrained transit assignment with common lines [J]. Journal of Mathematical Modeling and Algorithms, 2003, 2(4): 309-327.

[333] Feng Xie, Soi Hoi Lam. Transit path choice models using RP and SP data [J]. Transportation Research Record, 2002, 1799: 58 - 65.

[334] Hong K Lo, Yip C W, Wam K H. Modeling transfer and non-linear fare structure in multi-modal network [J]. Transportation Research B, 2003, 37: 149 - 170.

[335] Fernandez E, Cea J, Florian M. Network equilibrium models with combined modes [J]. Transportation Science, 1994, 28: 182 - 192.

[336] Lozano A, Storchi G. Shortest viable path algorithm in multimodal network [J]. Transportation Research A, 2001, 35: 225 - 241.

[337] Kov Monyrath. Frequency design of bus transit in mixed urban transport network [D]. 东京都：东京工业大学 2006 年度修士论文. http://www.plan.cv.titech.ac.jp/yailab/thesis_f.html.

[338] Ricardo Garcia, Angel Marin. Network equilibrium with combined modes: models and solution algorithms[J]. Transportation Research Part B, 2005, 39: 223 - 254.

[339] Krunoslav Peric, Maria Boilé. A Combined model for intermodal networks with variable transit frequencies[J]. Transportation Research Record, 2006, 1964: 136 - 145.

[340] 四兵锋，高自友. 城市公交网络均衡配流模型及算法的研究[J]. 公路交通科技，1998, 15(3): 41 - 44.

[341] 宋一凡，高自友. 能力限制条件下的公交平衡配流模型和求解算法[J]. 铁道学报，1999, 21(5): 10 - 14.

[342] 宋一凡，高自友. 连续平衡网络设计问题的双层规划模型及其求解算法[J]. 公路交通科技，1999, 16(1): 40 - 43.

[343] 安梅，高自友. 提高公共交通需求量的灵敏度分析方法[J]. 公路交通科技，2000, 17(3): 63 - 67.

[344] 姜虹，高自友. 用遗传算法求解拥挤条件下的公共交通随机用户平衡配流[J]. 公路交通科技，2000, 17(2): 38 - 41.

[345] 周晶，盛昭瀚，何建敏. 多用户公交网络系统的随机平衡分配模型[J]. 信息与控制，2001, 30(1): 63 - 67.

[346] 王炜，杨新苗，陈学武，等. 城市公共交通系统规划方法与管理技术[M]. 北京：科学出版社，2002: 104.

[347] 葛亮，王炜，杨明，等. 基于站点的公交网络配流实用模型与算法研究[J]. 公路交通科技，2004, 21(10): 105 - 108.

[348] 顾志康，李旭宏，王健. 基于 GIS 的公交网络客流分配方法研究[J]. 公路交通科技，2005, 22(1): 132 - 134.

[349] 蒋涛，刘澜，文子娟. 公交网络系统的随机均衡配流模型[J]. 交通科技与经济，2006,

(4)：90－91.

[350] 杨涛.我国交通模型研发的成绩与建议[J].城市交通，2008，6(1)：53.

[351] 陆锡明.交通模型的演进与展望[J].城市交通，2008，6(1)：50－52.

[352] Resource Systems Group，Inc. Route 53 alternatives study，Lake county model description[R]. Environmental Law and Policy Center，Chicago，1997.

[353] De Cea J，Fernandez J E，Soto A. ESTRAUS：A simultaneous equilibrium model to analyze and evaluate multimodal urban transportation systems with multiple user classes[C]//Proceedings of the 9th World Conference on Transportation Research，Seoul，2001.

[354] Boyce D，Bar-Gera H. Network equilibrium models of travel choices with multiple classes[M]//Lahr M L，Miller R E. Regional Science in Economic Analysis，Chapter 6，Elsevier Science，2001：85－98.

[355] 円山琢也，原田昇，太田勝敏.ロードプライシングの所得逆進性とその緩和策に関する研究[C]//都市計画論文集，2002，37：253－258.

[356] Michael Florian，Shuguang He. A multi-class multi-mode variable demand network equilibrium model with explicit capacity constraints in transit services[C]//11th European EMME/2 Users' Group Conference，Madrid，Spain，2002.

[357] David Boyce，Hillel Bar-Gera. Multiclass combined models for urban travel forecasting[J]. Netwok and Spatial Economics，2004，4：115－124.

[358] Powell W B，Sheffi Y. The convergence of equilibrium algorithms with predetermined step sizes [J]. Transportation Science，1982，16：45－55.

[359] Hicks J E，Abdel-aal M M. Maximum likelihood estimation for combined travel choice model parameters[R]. Transportation Research Record，1998，1645：160－169.

[360] Boyce D E，Zhang Y F. Parameter estimation for combined travel choice models [M]//Lundqvist L，et al. Network Infrastructure and the Urban Environment，Springer，1998：177－193.

[361] Takuya Maruyama，Noboru Harata，Katsutoshi Ohta. Estimation of user benefits of road investment considering induced traffic in congested area[C]//Proceedings of JSCE (Japan Society of Civil Engineers)，2003.

[362] Martin J H Mogridge. The self-defeating nature of urban road capacity policy[J]. Transport Policy，1997，4(1)：5－23.

[363] Mlcheuj R Ilribar，Valerle E Taylor. Temlhialion deteciiorl for parallel shortest path algofiihrrrs [R]. Chicago：rrethnical Report CSE－97－004. Computer Science Engineering，EECS Department，Northwestern University，1997.

[364] 陆锋.最短路径算法：分类体系与研究进展[J].测绘学报,2001,30(3)：269-275.

[365] Dijkstra E W. A note on two problems in connexion with graphs [J]. Numeriche Matematik, 1959, 1：269-271.

[366] 任刚. 交通管理措施下的交通模型与算法[M]. 土木交通博士文库. 南京：东南大学出版社,2007.

[367] Pape U. Implementation and efficiency of Moore-algorithms for the shortest route problem [J]. Mathematical Programming, 1974, 7(2)：212-222.

[368] Pallottino S. Shortest path methods：complexity, interrelations and new propositions [J]. Networks, 1984,(14)：257-267.

[369] Cherkassky B V, Goldberg A V, Radzik T. Shortest paths algorithms：Theory and experimental evaluation[J]. Mathematical Programming,1996,(73)：129-174.

[370] F Benjamin Zhan, Charlese Noon. Shortest path algorithms：An evaluation using real road networks[J]. Transportation Science, 1998, 32(1)：65-73.

[371] 江斌,黄波,陆锋.GIS环境下的空间分析和地学视角化[M].北京：高等教育出版社,2002.

[372] Thomas Willhalm. Engineering shortest paths and layout algorithms for large graphs [D]. Zur Erlangung des akademischen Grades eines Doktors der Naturwissenschaften, der FakultÄat fÄur Informatik der UniversitÄat Fridericiana zu Karlsruhe (TH), 2005.

[373] David Boyce. Urban travel forecasting course notes[EB/OL]. http://tsap. civil. northwestern. edu/boyce. htm. Updated-October 2007：152-159.

[374] http://news. sina. com. cn/c/2007-07-23/150012256004s. shtml.

[375] 北京市停车项目课题组.北京市停车发展规划与综合对策(总报告汇编)[R].2005.

[376] 上海市人民政府. 上海市城市交通白皮书[R]. 上海：上海人民出版社,2002.

[377] Robert Spillar. Park-and-ride planning and design guidelines, Parsons Brinckerhoff Quade & Douglas[M]. Inc. New York, 1997：235-267.

[378] Suson Handricks. A demand forecasting model for park and ride lots in King County [A]. Washington, TRB, 1998：125-136.

[379] Parkhurst G. Influence of bus-based park and ride facilities on users car traffic[J]. Transport Policy, 2000,(7)：35.

[380] Lam W H K, Nicholas M H, Lo H P. How park and ride schemes can be successful in Eastern Asia[J]. Journal of Urban Planning and Developing, ASCE, 2001, 127 (2)：63-78.

[381] Huang Haijun. Pricing and logit based mode choice models of a transit and highway system with elastic demand[J]. European Journal of Operational Research, 2002, 140

(3): 562 - 570.

[382] 北浦芳郎. P&R が世帯の交通一般化費用に与える影響の分析[D]. 名古屋: 名古屋大学工学部社会環境工学科,平成 15 年度卒業論文,2004.

[383] Massimiliano Caramia, Giovanni Storchi. Evaluating the effects of parking price and location in multi-modal transportation networks[J]. Networks and Heterogeneous media, 2006, 1(3): 441 - 465.

[384] Li Z C, Lam W H K, Wong S C, et al. Modeling park-and-ride services in a multimodal transport network with elastic demand[J]. Transportation Research Record: Journal of the Transportation Research Board, No. 1994, Transportation Research Board of the National Academies, Washington,D. C. , 2007: 101 - 109.

[385] 李潭峰. 上海市机动车排放因子及排放总量研究[D]. 上海: 同济大学硕士学位论文,2004: 8 - 31.

[386] Pollution Control Department (PCD). Air emission database of vehicles and industry in Bangkok metropolitan region 1992: Final Report[R]. Bangkok: Pollution Control Department, Ministry of Science, Technology and Environment, September. , 1994.

[387] 李铁柱. 城市交通大气环境影响评价及预测技术研究[D]. 南京: 东南大学博士学位论文,2001: 15 - 35.

后记

在本书的撰写过程中，导师杨东援教授给我提出了很多关键性和富有创造性的意见，本书从基本思路的论证到理论工作的深入，都是在先生的精心指导和关怀下完成的。先生高屋建瓴的战略思维、宽广的胸襟、渊博的知识、严谨的治学风范、敏锐的洞察力及勇于创新的敬业精神时刻熏陶着我，是我今后学习和工作上的楷模。特别要感谢先生给予我一个宝贵的学习机会，使我有幸走进交通规划的知识殿堂。三年来，先生在生活和学习上给予了我莫大的关怀和帮助，使我终生难忘。值此专著完成之际，谨向恩师表示最衷心的感谢与最崇高的敬意！

感谢我的硕士导师张戎教授，导师创新的学术思想、务实的工作作风、积极向上的人生态度使我终生受益。硕士入学以来，导师对我在学业和生活上都给予了很多的关怀和鼓舞，在此表示由衷的感谢！

感谢课题组的邹智军老师、赵娅丽老师、陈川老师、惠英老师、石小法老师和吴蕾芝老师，感谢你们对我的学习和工作给予的热情帮助与支持，使我在做项目的过程中得到了宝贵的锻炼。感谢课题组的师兄弟姐妹，在这三年里，我们相互学习、一起生活，彼此间的深厚友谊是我人生宝贵的财富！

感谢香港理工大学李志纯副研究员、同济大学杨超副教授、北京航空航天大学黄海军教授、美国西北大学 David Boyce 教授、以色列 Negev Ben-Gurion 大学 Hillel Bar-Gera 教授、Caliper 公司的张建和杨齐先生在交通网络均衡模型方面的指导；感谢悉尼大学 David A. Hensher 教授、纽约大学商学院 William H. Greene 教授和加州大学伯克利分校 Kenneth E. Train 教授在非集计模型方面的指导；感谢同窗好友谷江河在编程方面的指点；感谢惠州市规划建设局编制中心巫惠斌副主任为本书提供了大量资料！

感谢运输管理工程系季令教授、傅家良副教授等前辈对我的无限关怀和鼓励，也感谢华善止、储志刚、全月星及其他老师对我在校期间的帮助和关心。感谢所有帮助过我的朋友，祝愿你们心想事成！

感谢我的女友裘清清，感谢你对我学习和生活的理解与支持，感谢你对我无私的关心与帮助。

最后要特别感谢我的家人和亲戚朋友，特别是对我无私关爱与默默奉献的父母，是你们的关爱与支持让我完成了为时 21 年的学业，是你们的无私奉献让我得到了健康的成长！

张天然